Werner D'Inka
Rainer M. Gefeller
Ey Alter!

W0087374

Werner D'Inka
Rainer M. Gefeller

Ey Alter!

Wahre Lebenskünstler sind 60 plus

SOCIETÄTS
VERLAG

2. Auflage

Alle Rechte vorbehalten · Societäts-Verlag
© 2021 Frankfurter Societäts-Medien GmbH
Illustrationen: Greser & Lenz
Satz: Julia Desch, Societäts-Verlag
Umschlaggestaltung: Bruno Dorn, Societäts-Verlag
Umschlagabbildungen: © Greser & Lenz; Fotolia.com
Druck und Verarbeitung: CPI books GmbH, Leck
Printed in Germany 2021

ISBN 978-3-95542-370-4

Besuchen Sie uns im Internet:
www.societaets-verlag.de

Ey Alter! Der Inhalt

Garantiert Corona-frei

Im vergangenen Sommer, Jahr 1 des Corona-Zeitalters, betraten wir eine Strandbar am Hamburger Elbufer. Wir saßen noch nicht, da hoben am drei Meter entfernten Nachbartisch einige besäuselte und recht junge Einheimische ihre Weißwein-Gläser in unsere Richtung. Eine Frau trompete ihren Trinkspruch heraus: „Wir grüßen herzlich die Risikogruppe!"

Solch eine Grußformel hebt nicht gerade die Stimmung, aber sie ist ein Symptom der Covid-19-Pandemie: Wer der Rente entgegenfiebert oder dem Berufsleben schon entwachsen ist, wird plötzlich zu einem Fall für die allgemeine Fürsorge. Sind Sie 60 Jahre alt und älter, scheint hinter jeder zweiten Häuserecke das Virus zu hüsteln. Passanten gucken misstrauisch oder mitleidig, neulich hat sogar jemand seinen kontaktfreudigen Hund weggezogen. Freunde und Verwandte zucken bei jedem Huster zusammen, und wenn sich des Abends nach einigen Gläsern Rotwein das Gesicht rötet, fragt bestimmt jemand: Hast du etwa Fieber?

Die Wahrheit ist: Die wirklich schlimmen Sprühflaschen unter den Virusschleudern sind unter 30, nicht ganz unsere Altersgruppe. Und wieso? Weil die Jungen sich unentwegt umarmen müssen oder: flirten, knutschen, tanzen. Schön, machen die Älteren auch gern; nur brauchen sie dafür kein Massenpublikum. Sie wissen ja, wie's geht, Corona hin oder her.

Zurück an den Elbstrand. Als wir unsere Getränke im Glas hatten, standen wir auf und entboten unseren Gruß in Richtung Nachbartisch. Einer der unseren, Jahrgang 52, formulierte geschliffen und böse: „Wir grüßen den Virus-Vertrieb Hamburg." Dann hockten wir uns wieder hin und einer ergänzte die nun gültigen Geselligkeits-Regeln (Abstand, Mundschutz, Händewaschen) noch durch eine weitere Schutzformel: Trau keinem unter 30!

Das Leben, lernen wir gerade, kann auch im Corona-Zeitalter gut laufen. Unwahrscheinlich, dass die Jungen den Alten da was beibringen können; die Alten den Jungen aber schon. Ein brillanter Rotwein schmeckt in Krisenzeiten vielleicht sogar noch besser, und echte Lebenskünstler laufen zur Höchstform auf, wenn die äußeren Umstände schwieriger werden. Über das Leben mit und unter der Seuche werden gerade Tausende von aufklärerischen, aufrüttelnden, bedrohlichen und alarmierenden Abhandlungen verfasst. Dieses Büchlein hingegen ist 100-prozentig Corona-frei. Wir wollen einfach mal daran erinnern, dass es außerdem schön ist, auf der Welt zu sein. Vor allem auch für die Generation 60 plus.

In diesem Sinne: Genießen Sie das Leben.
Aber gaaanz vorsichtig!

ANLEITUNG ZUM LESEN: In diesem Büchlein begegnen Ihnen viele Menschen, zwei aber besonders häufig – die Herren D und G. Es handelt sich um die beiden Autoren Werner D'Inka und Rainer M. Gefeller, die sich aus dramaturgischen Gründen und zur Einsparung von Papier mit dieser Kurzform begnügen müssen.

Den ganzen Tag After Work

„Ich bin zu alt für so 'ne Scheiße."
Danny Glover, US-Schauspieler, Jahrgang 1946

D und G sitzen an der Bar und blicken mit wohligem Entsetzen auf einen Höllenschlund, mitten im Frankfurter Stadtzentrum. Schwitzende, stöhnende, jammernde, grunzende Menschen werden von stählernen Maschinen auf und ab gepresst, in die Höhe und in die Breite gezerrt. Die Hydraulik pfeift gelegentlich, aber ansonsten schnurren die Gerätschaften elegant und unauffällig; das Gekreische überlassen s e ihren Folteropfern. D saugt angewidert ein isotonisches Getränk aus einer Blechdose, G hat sich an einem Wasserspender bedient. Beide haben ihre ziegenkäseweißen Beine in enganliegenden Gymnastik-Buxen versteckt, die T-Shirts hängen an ihnen wie OP-Hemdchen. Die beiden Herren haben ihre sportliche Übung schon hinter sich. G hat sein blaurot-kariertes Handtuch nach dem Vorbild eines Siebziger-Jahre-Mackers zu einer Wurst gerollt und um den Nacken gelegt. Die Männer sind erschöpft. In der coolen High-Tech-Halle riecht es nicht gut. „Warum schützen diese Corona-Masken nicht auch vor Gerüchen?" nörgelt G.

Ihre Vorfreude hatte sich in Grenzen gehalten, als sie anderthalb Stunden zuvor den Sportpalast betraten. Die junge Frau am Empfang (grün-schwarze Zottelhaare, schokotortenfarbener Teint, glutrot geschminkte Lippen) drückte ihr Smartphone wie einen Eisbeutel an die Stirn. Die pechschwarze Maske baumelte funktionslos am rechten Ohr, aber man kam ihr sowieso nicht zu nahe: „Hey", sagte sie, griff sich die Tickets und wedelte unbestimmt in Richtung Umkleidekabinen, wo sich die Männer ihrer Straßenkleidung entledigten. Etwas verschreckt schlendern D und G sodann an den haushohen Gerätschaften vorbei und steuern zielgenau die für das ältere Publikum bereitgestellten

Ertüchtigungs-Maschinen im hinteren Eck des gewaltigen Saales an – eine Batterie von aufgebockten futuristischen Bikes, auf denen man kilometerweit strampeln kann, und das ganz ohne Streckengewinn. D und G kennen diese Nichtfahr-Räder vom Kreislauftest beim Kardiologen. Beide fangen bedächtig an und müssen sich ins Zeug legen, als die Maschine nach und nach den nötigen Kraftaufwand für die Pedale erhöht. Keiner will vor dem anderen aufgeben, rasch sickert der Schweiß in die Bügelfalten ihrer Shirts, die Waden kneifen, der Sattel radiert am Hinterteil, der Brustkorb fühlt sich irgendwie enger an. „Mannomann", sagt G schließlich und erlöst damit auch seinen Mit-Radler.

Jetzt also hocken sie an der Bar. Ein Kraft-Koloss schreitet vorbei. Sind es wirklich die Gummilatschen, die da quietschen? Oder kommen die Geräusche von dem, was sich rund um die Oberarme bis rauf in den Nacken an Muskelsträngen aufwölbt? „Die Intelligenz wird hier wahrscheinlich nicht trainiert", flüstert G – so leise, dass der Muskelprotz sich auf keinen Fall provoziert fühlen kann. „Dafür brauche ich kein Training", flüstert D zurück, „das hat man, oder man hat es nicht." – „Echt?", fragt G. „Kein Gehirnjogging? Kein Sudoku? Kein Kreuzworträtsel?" – „Alles Blödsinn", entgegnet D, „da lese ich lieber ein Buch oder beteilige mich an einem intelligenten Gespräch." – „Danke, der Hinweis war deutlich!"

D hat Gehirnforscher und Gedächtnistrainer auf seiner Seite. „Jeden Tag ein Kreuzworträtsel lösen heißt noch nicht, dass Sie sich den Einkaufszettel besser merken können", verkündet Hans Georg Nehen, Professor an einer „Memory-Clinic" in Essen. Der Neuropsychologe Lutz Jäncke von der Universität Zürich behauptet, dem Gehirn gehe es wie dem Rest vom Menschen – es sei grundsätzlich faul. Gehirnjogging, das als eine Art Trendsport gegen den Abbau grauer Zellen im Alter angesehen wird, könne da kaum Abhilfe schaffen, in vielen Untersuchungen sei die Sinnlosigkeit von Gedächtnistests am Computer und beständiger Kreuzworträtselei nachgewiesen. „Viel besser", verrät Lutz

Jäncke der Süddeutschen Zeitung, „wäre es, etwas zu üben, das man auch im Alltag anwenden kann: Musizieren, eine Sprache lernen oder einen Literaturclub gründen."

G: „Da sind wir ja ganz nah dran mit unserem Zweimann-Club. Wenn wir aufs Gehirnjogging also verzichten können – wozu brauchen wir dann diese Muckibude? Damit wir auch so quietschen wie dieses Muskel-Monster?" Unser Mit-Turner, der dem Gewaltigen Hulk optisch schon recht nah kommt – wenngleich seine Haut nicht grün, sondern eher ölig-braun ist – liegt jetzt auf dem Rücken und stemmt eine Stange in die Höhe, an deren Enden verdächtig schwer wirkende Stahlscheiben aufgeschraubt sind. „Ich trage einmal die Woche zweieinhalb Kilo Kartoffeln nach Hause. Das muss reichen", berichtet G, um sich dann noch einmal zu vergewissern: „Weshalb sind wir eigentlich hier?"

D: „Um dem Zauber des Älterwerdens auf den Grund zu gehen."

G: „Woran merkt man das überhaupt, das Älterwerden?"

D: „Der Tablettenkonsum steigt. Was hat dir der Arzt verordnet?"

G: „Blutdrucksenker, Blutverdünner, Allopurinol. Meinen ersten Gichtanfall hatte ich vor über drei Jahrzehnten und dachte mir: Das braucht die Menschheit nicht. Der Arzt, ein mitfühlender Mann, hat mir die Wahl gelassen, wie man die Harnsäure bekämpfen kann – weg mit dem Alkohol, vor allem keinen Schampus. Krustentiere (also Hummer & Co), Innereien, Spargel, die knusprige Haut von Geflügel Wurst, auch sonstiges Fleisch: alles verboten. Oder man nehme einmal täglich Allopurinol, damit halten sogar Ärzte ihre Gelenke lebenslang gichtfrei. Und du?"

D: „Blutdrucksenker, Vitamin B. Stört dich sonst was daran, dass du keine 40 mehr bist?"

G (zögernd): „Vielleicht die Tatsache, dass die Haare in Nase und Ohren schneller wachsen als die restliche Behaarung. Kommt mir jedenfalls so vor."

D: „Aber rechtfertigt das, dass man sich den Torturen hier aussetzt?"

Nein, nein, auf keinen Fall, wollte G soeben antworten – aber da stakst ein Damen-Trupp um die Ecke, eine ansehnlicher als die nächste (mit einer Ausnahme, einer außergewöhnlich hüftstarken Lady, die aussieht, als sei sie von einer Wurstmaschine in ihre mintgrüne, gottlob dehnbare Turnpelle gepresst worden). Der Rest des bonbonfarbenen Dutzends ist durchweg schlank, mit dezenter Muskulatur, leider ist die Erzählform weniger dezent. Sie lachen und erzählen laut und alle auf einmal und vollkommen maskenlos. „Nein", sagt G, „es gibt keinen Grund, hier sein zu wollen." Die Damen turnen vorbei, unter Zurücklassung einer unsichtbaren Aerosol-Wolke.

D: „Wir haben doch gelernt, dass den lebensfrohen und lebenstüchtigen Senior eine gewisse körperliche Fitness auszeichnet. Einmal die Woche Kartoffelschleppen reicht da sicher nicht."

G: „Ich habe einen Hund, der ist 65 Jahre jünger als ich und will sich andauernd bewegen. Ich hänge am anderen Ende der Leine und muss hinterher. Frühmorgens trifft man bei der Gelegenheit einsame ältere Damen, die ihre winzigen Köter ausführen und gern auf den Vorzug verweisen, wenn Fiffi und Lassie einander näherkommen. Nachmittags sieht man vorwiegend Männer mit größeren Hunden. Die einen bellen, die anderen sind redselig. Morgens wie abends hilft nur eine konsequente Schritt-Beschleunigung."

D: „Ich steige regelmäßig aufs Rad – ich meine, eines, das man richtig vorwärts bewegen kann, über Fahrradwege, entlang von Wiesen und Feldern, durch den Wald, bergauf und bergab, und immer versorgt man sich mit frischer Luft. Das ist nicht nur sinnvoll, sondern auch schön!"

G: „Die Leute tun ja alle so, als wäre das Ältersein ausschließlich von Trübsinn und der ‚Last des Alters' geprägt. Blödsinn! Ich bin Herr über meine Zeit und meine Garderobenwahl. Da das scheußliche Corona allmählich seinen Schrecken verliert, steht

Die Rentnerinnen und Rentner Partei kommt

der gelegentliche Kneipenbesuch wieder auf dem Programm. Gerne nachmittags, wenn's dort noch gemütlich zugeht und nicht Horden von tüchtigen jungen Männern ihre Sexualhormone zum Leben erwecken. Wenn ich will, ist bei mir den ganzen Tag After Work – der Hund, übrigens, liegt gern unter dem Kneipentisch. So verknüpft man Pflicht und Vergnügen."

D: „In Wahrheit genießer wir ja die Gnade der frühen Geburt. Willst du etwa noch so jung und dämlich sein wie die Kunden hier, die ihre Bodys shapen müssen, um gut auszusehen? Denn merke: Nur wer sich in Form hält, kommt ganz nach oben."

G: „Du meinst also, der Quietsch-Kerl will irgendwo Karriere machen? Stell dir vor, du hättest so einen als Chef! Und andererseits: Wir beide haben es ja auch zu bescheidenem Ruhm gebracht. Wie kommt das denn? Hast du heimlich Body-Shaping betrieben? Warst du im Box-Studio? Gehst du schwimmen? Hast du einen Personal-Trainer? Trainierst du für den Marathon?"

D: „Nichts davon, unsere natürliche Anmut hat uns ganz nach oben getragen. Und unsere Kreuzworträtsel-freie Intelligenz."

G: „Angeber. Jedenfalls lernen wir, dass es keine Verlockung ist, nochmal jünger sein zu wollen. Oder?"
  D: „Auf keinen Fall. War es nicht schön, als wir den Verboten unserer Jugend entronnen sind? ‚Setz dich gerade hin! Lass die Streichhölzer liegen! Man zieht die Katze nicht am Schwanz und das Baby nicht an den Haaren! Hör auf rumzuzappeln! Hör auf zu heulen! Fass das nicht an! Lass den Roller stehen, der gehört dir nicht! Iss mit Messer und Gabel! Gib Mutti ein Küsschen! Trink ordentlich!' Und später: ‚Trink nicht so viel!' Irgendwann war Schluss damit; wir haben doch vieles dafür getan, dass in unserer Gesellschaft die Verbotskultur verkümmert und die Regelwut zurückgedrängt ist. Ich fürchte, für jene, die heute jung sind, ist das alles vergessen, jetzt wird alles durch den Zeh-O-Zwei-Rechner bestimmt. Führst du ein wohlbestimmtes, wohlgefälliges Leben? Lass mal gucken, was deine Zeh-O-Zwei-Bilanz über dich verrät. Dagegen ist das bisschen Händewaschen, Abstand halten, und Maske tragen doch wirklich eine lässige Pflichtübung."

G: „Jawohl, du Verschwender! Geflogen wird nicht mehr, die SUVs, die Diesel und am besten sämtliche Autos mit Verbrennungsmotoren gehören auf den Schrott. Fleisch, Zigaretten, Zigarren, Alkohol in jeder Form sind strengstens verboten. Schluss mit dem Konsumwahn! Wir latschen nur noch in veganen, lederfreien Schuhen durchs Gelände. Socken, Pullover und Schals strickt man jetzt selbst, gern in dezenten Schlammfarben und auf jeden Fall aus Bio-Baumwolle, herangezogen im eigenen Garten."

D: „Oha, der Herr kann ja richtig zornig werden! Wir dürfen natürlich nicht übersehen, dass wir alle dazu beigetragen haben, das Erdklima zu ramponieren. Und jetzt müssen wir uns ausgerechnet von den Kostverächtern sagen lassen, wie wir die Suppe wieder auslöffeln."

G: „Nur zu, so lange es noch eine Suppe gibt. Wer weiß, was demnächst alles auf dem Index steht: Die gute alte Rinderbrühe, Ochsenschwanzsuppe, eine feine Kalbs-Consommé, sogar die leckere Bouillabaisse ... Alles wird in die Jauchegrube der Geschichte geschüttet, umgerührt und fertig. Schön, dass wir das alles ausprobieren durften. Schade für die, die bald statt Schokoriegeln Käferlarven-Snacks für zwischendurch und frittierten Seetang als Gipfel der Genuss-Möglichkeiten erkunden müssen. Ich bezweifle, dass meine Geschmacksnerven das aushalten."

Ebenso energisch wie unverhofft steht D auf. „Genug ist genug", sagt er, „lass uns mal wieder glücklich werden. Abmarsch." – „Zu Befehl, Herr Kommandant", sagt G. Rasch bringen die beiden Männer die Umkleideschleuse hinter sich und stehen kurz drauf auf der Straße. „Guck mal da drüben", sagt D und deutet auf einen Kiosk, „die haben noch Henninger-Bier. Ich dachte, das gibt es gar nicht mehr." – „Was gut ist, bleibt", sagt G. „Currywurst gibt's da auch."

„Wenn wir jetzt jünger wären, müssten wir Verzicht üben", sagt D, „aus figürlichen Gründen". Die Männer lachen. Beim Gang zum Kiosk beschleunigt sich ihr Schritt.

Der Opa versäuft mit der Oma die Rente.

Die Enkel schauen in die Röhre.

Aus einer zeitgenössischen Kinderfibel

15

Willkommen im Rentnerparadies

Die Menschen werden immer älter, aber keiner will alt sein. Die meisten Älteren müssen sich über ihre Finanzen keine Sorgen machen, sie sind fit und gesund und fürchten allenfalls, nicht mehr so häufig eingeladen zu werden wie in früheren Jahren. Altersforscher erkunden das Goldene Zeitalter der Generation 60 plus. Früher, spottet einer, haben die Senioren ihr Schicksal angenommen. Heute nehmen sie Pillen.

> Die erste Generation verdient das Geld,
> die zweite verwaltet das Vermögen,
> die dritte studiert Kunstgeschichte
> und die vierte verkommt vollends.
> *Otto von Bismarck (1815 bis 1898)*

Wann ist man dick? Wenn man am Strand liegt und Leute von Greenpeace einen ins Wasser zurückziehen. Oder, wissenschaftlich fundierter, wenn der Body-Mass-Index, von dem noch zu reden sein wird, den Wert 25 überschreitet. Aber: Wer ist alt? Der, dem von mitfühlenden Mitfahrern in der Straßenbahn ein Sitzplatz angeboten wird? Der das Renteneintrittsalter erreicht hat? Der, dem das Bier angewärmt besser schmeckt als krachkalt?

Um Antwort auf die Frage aller Fragen zu finden, steuern D und G das Deutsche Institut für Altersvorsorge (DIA) in Berlin an. Genauer gesagt: G steuert es an. Mit einem forschen „Friedrichstraße 12. Ich weiß, wo das ist" nimmt er D, der dem Älteren wie immer respektvoll vertraut, in Schlepptau. An einem eisig kalten Wintertag schlendern die beiden Rechercheure vom Bahnhof Friedrichstraße über die Kreuzung Unter den Linden, vorbei am Checkpoint Charlie, schauen hier ein Schaufenster an und studieren dort eine Gedenktafel, denn „wir haben massig Zeit", wie G immer wieder beteuert. Nach und nach verwelkt der Glanz der Prachtstraße, die Botschaft der Republik Albanien wirkt – sagen wir – schmucklos, das hochgelobte Restaurant „Nobelhart und Schmutzig" nimmt sich vcn außen eher wie eine Beratungsstelle für Suchtgefährdete aus, und nach gefühlt zweieinhalb Stunden Fußmarsch beginnt D sein nicht mehr fabrikneues linkes Knie zu spüren. „Gleich sind wir da", sagt G, immer noch frei von Selbstzweifel, „die Hausnummer 12 muss es sein". Das Fahrradgeschäft „Monsieur Vélo", Hausnummer 17, erregt D's Aufmerksamkeit, denn Radfahren tut seinem Knie gut. „Geh schon mal vor, ich schaue mir kurz den Laden an, wir haben ja massig Zeit", lässt er G wissen. Wenig später fällt dessen Ich-weiß-schon-wo-das-ist-Gewissheit in sich zusammen wie ein älterer Mitbürger nach einem Temposteigerungslauf. „Gibt's doch nicht", murmelt er und „Hier muss es doch irgendwo...". Im Haus Friedrichstraße 12 domiziliert zwar der Gehörlosenverband Berlin e.V., der noch eine gewisse Nähe zum angestrebten Ziel hätte, aber auf den „Salon Seval, Hair and Nails Studio" trifft das nur noch mit viel Abstraktionsvermögen zu. Kurzum: Die beiden sind falsch und fern der Heimat.

„Das haben wir gleich!", sagt G und zieht mit vor Kälte klammen Fingern sein Mobiltelefor aus der Manteltasche. Es spricht für ihn, dass er ohne zu murren die Kosten für die Taxifahrt zur Adresse Französische Straße 12 übernimmt, wo sie auf die Minute genau zur vereinbarten Zeit eintreffen, denn massig Zeit hatten sie nur am Anfang, hintenraus wurde es dann knapp. D überlegt kurz, das Gespräch mit der Frage zu eröffnen: „Ist alt, wer sich Adressen nicht mehr merken kann?", verkneift es sich dann aber.

Klaus Morgenstern, Mitglied des DIA-Sprecherkollegiums, umschifft die Frage nach dem Point of No Return, von dem an nicht mehr nur die anderen alt sind, angemessen salomonisch: „Wann ist man alt? Das wird jeder für sich selbst anders beantworten." Er erinnert sich, dass zur Zeit seiner Jugend auf dem Dorf Männer als alt galten, wenn sie in Rente gingen. G, ebenfalls auf dem Lande aufgewachsen, findet, damals hätten die, die man noch nicht verniedlichend „Senioren" nannte, schon durch ihre Kleidung ausgestrahlt: Wir haben uns aufgegeben. „Wenn du heute mit deinem karierten Hütchen in deinen Porsche steigst, hat sich das Altersbild natürlich gewandelt", stichelt Dieter Weirich, selbst das beste Beispiel für die nach oben offene Altersskala, verbringt der ehemalige Bundestagsabgeordnete seinen 75. Geburtstag doch in Myanmar, was von Berlin noch viel weiter entfernt liegt als die Französische von der Friedrichstraße.

Mag die Frage, wer alt ist, schwer zu beantworten sein, so hat das DIA doch wenigstens eine Auskunft parat, wie alt jemand wird. „Der Lebenserwartungsrechner ist das am meisten genutzte Tool auf unserer Internet-Seite", sagt Morgenstern. Wohlan: Wer https://wie-alt-werde-ich.de/#start aufruft, bekommt zunächst eine geballte Faust zu sehen und summt als Alt-Achtundsechziger unwillkürlich: „Wenn unser Gesang durch die Straßen braust / dann zittert der Feind vor der Arbeiterfaust!" Egal, ob Freund oder Feind, der vor Lebenserwartung zitternde Nutzer wird – da sind sich Proletarierbewegung und Netz-Avantgarde ganz nahe – umstandslos geduzt: „Stelle bitte dein Geburtsdatum ein"! Wo bleibt hier der Respekt vor dem Alter? „,Dein' hätten sie doch wenigstens groß schreiben können, denkt sich der reife Nutzer, den auch der Slogan misstrauisch stimmt, es handle sich um eine „Change-Your-Life-App": Bevor ich mein Leben ändere, will ich erst mal wissen, ob sich das angesichts der Restlaufzeit überhaupt noch lohnt!

Der Eingabe von Geburtsdatum und Geschlecht folgen für den 1954 geborenen D – das Jahr des „Wunders von Bern" – eine mittelmäßige und eine schlechte Nachricht: „Der Durchschnitt deines Jahrgangs wird 83.8" lässt einen nicht vor Begeisterung auf die Schenkel klopfen, richtig niederschmetternd ist allerdings der Zusatz „Donald Trump wird 84.8." Immerhin wird Angela

Merkel 87.8 und G darf mit einer A-priori-Lebenserwartung von 89.0 Jahren rechnen.

Die folgenden Parameter bringen dann Zu- oder Abschläge zur oder von der verbleibenden Lebensspanne: Sport und Bildung geben Pluspunkte, ein Body-Mass-Index (BMI) von mehr als 30 und das zweite Glas Wein am Tag führen in die Miesen. Das kann freilich durch einen Hochschulabschluss wettgemacht werden – egal, wie lange der zurückliegt. Hingegen kostet der zweite Schoppen Wein am Tag viereinhalb Jahre, aber da die Laster ein Nullsummenspiel ergeben, lässt sich der Suff durch den Verzicht auf Zigaretten kompensieren. Weil er ausnahmsweise ehrlich zu sich selbst ist und alle weiteren Fragen wahrheitsgemäß beantwortet, kommt für D am Ende eine Lebenserwartung von 90.1 heraus, das lässt sich doch hören.

Im Vergleich mit anderen Promis schneiden D und G ohnehin gar nicht so übel ab:

Queen Elizabeth II.: 97.2 Jahre
D: 90.1 Jahre
G: 89.0 Jahre
Angela Merkel: 87.8
Donald Trump: 84.8
Cindy Crawford: 82.7
Bryan Adams: 82.6
Jennifer Lopez: 82.3
Heidi Klum: 81.9

Jetzt mal ehrlich: Wären Sie lieber im Mittelalter alt geworden? Damals, das ist ja schon tausend Jahre her, hätten D und G dieses Büchlein vermutlich gar nicht verfassen können (selbst wenn der Herr Johannes Gutenberg mit seiner Buchdruck-Erfindung rechtzeitig fertig geworden wäre). Die Lebenserwartung lag im Spätmittelalter bei knapp 40 Jahren, da hätte es D und G vermutlich schon dahingerafft. Allenfalls wer zu den Herrschenden zählte und die brandgefährlichen Kinderkrankheiten überlebt hatte, konnte es schon einmal etwas länger aushalten.

Allerdings war der Spaßwert des Lebens verglichen mit den heutigen Möglichkeiten selbst bei Rittern ziemlich unterentwickelt: Den halben Tag im Blechanzug herumreiten, Menschen umbringen, brandschatzen und plündern hat nur bei verirrten Gemütern den Charme moderner Freizeit-Träume. Das Ritterleben war dennoch etwas angenehmer als das von Bauern, Knechten und Mägden. Zum Ende des Mittelalters lebten immer noch 80 Prozent der Bevölkerung auf dem Lande. Das bedeutete: Mit der gesamten Familie und Bediensteten in lichtlosen, feuchten Wohnlöchern zu hausen, häufig gab es nur Strohlager statt Betten, zu essen gab's Hirsebrei und ähnliche Köstlichkeiten, die Notdurft wurde auf die Gass entleert. Oma und Opa sowie altgewordene Mägde und Knechte durften ihr Gnadenbrot knabbern – wenn sie Glück hatten, Zähne hatten sie jedenfalls nicht mehr. Denn hatte die Familie selber nichts oder zeigte sich eher ungnädig gegenüber dem Altvolk, blieben bestenfalls Spitäler oder „Armen- und Siechenstuben". Die gesetzliche Rente gibt es hierzulande erst seit 1889 (danke, Herr von Bismarck!), da war das Mittelalter bereits 500 Jahre vorbei.

Aber auch im 19. Jahrhundert galt Altsein als Krankheit. Wenn Patienten die Fünfzig erreicht hatten, diagnostizierten zeitgenössische Ärzte gern senile Degenerationserscheinungen. Geistig auf der Höhe war man zwischen 30 und 45, mit 40 war nach dem Urteil vieler Psychologen keine intellektuelle oder künstlerische Großtat mehr möglich. Mit 40 standen Industriearbeiter generell unter dem Verdacht, nicht mehr mithalten zu können. 1910 urteilte ein „Verein für Sozialpolitik": „Der Arbeiter hört im Großen und Ganzen im 40. Lebensjahr auf, ein wirklich brauchbarer, hoch qualifizierter, mit schnell arbeitenden Maschinen gut in engster Beziehung stehender Mensch zu sein. Zwischen dem 40. und 60. Lebensjahr verschwindet der Arbeiter aus den zentralen Teilen der kapitalistischen Maschinerie."

Dazu muss man allerdings wissen: Mit 40 hatten die meisten Fabrikschufter, die Kinderarbeit machte es möglich, schon fast 30

Neulich im Seniorenheim

Berufsjahre hinter sich – mit Sechstagewoche und bis zu 14 oder gar 17 Stunden täglicher Arbeitszeit. 1829 fabulierte die Schriftstellerin Charlotte Elisabeth Sophie Louise Wilhelmine von Ahlefeld in ihrem Werk „Die Frau von vierzig Jahren": „Vom vierzigsten Jahre an führt uns Frauen der Weg abwärts vom Gipfel unseres Daseyns, und das Thal des Todes, nicht der frische Myrthenhain der Liebe ist es, den wir dann noch erreichen können."

Der Kanadier William Osler (1849 bis 1919) galt als einer der berühmtesten Mediziner seiner Zeit. Am 22. Februar 1905 hielt der damals schon als ältlich angesehene Professor, der eine besondere Leidenschaft für das Fachgebiet der Gerontologie entwickelt hatte, zum Abschied von der Johns Hopkins University in Baltimore (ja, die mit den Corona-Zahlen) eine Rede, die selbst seine hartgesottenen Zeitgenossen erschütterte. Osler referierte wohlwollend über einen Roman von Anthony Trollope (The Fixed Period – Der feste Zeitraum), in dem Senioren „friedlich mit Hilfe von Chloroform ausgelöscht" werden. Osler erläuterte, das produktivste Arbeitsalter sei sowieso zwischen 25 und 40, „danach geht es hügelabwärts". Die Zeitungen titelten: „Osler empfiehlt Chloroform für Sechzigjährige". Er selbst wurde immerhin 70 Jahre alt und starb an den Folgen einer Lungenentzündung, die als „Freund des alten Mannes" gerühmt wurde, weil sie Älteren einen schnellen, vergleichsweise schmerzarmen Abgang ermöglichte.

40 Prozent der Kinder starben im frühen Mittelalter, bevor sie die Pubertät erreichten. Das drückte natürlich die durchschnittliche Lebenserwartung nach unten: auf 25 Jahre bei Frauen – weil sie durch die häufigen Schwangerschaften und fehlende Hygiene bei Geburten stärker gefährdet waren als Männer. Männer konnten damit rechnen, 32 Jahre alt zu werden. Um 1900 wurden Männer durchschnittlich 40,6, Frauen 43,4 Jahre alt. Seither hat sich die Lebenserwartung nahezu verdoppelt – und Frauen werden immer noch älter als Männer.

Heute machen wir uns Sorgen um Brad Pitt (Lebenserwartung laut DIA-Rechner: 79.8 Jahre) und um Justin Bieber (76.4). Für sie scheint nur eingeschränkt zu gelten, was Morgenstern so formuliert: „Die Leute sehen heute anders aus, sie sind nachweislich gesünder und sie sind länger aktiv." Geradezu ins Schwärmen gerät er, wenn er von einer Teilnehmerin der Fernsehsendung „The Voice Senior" spricht, die mit über achtzig Jahren noch einen Kiosk an der Nordsee betreibt: „Deren Augen strahlen, die hat noch Energie und Freude am Leben – das ist es doch, was zählt!" Objektiv betrachtet, zähle die fidele Seniorin zur Gruppe der „Hochaltrigen", was freundlicher klingt als „Greise", aber „alt fühlt die sich nicht", sagt Morgenstern.

Wenn „The Voice of Germany" ein Nachwuchswettbewerb ist, muss man „The Voice Senior" wohl als Spätlese-Talentschuppen

beschreiben. Tatsächlich unterscheiden sich die beiden Forma-
te wie ein Battle-Rap-Event von einem Tanztee-Nachmittag. Dort
stoßen Volltätowierte kaum verständliche Laute aus, hier ge-
winnt Monika Smets (68) aus Mönchengladbach die zweite Staffel im Dezember 2019 mit dem in lupenreinem Latein vorgetragenen Weihnachtslied „Aceste Fideles".

Doch wer schaut eine solche Sendung überhaupt? Laut Quo-
tenmessung lief die erste Staffel im Jahr 2018 „sehr stark", danach rutschte das Altensingen unter den Senderschnitt. Deswegen war die Zukunft von „The Voice Senior" kurz vor Drucklegung
dieses Buches im Frühjahr 2021 so ungewiss wie die Lebenserwartung von Justin Bieber. „Alte sind keine Zielgruppe", weiß
Weirich, als ehemaliger Intendant der Deutschen Welle ein aus-
gewiesener Medienfachmann. Der Bertelsmann-Verlag habe
versucht, Produkte für Ältere aufzulegen – „das endete immer
damit, dass man zwe oder drei Seiten in ‚Men's Health' machte,
um den alten Säcken, die ins Fitnesscenter gehen, zu bestimmten Geräten und bestimmten Übungen zu raten. Wurde alles
nichts, denn niemand will alt sein."

Dabei geht es der jetzigen Rentner-Generation finanziell so gut
wie keiner zuvor, allein das müsste die Silver-Surfer zu einer loh-
nenden Zielgruppe für alle machen, die etwas verkaufen möchten,
also auch für die Werbung. „Diejenigen, die jetzt in Rente gehen,
haben unter viel leichteren Bedingungen gearbeitet und gelebt als
die, die in den fünfziger oder sechziger Jahren pensioniert wurden", sagt Morgenstern. Das, der medizinische Fortschritt und die
finanzielle Ausstattung machten Deutschland zu einem wahren
Rentnerparadies. Gut drei Viertel der heutigen Rentnergenerati-
on sind laut einer DIA-Studie davon überzeugt, dass es ihnen in
finanzieller Hinsicht so gut geht wie keiner anderen älteren Generation vor ihnen. Volker Looman, in der F.A.Z. publizierender Fi-
nanzanalyst mit einem weiten Herz für Ältere, pflegt seine Bei-
träge sinngemäß so einzuleiten: Sie sind Rentner und haben zwei
Millionen auf dem Konto, jetzt haben Sie ein Problem.

Rentnermillionäre mag es am Tegernsee und im Vordertaunus en masse geben, anderswo ist die Kassenlage gewiss weniger rosig, doch die Behauptung massenhafter Altersarmut wird durch die Zahlen nicht gedeckt. Die gute Wirtschaftsentwicklung der letzten Jahre kommt nämlich auch den Älteren zugute: Die Haushaltsnettoeinkommen aller Ehepaare und Alleinstehenden im Alter jenseits von 65 Jahren sind von 2015 bis 2019 um 14 Prozent gestiegen, die Preise für die Lebenshaltung im gleichen Zeitraum nur um 5,3 Prozent. Es bleibt also mehr Netto vom Brutto.

Ohnehin bemesse sich die wirtschaftliche Lage nicht nur nach der (für viele wirklich kargen) gesetzlichen Rente, sondern müsse „im Haushaltskontext bestimmt werden", betont die Rentenversicherung. Zum einen beziehen viele Ruheständler neben der gesetzlichen Rente weitere Einkommen, etwa aus Betriebsrenten, aus Vermietung oder Geldanlage oder aus dem Einkommen des Partners. Alles in allem haben Rentner-Ehepaare ein durchschnittliches Netto-Monatseinkommen aus Alterssicherungsleistungen und zusätzlichen Einkommen in Höhe von 2.907 Euro in der Haushaltskasse. Alleinstehende Männer ab 65 Jahren beziehen im Durchschnitt ein Gesamteinkommen von 1.816 Euro, bei Frauen sind es 1.607 Euro (Stand November 2020).

Als Maßstab für Altersarmut gilt der Bezug staatlicher Fürsorgeleistungen: Grundsicherung im Alter beziehen 3,1 Prozent der Personen über 65, das sind rund 560.000 Personen – entgegen landläufiger Vemutung mehr im Westen als im Osten und mehr Männer als Frauen. Bei den Bürgern im erwerbsfähigen Alter liegt die Quote mit acht Prozent mehr als doppelt so hoch. Auch wenn in den kommenden Jahren die Zahl der Empfänger von Grundsicherung im Alter steigen wird, so ist nach Überzeugung der Rentenversicherung „kein Tsunami bei der Altersarmut" zu erwarten. Beamte trifft diese Sorge ohnehin nicht: Sie sind durch eine Mindestpension von 1.660 Euro abgesichert.

Die relative Zufriedenheit der Rentner kontrastiert mit einer Ängstlichkeit vieler Jüngerer. Die meisten Deutschen, die noch nicht in Rente sind, gehen davon aus, dass sie im Alter sparsam leben müssen, um mit ihrem Geld auszukommen, hat eine Allensbach-Umfrage im Herbst 2019 ergeben. 30 Prozent sind optimistisch, dass sie keine Geldsorgen haben werden. Während in Westdeutschland jeder Dritte so denkt, sind es im Osten nur 17 Prozent. 12 Prozent haben die Sorge, im Alter werde das Geld knapp.

Vielleicht ist das der Grund weshalb Jüngere dazu neigen, mit einem merkwürdig besorgten Blick auf die Älteren zu schauen, wie G findet: Kommen sie zurecht, müssen wir uns finanziell um sie kümmern, reicht das Geld? „Klar, die Älteren sind aus dem Erwerbsleben heraus und deshalb nicht mehr so direkt in der Lage, sich eine finanzielle Grundlage zu schaffen", antwortet Morgenstern, „aber ihr ehrenamtliches Engagement zeigt ja, dass sie bereit und in der Lage sind, sich einzubringen. Insofern sind viele Sorgen, die sich Jüngere machen, wirklich nicht angebracht. Im Gegenteil: Wir dürfen durchaus Erwartungen an die Älteren richten, an die Jüngeren werden ja auch welche gestellt." Ohnehin verkörpern „die Alten" alles andere als eine homogene Gruppe. Sie sind beileibe nicht das einheitsbeige Kollektiv, um das sich die juvenile Generation meint sorgen zu müssen – und dabei, ohne es zu wollen, die Rentner gewissermaßen entmündigt. Angestachelt werden sie von der „Bild"-Zeitung, die sich seit Jahren zum Leitmedium der angeblich leidenden Rentner aufspielt, Klassiker ist die Überschrift „Zu wenig Rente! Oma Hilda (80) jobbt als Hure!".

Was das Finanzmanagement der Älteren angeht, hat Morgenstern eine ganz andere Erfahrung gemacht: Sie gehen partout nicht an ihr Erspartes. Sieht man einmal von der grundsätzlichen Frage ab, ob es sich in einem bestimmten Alter überhaupt noch lohnt, Dinge zu kaufen, die ein Leben lang halten, streben unsere Senioren danach, selbst größere Anschaffungen oder längere

Urlaubsreisen aus den laufenden Einnahmen zu bestreiten. Das widerspreche der Theorie, die besagt, während des Erwerbslebens werde angespart und im Alter werde ausgegeben. D findet diese Sparsamkeit gar nicht so verkehrt, denn wer weiß, wie schnell Pflege ins Geld gehen kann oder wer seinen Kindern etwas hinterlassen möchte, der ist gut beraten, nicht alles auf den Kopf zu hauen. „Stimmt", sagt Morgenstern, „aber dann sollten wir uns Gedanken über andere Formen der Risikoabsicherung machen. Natürlich ist es rational, zum Beispiel das Pflegerisiko zu versichern, das eröffnet die Möglichkeit, das Vermögen sorgenfrei aufzubrauchen."

Aber nichts da, die Deutschen sparen in allen Altersklassen wie die Feldhamster – ihre Sparquote ist doppelt so hoch wie im Durchschnitt des Euroraums und dreimal so hoch wie im Schnitt der EU-Länder – und in der zweiten Hälfte des Ruhestands legen sie erst recht jeden Euro auf die hohe Kante (Deutsche Bank, März 2019). Weil während der Coronapandemie zudem alles ausfiel, wofür gerade Rentner gerne in die Tasche greifen – essen gehen, reisen und Theater, Konzerte oder Museen besuchen – bunkerten sie von Januar bis September 2020 so viel Geld wie nie zuvor in den vergangenen Jahren: Die Sparquote aller Deutschen stieg auf 16,6 Prozent des verfügbaren Einkommens, im zweiten Quartal 2020 sprang sie auf über 20 Prozent.

Das größte Elend macht Weirich ohnehin bei denen aus, die materiell sorgenfrei sind: Es ist die Angst, von Einladungslisten gestrichen zu werden. Gerade in Berlin fürchten viele ehemalige Staatssekretäre und andere einst bedeutende Stützen der Gesellschaft den Sturz in die Bedeutungslosigkeit mehr als einen Oberschenkelhalsbruch. „Die rufen dann bei einer jungen Oberregierungsrätin an und fragen: ‚Kennen sie mich denn nicht?' Die arme Frau hat den Auftrag, die Zahl der Festbesucher von 3.000 auf 2.000 zu reduzieren und kennt den Anrufer natürlich nicht, deswegen hat sie ihn ja gestrichen. Das ist aber für viele Pensionäre hier das Alltagsgeschäft."

Kommt die Rente mit 69?

D meint zu beobachten, dass im Alter, jedenfalls bei manchen, neben Wichtigtuerei auch eine andere Eigenschaft zunimmt: die Rechthaberei. In Redaktionen ist eine Gruppe ganz besonders gefürchtet, das sind die pensionierten Diplom-Ingenieure und ihre im Brustton der Überzeugungen vorgetragenen Theoreme zur Energieerzeugung und zum Klimawandel. „Das hat nichts mit dem Alter zu tun, das ist typisch deutsch", beschwichtigt Weirich.

Ein Journalist der Frankfurter Allgemeinen Sonntagszeitung hat am eigenen Leib erfahren, wie schnell aus Rentnern Rabauken werden können. Genervt von alarmistisch formulierten Berichten über Gewalt in Flüchtlingsunterkünften schrieb er im Herbst 2015 eine Satire, in der er drei echte Meldungen über Gewalttaten unter Senioren karikierte, die einander mit dem Krückstock geschlagen oder in einer Arztpraxis Pfefferspray ins Gesicht gesprüht hatten. Die schnell wachsende „Risikogruppe Rentner", schrieb er, sei „mit ihrem archaischen Weltbild in unsere moderne westliche Gesellschaft womöglich nicht zu integrieren". Wie ein Mann stand das Seniorenvolk auf und der Shitstorm brach los: Eine „abstoßende Entgleisung" eines „Schmutzfinks" sei das, und ein Leser verlangte, dass sich der Autor bei ihm „stellvertretend für alle Rentner" entschuldige. „Wissen Sie, was das größte Problem der Deutschen ist? Die Humorlosigkeit", konstatiert Weirich.

D erinnert sich an eine Bemerkung seiner akademischen Lehrerin Elisabeth Noelle-Neumann, die sinngemäß sagte, eine alternde Gesellschaft sei eine ängstliche Gesellschaft. Neuerdings kommen zwei Entwicklungen hinzu, die nicht alle, aber viele mit gemischten Gefühlen sehen: Digitalisierung und Globalisierung. „Die größte Angst haben nicht die Alten, sondern die mittleren Jahrgänge, weil sie potentiell stärker betroffen sind, was zum Beispiel den Arbeitsmarkt angeht", gibt Morgenstern zu bedenken. Rentner hingegen bekämen von der Globalisierung so gut wie nichts zu spüren. Trotzdem steht Weirich zu seiner Altersangst: „Zwar bin ich jeden Tag im Netz, aber was die Anwendung bestimmter Techniken angeht, bin ich ganz froh, wenn meine Neffen aus Stuttgart zu Besuch kommen und mir das eine oder andere einrichten. Wer keine Neffen in Stuttgart hat, ist allerdings gekniffen."

Greifen deshalb so viele Rentner zu sogenannten Lifestyle-Medikamenten? G hat in Supermärkten die Beobachtung gemacht, dass es ganze Gänge mit Vitamin-Cocktails oder Präparaten wie Kieselerde gibt, „von denen man gar nicht weiß, wofür sie gut sein sollen". Er hält einen Moment inne und fragt dann mit gesenkter Stimme: „Wie ist das zum Beispiel mit Viagra?" Der Weltmann Weirich weiß: „Der frühere amerikanische Vizepräsident Bob Dole und seine Frau Elizabeth haben für Viagra geworben, indem sie sagter ,Wir sind beide Mitte achtzig, greifen darauf zurück und haben ein erfülltes Sexleben'". In Deutschland zahlen die Krankenkassen Viagra nicht, weshalb, wie Weirich sagt, „der Schwarzhandel blüht. Du kannst dich in Thailand auf jedem Night-Market für fünf Dollar für den Rest des Jahres eindecken, du spürst aber nichts. Aber worauf zielt deine Frage, suchst du eine Beratung?", will er von G wissen.

Der, ganz seriöser Rechercheur, entgegnet, er spüre doch nur einem möglichen Mentalitätswandel nach: „Früher haben die Leute ihr Schicksal angenommen, heute nehmen sie Pillen." Weirich attestiert ihm ein „sehr traditionelles Bild von ,früher'. Typen, die obskure Mittelchen nahmen, sich Frischzellenkuren gönnten oder sich die Lippen aufspritzen ließen, gab es doch schon immer. Und was Schönheitsoperationen angeht, ist Deutschland absolut rückständig." Er erinnert sich an den hessischen CDU-Politiker Gottfried Milde, „der hatte nach Ansicht seiner Frau einen zu großen Zinken, deshalb ließ er sich die Nase verkleinern. Ich fand, er sah vorher schöner aus." D erwähnt ein Gespräch mit einer Fernsehschauspielerin, „die war so zusammengetackert, dass, wenn sie lächelte, immer ein Arm mit hochging".

Aber was soll man von einer Generation schon erwarten, die sich ihre Lachfältchen mit Nervengift wegspritzt? Die Schriftstellerin Susanne Fröhlich, die ihren Nachnamen zu Recht trägt, hat einmal darauf hingewiesen, dass Botox und 30 Jahre alte Dosenleberwurst in ihrer chemischen Zusammensetzung ziemlich dasselbe seien. Bemerkung am Rande: Wer bei DocMorris, dem großen Apotheken-Versandhändler, „Viagra" eingibt, bekommt an oberster Stelle „Quickpep Liebeskraft Mann Kapseln" angezeigt, rezeptfrei, 100 Stück für 15,29 Euro, reichen für 50 Tage. Dass in Deutschland der Hinweis nicht fehlen darf, es handle sich um „natürliche Inhaltsstoffe", versteht sich von selbst.

Rein assoziativ fällt D ein gemeinsamer Bekannter von Weirich und ihm ein, der mit siebzig eine 30-Jährige geheiratet hat, eine Russin. Vorsichtig fragt er nach Erkenntnissen, ob es zunehme, dass betagte Männer noch einmal auf Freiersfüßen wandeln und begehrliche Blicke auf viel jüngere Frauen werfen. „Ein schwerer Fehler", befindet Weirich, „außerdem gilt das nach beiden Seiten, wie man an Frau Thomalla sieht." Simone Thomalla, Jahrgang 1965, ist Schauspielerin und mit dem 20 Jahre jüngeren Handballspieler Silvio Heinevetter liiert (Stand Anfang 2021). Morgenstern, ganz Wissenschaftler, wirft ein, weil es mehr Ältere gebe, komme es schon rein statistisch häufiger zu den beschriebenen Konstellationen, die „im Betriebsrentenrecht schon zu Rechtsprechung geführt haben. In etlichen Urteilen ist inzwischen festgesetzt worden, wie lange Jüngere noch Ansprüche auf die Betriebsrente des Älteren haben." Weirich sucht im Allgemeinen gern das Konkrete: „Hier in Berlin gibt es russische Putzfrauen, die gut aussehen und ein klares Ziel haben – du musst es nur vorher wissen." D, dem Romantiker, ist das alles zu prosaisch. „Aber wenn es doch Liebe ist?" fragt er. Die anderen schauen ihn an, als hätte er auf einer Beerdigung nach Freibier gerufen.

Weirich wechselt das Thema und weist darauf hin, dass die Alten wenigstens auf dem Land nicht allein gelassen werden. In Brandenburg fahre eine Zahnärztin von Dorf zu Dorf „und zieht dir den Zahn zu Hause", und im Odenwald hätten Bürger einen freiwilligen Fahrdienst organisiert. In Frankreich, sagt Morgenstern, kümmerten sich auf dem Land Postboten im Auftrag entfernt lebender Verwandter um Ältere. Gegen eine Gebühr von 39 Euro im Monat oder mehr können Angehörige den Dienst „Veil-

So leben wir im Jahr 2025: Deutschland ist total überaltert

ler sur mes parents" („Auf meine Eltern aufpassen") buchen: Postbeamte klingeln bei Retraités, erkundigen sich, wie es geht und ob noch genügend Côtes du Rhône im Hause ist, bieten Telefon-Assistenz und vermitteln Handwerker. Ein ähnliches Projekt verfolgte die Deutsche Post schon mal in Nordrhein-Westfalen, stellte es dann aber recht schnell wieder ein. Der Franzose mag gegen eine Rentenreform streiken, bis der Postbote klingelt, aber in Sachen Amour macht ihm auch im Alter niemand etwas vor. Eine der ergreifendsten Liebeserklärungen der späten Jahre verdanken wir Jacques Brel. Der war zwar Belgier, aber im Innersten ist der Wallone ein Franzose. Und der singt im Chanson „Les Vieux Amants":

> Ist es nicht die schlimmste Falle für Liebende,
> in Frieden miteinander zu leben?
> Klar, Du weinst nicht mehr so schnell wie früher
> und ich fange nicht immer gleich Streit an,
> wir verbergen unsere Geheimnisse weniger voreinander
> und überlassen weniger dem Zufall –
> aber es ist noch immer der zärtliche Krieg.

Singt der Deutsche über Rentner, klingt es hingegen wie bei Pigor und Eichhorn:

> Maulende Rentner / der gute alte deutsche Klang. / Maulende Rentner / lästern stundenlang. / Maulende Rentner / liegen auf dem Oberdeck. / Maulende Rentner / saufen den Aborigines das Wasser weg. / Maulende Rentner / reisen individuell oder pauschal. / Maulende Rentner / erziehen weltweit das Personal. / Maulende Rentner / sagen dir in jedem deutschen Dialekt, dass das Bier nirgends wie zu Hause schmeckt / und dass die Weine „korgen". / Sie arbeiten an der Servicegesellschaft von morgen / in beige oder grau, / vermitteln deutsches Know-how.

Aber gibt es ihn überhaupt, den sprichwörtlich schlecht gelaunten deutschen Rentner, der am liebsten Falschparker aufschreibt? „Im Einzelfall schon", konzediert Morgenstern, immer bereit, die älteren Mitbürger zu verteidigen. „Aber es gibt auch griesgrämige Jüngere, die unzufrieden sind mit ihrem Leben und das andere spüren lassen."

Wenn nicht das, was ist dann typisch, möchte G wissen. „Dass Ältere heute Dinge tun, die Ältere früher nicht getan haben, dass sie sehr stark ehrenamtlich engagiert sind", sagt Morgenstern unter Hinweis auf eine DIA-Studie aus dem Dezember 2019. Demnach mischen drei von vier über 65-Jährigen mit: in der Kommunalpolitik, im Sozialwesen, in Sportvereinen, in der Kirchengemeinde, in der Alten- oder Kinderbetreuung oder im Umwelt- und Naturschutz. Dabei gibt es kaum nennenswerte Unterschiede zwischen Männern und Frauen sowie zwischen Ost und West. Immerhin sechs Prozent der Senioren stehen weiter im Berufsleben.

Ein neues Phänomen sei das Interesse von Älteren, noch einmal ein Studium aufzunehmen oder einzelne Vorlesungen zu besuchen. Bei Studenten gefürchtet sind die Kommilitonen des dritten Lebensalters in Fächern wie Zeitgeschichte. In Vorlesungen oder Seminaren über die Geschichte des Zweiten Weltkriegs kann man die Uhr danach stellen, wann der erste Veteran sich meldet: „Neeneenee, junger Mann, ich erzähle ihnen jetzt mal, wie es wirklich war, ich war nämlich dabei." Es ist noch nicht lange her, da machte sich auch D oft und gerne lustig über diese Senioren-Seminaristen; im Wintersemester 2020/2021 belegte er in der Blüte seiner Jahre als Gasthörer an der Weinbau-Hochschule Geisenheim die Online-Vorlesung „Biologie der Rebe".

Noch schlimmer findet Weirich Zeitgenossen, die in Vorruhestand gehen, sich nach kurzer Zeit langweilen „und dann siehst du sie in der Kantine, wo sie ihren früheren Kollegen auf die Nerven gehen". Er, der gern in größeren Dimensionen denkt, ist ohnehin gegen jede Form von Ruhestand. „Die Leute sollen nach ihrem Belieben leben und arbeiten. Unser Problem ist die Kategorisierung, sind die Schubladen. Mit 65 bekommst du einen Brief, unterzeichnet von der Geschäftsführung und vom Vorsitzenden des Personalrats, das war's dann – und alles ist in Tarifverträgen geregelt." Was sich nach sympathischer Individualanarchie anhört, findet Morgensterns Zustimmung: „Wir treten für die Abschaffung des gesetzlichen Renteneintrittsalters ein. Wir sagen: Überlasst es den Leuten selbst, aber regelt es so, dass es einen Zusammenhang gibt. Wer früher aufhört, bekommt weniger Rente, aber wenn die starre Altersgrenze fällt, verschwindet sie nach und nach aus den Tarifverträgen und aus den Betriebsvereinbarungen." Heute hingegen könne, wer das möchte, nicht länger arbeiten, weil nach Ansicht der Gerichte das Kollektivrecht vorgeht, und wenn der Tarifvertrag eine Altersgrenze vorsieht, ist dann auch Schicht im Schacht.

Weirich bestreitet nicht, dass es Berufe gibt, in denen schwer malocht wird, nicht nur im oft bemühten Dachdeckerhandwerk, aber mit einer gewissen Süffisanz merkt er an, dass Berufsunteroffiziere der Bundeswehr schon mit 55 Jahren in Rente gehen. Auch „alkoholabhängige Journalisten" sieht er als Hochrisikogruppe – „aber bei denen fängt es viel früher an", stellt G klar. „Der Dachdecker gehört mit 60 wirklich nicht mehr aufs Dach, aber er gehört mit 55 vielleicht auf die Schulbank, wenn er nochmal etwas anderes machen möchte", wirft Morgenstern ein, „oder mit 67 in den Baumarkt, wenn er das will, aber darauf ist unsere Gesellschaft nicht eingestellt". D wird angesichts verpasster Chancen ganz wehmütig ums Herz: „Das hätte deinem verpfuschten Leben mit Mitte 50 eine Wende geben können", wendet er sich an G, „wenn du noch einmal etwas ganz anderes gemacht hättest." Der kontert blitzschnell: „Dann hätte ich dich aber nicht kennengelernt."

Überhaupt hört G gern auf die Stimme der Vernunft – nein, er verkörpert sie: „Wenn man den Leuten sagen würde: Ihr geht in einem bestimmten Alter in Rente, aber das bedeutet jetzt etwas anderes, ihr habt jetzt mehr Wahlfreiheit..." entwickelt er einen Gedankengang. „Leute", fällt ihm D ins Wort, „vergesst eure an sich ja sympathische Flexi-Idee. Die ist was für Freigeister wie euch. Die meisten Beschäftigten sind doch froh, wenn sie nach einem in der Regel langen Arbeitsleben in den Ruhestand gehen können, und zwar zu einem festen Termin. Das haben sie sich erstens verdient und zweitens machen sie Platz für Jüngere." Dem widerspricht Morgenstern und setzt zu einem DIA-Vortrag an: „Es wäre gut, wenn es gelänge, Arbeit und Rente flexibler zu kombinieren. Viele würden gerne nicht bis zum Schluss fünf Tage in der Woche arbeiten. Wenn es gelänge, eine Teilrente zu beziehen und trotzdem teilweise zu arbeiten, bin ich überzeugt, würde das absolute Renteneintrittsalter nach oben gehen, weil dann die Übergänge flexibler wären."

Morgenstern, mit seinen 60 Jahren der Jungspund in der Runde, erntet beifälliges Kopfnicken der anderen für seine Feststellung, dass zu viele Unternehmen zu viel Wissen vergeuden, wenn sie erfahrene Mitarbeiter zu früh in den Ruhestand schicken. „Nie hat man einen alten Mann am Montagmorgen mit verheulten Au-

Deutschland ratlos: Was wird mit den Dschihad-Kämpfern?

gen in den Betrieb kommen sehen", gibt Weirich zum Besten. „Ist der Machismo bei älteren Männern eigentlich weit verbreitet?" fragt G. „Nee, nur bei Weirich", sagt D.

Bleibt die Frage nach dem Respekt vor dem Alter, die D auf dem Fußweg zum DIA fast zum Verhängnis wurde. Der schwinde, finden Morgenstern und Weirich übereinstimmend – aber gegenüber Autoritäten generell: Lehrer, Polizisten, Rettungskräfte. „Ganz anders in Japan", weiß Weirich. „Wären wir in Japan und ein Typ wie ich käme in den Raum, würdet ihr aufstehen. Und ich würde dann sagen: ‚Setzen!'"

GESPRÄCHSPARTNER:

Klaus Morgenstern, Jahrgang 1959, ist einer der beiden Spre-cher des „Deutschen Instituts für Altersvorsorge" (DIA) in Berlin. Das Institut versteht sich laut Selbstbeschreibung auf seiner In-ternetseite „als geistige Plattform eines umfassenden Diskurses über Altersvorsorge und Generationengerechtigkeit". Diese im Wesentlichen von der Deutschen Bank getragene „Denkfabrik" besteht seit 1997. Klaus Morgenstern ist seit 2012 dabei; für ei-nige Jahre bildete er zusammen mit Dieter Weirich das Spitzen-duo im Institut. Morgenstern, ein gelernter Journalist, hatte zu-vor vor allem für Fachmedien der Finanzbranche gearbeitet und bringt im DIA vorrangig, im Zusammenspiel mit Wissenschaft-lern und Experten, den Diskurs über neue Ideen und Lösungen für die Altersvorsorge voran.

Dieter Weirich, Jahrgang 1944, ein in Schwaben geborener Wahl-Berliner. Journalist und Politiker mit einer Honorarprofessur für Medienpolitik. Weirich war zehn Jahre lang, von 1969 bis 1979, persönlicher Referent des legendären hessischen CDU-Landes-vorsitzenden und Chefs der CDU/CSU-Bundestagsfraktion Alfred Dregger, über den er Mitte 2019 eine starke Biographie vorgelegt hat. Von 1980 bis 1989 war Weirich für die Christdemokraten Mit-glied des Deutschen Bundestags, dort konnte er ein medienpoliti-sches Thema vorantreiben: Weirich gilt als einer der Wegbereiter des Privatfunks in Deutschland. Über zehn Jahre lang, von 1989 bis 2001, war Weirich Intendant des Auslandrundfunks Deutsche Welle, später war er Chef der Unternehmenskommunikation des Frankfurter Flughafenbetreibers Fraport und, bereits jenseits der Altersgrenze, in gleicher Funktion beim Darmstädter Energie-Un-ternehmen HSE. Weirichs Lust an scharfzüngigen Kommentaren ist ebenso beliebt wie gefürchtet – in der Hauptstadt gilt er immer noch als wohlinformierter politischer Netzwerker.

Weg mit dem Seniorenteller!

Was schmeckt uns, wenn wir älter sind? Müssen wir mit 70 in der kulinarischen Wüste darben? Schlammkost statt Filetsteak, Blasentee statt Rotwein? Keine Panik: Auch der Senior ist im Feinschmecker-Paradies zu Hause. Wir sollten der Weisheit des Spät-Rockers Udo Lindenberg (Jahrgang 1946) vertrauen: Hinterm Horizont geht's weiter. Immer weiter...

„Der Mensch lebt nicht vom Brot allein. Nach einer Weile braucht er einen Drink."

Woody Allen (Jahrgang 1935)

Die beiden Männer, die da zwischen exotischen Früchten, frisch gewässerten Kräutern und Frühkartoffeln der Sorte Annabelle herumstehen, könnten unterschiedlicher kaum sein. Peter Splettstößer, Jahrgang 1955, hält sich gern im Hintergrund – aber der Energieüberschuss dringt aus jedem Knopfloch seines dezenten blaumelierten Jacketts. Hinter der Brille blitzen die Augen, manchmal spricht er so schnell, dass die Worte ins Stolpern geraten. Harry H. Hochheimer, Jahrgang 1947, heißt der andere Mann, seine knallrote Strickmütze überstrahlt sogar die raffiniert ausgeleuchteten Obst-Raritäten aus aller Welt. Alles strahlt an ihm – die Hose, die Krawatte, der Kopf. Ein Wein- und Gastronomieberater, dem es nichts ausmacht, wenn weniger auffällig gekleidete Zeitgenossen ihn verstohlen anstarren. D und G haben sich mit der beiden Herren in dem verschwenderisch ausgestatteten Feinkost-Markt „Scheck-In Center" im Frankfurter Osten verabredet und wollen darüber reden, wovon sich Menschen im Rentenalter ernähren. Der Wein-Enthusiast Hochheimer, den ein Kollege als „eine Art Urmuttervater des Weinverkaufs" geadelt hat, ist berühmt für seine knallscharfen Sprüche. „Schwertgosch" nennt man so einen im Schwäbischen.

Die Altersvorsorge erfordert zukünftig mehr Eigeninitiative

Über ein paar Treppen gelangen die vier Männer ins obere Stockwerk, von wo man über eine Balustrade freien Blick auf den Markt hat. Da steht der Herr Splettstößer wie Napoleon während der Schlacht von Austerlitz und registriert den Andrang an den Kassen. Er wirkt nicht unzufrieden.

Bevor Splettstößer die Chance hat, Kaffee zu bestellen, ereifern sich die übrigen drei bereits über das wichtigste Utensil der kochenden Männer – das Messer. „Früher kamen noch die Scherenschleifer ins Haus", erinnert sich der immer nostalgische D. „Ja, genau", sagt Herr Hochheimer, und kramt in seinem Gedächtnis: „Mein ältestes Messer ist ein Victoria aus der Schweiz. Das hat damals für meine Verhältnisse sehr viel Geld gekostet, 27 Mark."- D: „Reichsmark wahrscheinlich."

G: „Vor 35 Jahren habe ich aus Südamerika mal Messer mitgebracht mit Schneiden aus Kohlenstoffstahl. Die rosten zwar gelegentlich, wenn man nicht aufpasst – aber die sind immer noch rasant scharf. Moderne Messer sind doch im Regelfall nach fünf Jahren am Ende."

Herr Hochheimer will nicht länger über Werkzeug reden, sondern über sich: „Das Buch über mein Leben heißt – wenn's denn mal geschrieben wird – ‚Die Zeit verrinnt, wie schnell ist nichts getrunken. Bekenntnisse eines legalen Drogendealers'. Ich bin gelernter Koch, Kellner, Sommelier, seit 1977 selbständig mit einer Wein- und Gastronomieberatung. Mein Lebensmotto: Ich muss mit Trinken mein Essen verdienen."

G: „Sieht man Ihnen auch an."

Herr Splettstößer: „Der Harry hat unseren Markt von Anfang an begleitet mit seiner Wein-Beratung, gerade auch über Spitzengewächse wie alte Bordeaux …"

Herr Hochheimer: „Die alten Bordeaux sind mein Faible. Als ich vor 13 Jahren das erste Mal hierhin kam, habe ich gedacht: Wie kann man nur so beknackt sein, ins Niemandsland solch einen Laden zu bauen?! Heute kann jeder sehen: der Herr Scheck hat Recht gehabt."
   G: „Als ich vor vielleicht acht Jahren zum ersten Mal hier im damals noch recht wilden Frankfurter Osten eingekauft habe, dachte ich: Wo wollen die hier ihre Kunden rekrutieren?"

Adolf Scheck, Jahrgang 1951, Sohn eines Lebensmittelhändlers im badischen Achern, befehligt eine Gruppe von „Scheck-In Centern" in Deutschland, die allesamt zu den gehobenen Lebensmittel-Supermärkten zählen und zum Edeka-Konzern gehören. Als „Gourmet-Supermarkt" bezeichnet Peter Splettstößer sein Refugium. Er ist Gebieter über eine 40 Meter lange Fischtheke, eine 50 Meter lange Fleisch- und Wursttheke, 600 Käsesorten und überhaupt 60.000 Lebensmittel jedweder Art.

Als Adolf Scheck Peter Splettstößer ins Frankfurter Frontland schickte, wartete hier, im Ostend, kaum jemand auf eine derartige Feinschmecker-Oase. Das Viertel galt damals, 2007, immer noch als Problem-Revier. 40 Prozent der Bewohner waren Migranten, der Anteil der Hartz-IV-Empfänger war höher als in den meisten Frankfurter Stadtteilen. Die Eröffnung der EZB stand erst sieben Jahre später an, die berühmteste Gourmet-Adresse im Osten waren die Wurstmacher von Gref-Völsings in der Hanauer Landstraße 132. Außer Herrn Scheck glaubte wahrscheinlich nur der grelle Ardi Goldmann an die Zukunft des Ostens – der „Stadtteil-Regisseur", wie ihn eine Journalistin bewundernd nannte, investierte Millionen in das Brachland, ließ Büros, Wohnungen und ein Hotel bauen und begann 1996 auf dem Gelände der alten Union-Brauerei eine „Event-Location" zu entwickeln.

Das war der Startschuss für eine Stadtentwicklung der besonderen Art. Zuvor war die Hanauer eine eher schäbige Einfallstraße längs der Straßenbahnlinie 11, mit Tankstellen, Autohändlern, Schnellimbiss-Stationen, Baumärkten, der untergegangenen Neckermann-Zentrale und jeder Menge bröckelnder Industriebauten gewesen. Mit der Union-Halle kam das Leben zurück. Heute ist „die Hanauer" mit ihren Clubs, Restaurants und hippen Cafés nicht nur eine Ausgehmeile – auch die Autohändler haben ihre Verkaufsstätten zu Glaspalästen aufgerüstet, so dass sie fast wie eine konsequente Fortführung des spektakulär aufragenden EZB-Baus wirken. Die Banker haben ihre Schreibtische längst eingeräumt, aus den oberen Stockwerken können sie schon mal nachschauen, wo sie nach Büroschluss ihr Frischobst einkaufen. Die Innenstadt ist weit, Splettstößers Markt ist auf einmal die nächste angesagte Adresse.

Herr Splettstößer: „Die ersten zwei Jahre waren tatsächlich hart. Aber wir haben uns aufgrund des Sortimentes, aufgrund der Frische, aufgrund der vielen Aktivitäten durchgeboxt. Letzte Woche sind wir für die beste Obst- und Gemüseabteilung Deutschlands mit dem Goldenen Apfel ausgezeichnet worden. Beste Weinabteilung waren wir mehrere Male, beste Wursttheke und auch bester Supermarkt Deutschlands – 2012, da hängt noch unser Plakat. Sapperlot, sah ich damals noch gut aus!!"

D: „Haben Sie überwiegend gut situierte Kunden?"
Herr Splettstößer: „Nein, keinesfalls. Aber natürlich sind auch viele darunter, die 40, 50 Euro fürs Kilo Fleisch ausgeben können. Zu uns kommen Menschen, die gern essen und trinken. Wer weniger Geld hat, kommt vielleicht nur ein-, zweimal im Monat, wer sich's leisten kann, kommt zweimal die Woche."

Die Kunden kommen aus dem Taunus und dem Odenwald, sogar aus Limburg, wie Herr Hochheimer beobachtet hat. „Wie ist es denn früher gewesen?", fragt er, „wie weit sind wir früher gefahren, um etwas Gutes zu essen zu bekommen?" Herr Splettstößer weiß, wie weit: „Von Koblenz aus sind meine Eltern zu Feinkost-Plöger in der Frankfurter Freßgass' gefahren – noch lieber allerdings zum Feinkost-Lautenschläger in Bad Homburg." Plöger musste bereits 2007 dem Apple Store weichen, Lautenschläger gilt noch immer als kulinarische Fundgrube. 1907 hatte Wilhelm Lautenschläger sein „Spezialgeschäft für Fluß- und Seefische, Fischkonserven, Räucherwaren, Wildpret und Geflügel" eröffnet und verkündete der Kundschaft sein Geschäftsprinzip: „Großer Umsatz, beste Waren, billigste Tagespreise".

Damals wurde nicht aufgetaut, damals wurde noch selbst gekocht. Hochheimer: „Viele Junge können ja gar nicht mehr kochen. Früher hat man über die jungen Frauen gesagt: Die können kochen wie die Mutter. Heute sagt man: Die können saufen wie der Vater... Aber ich möchte noch einen Zweifel loswerden. Die Deutschen stehen ja nicht gerade im Ruf, Feinschmecker zu sein. Ist die Annahme, 25 Prozent würden sich für besseres Essen interessieren, nicht arg optimistisch?"

D: „Der Meinung bin ich nicht. Die Deutschen werden heute ständig mit Kochsendungen, Kochmagazinen, Rezeptvorschlägen konfrontiert. Vor allem verreisen wir alle gern – und dabei haben auch unsere Landsleute gelernt, dass es in Italien, Frankreich oder Spanien nicht nur anders, sondern sogar besser schmecken kann als daheim."

G: „Haben denn die Oldies noch Lust auf Gourmetküche? Früher waren die Alten in ihrer Mehrheit doch eher anspruchslos – häufig obendrein zahnlos – da ging es um Nahrungsaufnahme, gerne auch in Breiform. Das hat sich doch heute gedreht, oder?"

D: „Wenn ich an meine Jugend denke, dann erinnere ich mich ähnlich. Die Großeltern haben irgendeinen Seniorenteller vorgesetzt bekommen und den brav heruntergelöffelt. Die haben nicht aufbegehrt, obwohl das kulinarisch gewiss keine Offenbarung war. Heute sind die Ansprüche gestiegen."
Herr Hochheimer: „Was ist denn überhaupt ein Seniorenteller? Kann das mal jemand definieren?"
G: „Kleine Portion."
D: „Königin-Pastetchen."
Herr Hochheimer: „Ach ja, der Klassiker."
D: „Früher gab's in der Autobahn-Raststätte für die Alten vorzugsweise Königin-Pastete."
Herr Hochheimer: „Dieses Teiggebilde mit Ragout Fin und möglichst noch Sauce Hollandaise drüber ..."
G: „Nach meiner Beobachtung schwimmt auf dem Seniorenteller gern ein kleineres Schnitzel in einer undefinierbaren Tunke. In der Tunke liegt obendrein ein Salatblatt, und Kartoffelbrei gibt es auch. Auf den Seniorenteller kommt nicht unbedingt Essware von gehobener Qualität."
Herr Hochheimer: „Oft gibt es auch Dosengemüse dazu, Leipziger Allerlei."

Herr Splettstößer: „Von der Machart ist das ja so ähnlich wie der Kinderteller. Mir wird übel, wenn ich nur dran denke: ein Würstchen Wiener Art, Pommes, Ketchup ... Wo wollen wir denn damit hin, wenn wir Kindern so etwas aufzwingen? Und es ist oben-

Nach der Rentenerhöhung: Der Generationenvertrag funktioniert

drein grauenhaft, dass wir Senioren denselben Fraß zumuten wie den Kindern."

G: „Fies finde ich auch, wenn den alten Herren wie den Kindern ein Lätzchen umgebunden wird, damit das Hemd nicht bekleckert wird."
 Herr Hochheimer: „Besuchern sage ich gern: Bei mir daheim könnt ihr vom Boden essen – ihr findet immer etwas. Ich bin jetzt über 70, einen Seniorenteller würde ich nicht akzeptieren. Ein Steak unter 300 Gramm ist für mich Carpaccio!"

Herr Splettstößer: „In Frankreich werden in vielen Restaurants schon seit Jahren kleine und große Portionen angeboten, das ist dort völlig normal. Deutsche Restaurants sind in dieser Frage, Entschuldigung, zurückgeblieben."

Herr Hochheimer: „Zu viele Restaurants in Deutschland folgen immer noch dem Auftrag: je größer, desto besser. Mit Bussen werden die Leute zu den XXL-Schnitzeln gekarrt. Diese

Fleischlappen passen gar nicht auf den Teller – und ich frage mich, was tun die Menschen sich da an?"

Herr Splettstößer: „Der Seniorenteller ist ein Relikt aus der Vergangenheit. Wer den heute noch im Angebot hat, der hat die Zeichen der Zeit nicht erkannt."

G: „Wenn die Wirte eine ‚kleine Portion' anbieten würden, hätte das doch eine ganz andere Wirkung."

Herr Splettstößer: „Ich finde, der Kinderteller gehört auch auf den Index. Kinder sollen das essen, was ihnen schmeckt!"

Wie schmeckt den Kunden denn, was auf dem Seniorenteller serviert wird? Nicht gut, muss man denken, wenn man die wütenden Kommentierungen im Internet verfolgt. „Ist der von, für oder aus Senioren gemacht?" fragt einer, ein anderer mutmaßt: „Da wird alles durch den Wolf gedreht. Oder gibt's das auch zum Lutschen?" – „Brauch ich nicht, ich hab noch Zähne", mümmelt einer, noch einer beschwert sich: „Hab ich einmal bestellt, nie wieder. Fast nix auf dem Teller und nur ein Euro weniger als für das normale Gericht. Lieber bestelle ich normal und lasse den Rest für den Hund einpacken."

Darf auch ein 30-Jähriger einen Seniorenteller bestellen? Die Antwort des in Berlin ansässigen Deutschen Hotel- und Gaststättenverbandes (Dehoga) lässt den Kunden zusammenzucken – im Restaurant, lernen wir, ist nicht der Kunde, sondern der Gastwirt König. „Es gibt keinerlei gesetzlich vorgeschriebene Ansprüche des Gastes auf einen Seniorenteller", verkündet ein Dehoga-Sprecher. Denn: „Der Gastronom bestimmt die Spielregeln - und der Kunde muss sich danach richten." Das Hausrecht, das einen für die Kundschaft eher rechtlosen Zustand definiert, steht über allem. Alles, was auf der Speisekarte steht, könne einem Gast auch verweigert werden – vor Gericht sei das nicht einklagbar.

Gut zu wissen. Wie stellt der Wirt denn überhaupt angesichts des häufig jugendfrischen Auftretens der Alten fest, ob der Gast tatsächlich Anspruch auf den Seniorenteller hat? Muss man beim Restaurant-Besuch seinen Rentenausweis vorlegen? Ab welchem Alter gilt man überhaupt als Senior? Vorsicht, festhalten – uralt fühlt sich mancher schon, wenn die Wurstverkäuferin keine Scheibe Mortadella mehr über die Theke reicht. Im Turniersport tanzt man ab dem Alter von 35 in der Seniorengruppe. Im Jugendherbergswerk gilt man ab 27 als Senior. Im Vereins-Fußball spielt man mit 35 bei den „Alten Herren". Laut Paragraph 3 der Wettspielordnung des Deutschen Tennisbundes zählen Damen wie Herren ab 30 zu den Senioren. Im Rudersport gilt man ab 19 als „Senior B", mit 23 hat man die nach oben offene Altersklasse „Senior A" erreicht. Wenn man noch ein wenig durchhält, kann man mit 35 bereits eine Höchststufe des beruflichen Daseins erklimmen: „Senior-Key-Account-Manager". Klingt das nicht nach Frühvergreisung im Büro?

G: „Gibt es Mahlzeiten, die früher die Mutter auf den Tisch gebracht hat, von denen man heute noch träumt?"

Herr Splettstößer: „Für mich war das Leibgericht Milchreis, davor gab's Eierpfannkuchen. Oder Kribbelcher, wie die bei uns daheim heißen, Reibekuchen, häufig mit Speck."

Herr Hochheimer: „Ich speise ja aus beruflichen Gründen des Öfteren in Sterne-Restaurants. Aber wenn's im ‚Kanonesteppel' (in der Textorstraße in Frankfurt-Sachsenhausen) Königsberger Klopse gibt, mit Kartoffeln, Kapernsoße und Roter Bete – das ist für mich ein Festmahl. Das gilt auch für eine gute Bratwurst, am besten mit Rotkraut und Kartoffeln. Ich ess auch gern eine Gänsestopfleber – aber die einfachen guten Gerichte sind mir ebenfalls sehr wertvoll."

G: „Dicke Bohnen mit Speck. Die Bohnen, die man bei uns in Westfalen Saubohnen nannte, haben wir früher gemeinsam aus den riesigen Schalen gepuhlt. So viel Biomüll ist mir bei keiner anderen Essenszubereitung begegnet."

Herr Splettstößer: „Es gibt Menschen, die wollen einfach nur satt werden. Das hat nichts mit Geld oder Stand zu tun. Beim Einkaufen kannst du sie erkennen. Es gibt Menschen, die zelebrieren schon das Einsammeln – und die anderen werfen das Essbare in den Wagen und sehen zu, dass sie schnell wieder rauskommen. Das Essen hat für diese Menschen nicht den hohen Stellenwert wie bei uns – die leisten sich vielleicht lieber ein teures Auto oder ein Haus oder verreisen viel. Wenn ich Freunde zum Grillen einlade, dann muss da alles stimmen – das Fleisch oder der Fisch muss gut sein, aber auch die Getränke. Manchmal habe ich dann ein Erfolgserlebnis, wenn ein Biertrinker sagt: Ach, dein Wein schmeckt ja wirklich auch gut. Das bedeutet natürlich nicht, dass er bei der Gegeneinladung nicht wieder Wein aus dem Billig-Regal auf den Tisch bringt. Für Biertrinker ist Wein halt nur ein Getränke-Ersatz."

Herr Hochheimer: „Für viele gilt: Viel muss es sein, billig muss es sein, und Hauptsache, vom Alkohol wird mir schwindlig."
    Herr Splettstößer: „Trotzdem setzt sich das Qualitätsbewusstsein allmählich durch. Ich sehe das auch bei meinen Kindern – der eine kauft nur bio, der andere prüft ganz genau die Herkunft beim Fleisch."

G: „Wenn man früher aus dem Urlaub heimkehrte, dann hat man Wein, Pasta und Olivenöl mitgebracht – wenn man dann allerdings den Urlaubsgeschmack nochmal nachempfinden wollte, musste man feststellen, dass es die meisten Original-Zutaten hier nirgends gab. Heute geht man in diese Lebensmittel-Tempel und findet alles. Auch daran sieht man doch, dass sich das Interesse der Kundschaft verändert hat. Natürlich werden die Deutschen deshalb noch lange kein Volk von Feinschmeckern."

Der Durchschnittsdeutsche investierte laut Statista 2018 10,8 Prozent seiner privaten Konsumausgaben in Nahrungsmittel (Tendenz: langsam steigend). Italiener zahlen Jahr für Jahr immer weniger für Pasta & Co, derzeit noch 14,1 Prozent. Bei den

Franzosen ist die Entwicklung ähnlich – 13,1 Prozent, ständig sinkend. Die Feinschmecker-Völker und die Deutschen nähern sich demnach an. Spitzenreiter in dieser EU-weiten Erhebung sind die Rumänen, die 27,8 Prozent ihres privaten Konsums für Lebensmittel ausgeben. Schlusslicht bildet erwartungsgemäß das Vereinigte Königreich – die Briten haben für ihre Mahlzeiten nur 7,8 Prozent übrig. Ein Wert, der sich während der letzten Jahre nicht verbessert hat.

Herr Splettstößer: „Unter unseren Kunden sind viele Ältere. Ein ganz besonderer Kreis sind Männer, die hier gegenüber zu Kieser gehen. Kieser ist ja das Fitness-Studio für die Älteren – ich gehe da jetzt auch hin, der älteste Mann hier drüben ist 103 Jahre alt. Viele von denen kommen nach dem Training hierhin, setzen sich da hinten in die Nähe der Fischtheke, bestellen sich Austern oder Edelfisch, trinken ein Gläschen Weißwein dazu, schwätzen ...“

G: „Das ist doch nichts anderes als französisches Lebensgefühl mitten in Deutschland.“
D: „Nur dass die Franzosen vorher nicht zu Kieser gehen, sondern Boule spielen.“
Herr Hochheimer: „Und dabei wird natürlich auch schon gebechert. Vorzugsweise Pernod oder Pastis.“
G: „Ein Roter wird auch gern genommen.“
Herr Hochheimer: „Rotwein geht immer.“
Herr Splettstößer: „Bei uns im Dorf wird auch Boule gespielt, aber die trinken nichts. Das finde ich langweilig.“

Herr Hochheimer: „Ich weiß noch, wie ich gelernt habe – damals haben wir einmal in der Woche Fisch bekommen von Goedeken in Hamburg. Der Fisch kam in großen Weidenkörben voller Eis, alles tropfte und triefte. Was für eine Sauerei.“
Herr Splettstößer: „1970 habe ich angefangen zu lernen. In unserem Laden hatten wir schon Fisch, drei Sorten: Hering, Schellfisch, Kabeljau. Der Fisch kam immer donnerstags und lag auf

Eis, den Schellfisch gab's mit Kopf, der wurde im Ganzen gekocht. Der Salzhering lag im Eimer. Das war alles. Heute haben wir in unserer Fischtheke 150 bis 200 Sorten. Aber ich kann mich gut erinnern, dass die Alten – auch meine Eltern – damals keinen Fisch gegessen haben."

D: „Außer freitags."

Herr Hochheimer: „Hering mit Sahnesoße."

Herr Splettstößer: „Heute essen die Leute Fisch, wenn sie Lust darauf haben. Auch die Regel, dass in heißen Sommern (Monaten ohne R) keine Muscheln oder Austern verzehrt werden sollen, ist weitgehend aufgehoben – zum Beispiel, weil es heute Kühlketten gibt, von denen man früher nur träumen konnte."

D: „Wenn man älter ist, hatte man ja Zeit, seinen Geschmack zu entwickeln – und das Geld hat man auch. Als Lehrling oder Student hat man vermutlich weder das Geld noch den Geschmack für raffinierte Weine und Speisen."

G: „Als Student säuft man alles, auch den billigsten Lambrusco."

D: „Dann etabliert man sich im Beruf, organisiert – später als früher – seine Familie. Da sind andere Dinge wichtig als Gourmet-Speisen. Das kommt erst, wenn der Kopf frei ist für solchen Luxus."

Herr Hochheimer: „Endlich fängt das Leben an!"

G: „Von aufstrebenden Jungspunden wird allerdings erwartet, dass die einen gewissen Lebensstil repräsentieren. Wenn Gäste empfangen werden, kann man keine billige Plörre anbieten – es muss schon ein möglichst hoch dekorierter, edler Wein sein."

Herr Splettstößer: „Es gibt aber auch eine junge Klientel – zum Beispiel Familien mit Kindern – die sich aus persönlichem Interesse sehr mit hochwertiger Ernährung beschäftigen. Die haben diverse Apps auf ihren Handys, die bis zur guten alten Einkaufsliste alles anbieten, was man für die Anfertigung eines guten Menüs braucht. Ich bin seit 50 Jahren in der Lebensmittelbranche, in dieser Zeit hat sich vieles rasant verändert. Was für einen

Hype gab es um die Veganer. Das ist jetzt vorbei, die liegen stabil bei zwei bis drei Prozent. Nach oben geht es immer noch mit Bio – 15, 20 Prozent der Kunden kaufen inzwischen Bio. Wo Bio sich schwer tut, ist beim Fleisch. Die Kunden wollen ja wissen, woher das Fleisch kommt – mit dieser Angabe tut Bio sich schwer, weil es überall herkommen kann. Wenn man Fleisch aus der Region kauft, weiß man genau, wo die Schweine oder Rinder aufgezogen wurden. Die Herkunft wird ja auf dem Etikett angegeben. Immer mehr Kunden scannen die Kennziffern auf dem Etikett, um nachvollziehen zu können, wie der Weg war von der Tieraufzucht bis zur Fleischtheke. Sowas gab's früher nicht. Das ist der Trend, auch beim Käse – vor allem junge Leute bestehen auf exakten Angaben zu Herkunft und Beschaffenheit. Sie erwarten auch, dass Trend-Produkte angeboten werden. Da kann es auch passieren, dass fast vergessene Köstlichkeiten neu entdeckt werden. Es gab Jahre, da konntest du zum Beispiel keine Rote Bete verkaufen, das war ein absolutes Nischenprodukt. Heute ist das vollkommen angesagt. Wir führen acht unterschiedliche Rote-Bete-Varianten – natur, vakuumiert, gekocht, gewürzt."

G: „Bei allen positiven Erinnerungen an die guten alten Esswaren von Mutti – haben die Alten von heute nicht einen offeneren Sinn auch für kulinarische Experimente?"

Herr Splettstößer: „Unbedingt. Wenn ich heute Kunden sehe – gar nicht wenige, die über 80 Jahre alt sind –, dann ist deren Kaufverhalten kein Vergleich zu früheren Zeiten. Früher sind Oma und Opa mit drei Sachen vom Einkauf zurückgekehrt – Kartoffeln, Kohl und Fleisch, zum Beispiel. Heute wählen die Leute aus, aus 50 Sorten Kaffee zum Beispiel, und auch die Älteren probieren ständig was Neues. Ich schaue ja gern in die Einkaufswagen, da sieht man, wie auch die Älteren die heutige Vielfalt nutzen. Da werden auch gern mal zwei Flaschen Wein mitgenommen – nicht der für 4 Euro 50 die Flasche, sondern einer für 15 oder 20 Euro. Die Alten von heute gönnen sich auch mal was."

Herr Splettstößer tut auch als Geschäftsmann gut daran, die Alten ins Herz zu schließen – sie sind eine Wirtschaftsmacht, neben der die jüngeren Germanen wie ökonomische Zwerge wirken. Marktforscher rechnen vor, dass die 20- bis 29-Jährigen pro Monat zehn Milliarden Euro ausgeben können – die über 50-Jährigen können fast 25 Milliarden zu Markte tragen. Die Unter-25-Jährigen haben zusammen bereits 40 Milliarden Euro gespart – im Vergleich zu den über 55-Jährigen ist das ein Fettfleck in der Suppe: Die Oldies haben 2,2 Billionen auf ihren Konten. Immobilien, Aktien und anderer Besitz kommen noch oben drauf. Unvorstellbar, wie viele Flaschen Champagner, Kaviardosen und Hummerplatten dafür rabattfrei gekauft werden könnten.

In einer Studie der Werbeagentur BBS (Bartel, Brömmel, Struck) wird die Erkenntnis formuliert: „Ältere werden in der Werbung entweder ignoriert oder der Lächerlichkeit preisgegeben." Sowas rächt sich – trägt der empörte Senior sein Geld halt zur Konkurrenz. Das Geheimrezept, wie man der betagten Kundschaft das Geld aus der Tasche zieht, ist noch nicht gefunden. Wenn die „Trendzielgruppe" der Senioren altersgemäß angesprochen wird, zucken die meisten zurück: Die Alten wollen nicht als alt erkannt werden. Wie verkauft man einer Generation, die sich selbst fit und gesund fühlt, Treppenlifte, Anti-Pups-Tropfen, Salben gegen Rückenschmerzen und quietschende Knie? Das Problem hat Herr Splettstößer nicht. Gegessen wird in jeder Altersgruppe, getrunken auch.

Ganz pfiffig rückt der Pädagoge Professor Bernhard Meyer, Jahrgang 1946, dem verkehrten Umgang mit den Alten zu Leibe. Die heutigen Generationen seien allesamt „mit einer viel längeren Restlaufzeit gesegnet", referierte er bei einer Veranstaltung im Stammsitz der Nassauischen Sparkasse in Wiesbaden und forderte, die neuen Alten, deren Lebensphase er als „Alterspubertät" bezeichnet, endlich ernst zu nehmen: „Kaffeekränzchen und Strohsterne – die kommunale Seniorenarbeit ist von gestern", sagte er, Seniorennachmittage, Altenakademien, Seniorenteller, selbst Altensitzungen im Karneval gehören laut Herrn Meyer auf den Müll der Geschichte. Schließlich seien sogar künstliche Hüften keine Indizien fürs Altsein, sondern dafür, dass es nach der Operation beschwerdefre weitergeht. Und wie hält man's nun mit den Senioren? Der Professor von der Evangelischen Hochschule Darmstadt hat einen Vorschlag: Wie wäre es mit einer Art Inklusion für die Alten?

„Inklusion", so steht es auf der Webseite der Aktion Mensch, „bedeutet, dass jeder Mensch ganz natürlich dazu gehört. Egal wie du aussiehst, welche Sprache du sprichst oder ob du eine Behinderung hast. Jeder kann mitmachen." Das wäre ja mal was: Die Alten werden wieder in die Gesellschaft integriert. Und könnten nebenher den Jüngeren nahebringen, was vielfach in Vergessenheit geraten ist. Wie man ein Besteck richtig hält, oder wie man einen Möhren-Eintopf zubereitet.

G: „Was trinken Ältere? Eher Wein als Bier?"
    Herr Hochheimer: „So ist es."
    G: „Eher Rotwein als Weißwein?"
    Herr Hochheimer: „Das kann man so nicht sagen. Die meisten sind Saisontrinker – wenn's heiß ist, gibt's weiß oder rosé, in den kalten Monaten Rotwein. Ich setze mich bei 35 Grad auf die Terrasse und trinke Rotwein – allerdings gekühlt."
    G: „Wie kalt darf er denn sein?"
    Herr Hochheimer: „Grundsätzlich trinke ich Wein lieber kälter als zu warm. Warm wird er ja von selbst. Wenn du ihn dann noch kühlen willst, musst du Eiswürfel reinwerfen – und dann hat man Gänsewein im Glas."
    Herr Splettstößer: „In der hiesigen Region gibt es eine Besonderheit: Der Frankfurter trinkt lieber Weiß oder Rosé statt Rot – auch im Winter. Das sehen wir auch im Vergleich mit anderen Märkten."

Herr Hochheimer: „Grundsätzlich gilt: Ein guter Wein, in Maßen genossen, schadet auch in großen Mengen nicht. Man soll seinem eigenen Geschmack folgen, nicht unbedingt dem, was manche so genannte Sommeliers da herausschmecken. Zum Beispiel die Innenhaut einer Marone. Oder als würdest du mit der Zunge über eine Eisenbahnschiene lecken. Wie zugekifft muss man denn sein, um solch einen Blödsinn aufzuschreiben. Eigentlich gibt es nur zwei Weinsorten: Schmeckt oder schmeckt nicht."

G: „Der Geschmack entwickelt sich ja – man trinkt als junger Mensch Flüssigkeiten, vor denen man sich heute mit Ekel abwenden würde."
  Herr Hochheimer: „Ja, das stimmt – einerseits. Anderseits lassen die Geschmacksnerven im Alter auch nach, Riechen und Schmecken wird immer schwieriger."
  D: „Stimmt das?"

Ja, das stimmt. Im Alter lassen Geruchs- und Geschmacksempfinden nach. Säuglinge haben noch 10.000 Geschmacksknospen auf der Zunge – die meisten Senioren nur noch 2.000. Die Muskelmasse der Alten schrumpft, die Knochen desgleichen, der Fettanteil steigt. Der Senior schmeckt, riecht und sieht weniger („Das Auge isst ja auch mit!") – das führt dazu, dass mancher zum Beispiel den Salzstreuer heftiger schüttelt, als den Speisen guttut. Dazu kommen Kau- und Schluckbeschwerden, die Verdauung lässt ebenfalls zu wünschen übrig: Der Kampf des von Medizinern vermessenen Alten mit der Nahrung ist wirklich kein Zuckerschlecken.

Diese Erkenntnisse eröffnen Ernährungsberatern jedweder Herkunft natürlich ein gewaltiges Betätigungsfeld. Eine Fachfrau, die sich selbst als Ovo-Lacto-Pesco-Vegetarierin bezeichnet, stellt mit Bedauern fest, dass „die meisten Senioren von heute fleisch- und fettreiche Hausmannskost gewohnt" seien. Diese Kriegs- und Hunger-Generationen müssten sich halt umstellen. Bratkartoffeln mit Speck, ölige Soßen, mächtige Koteletts, Haxen, Bratwürste: verboten. Fleisch, Eier, schwere Soßen, Kartoffeln, Nudeln und

Neulich im Mehrgenerationenhaus

mächtige Süßspeisen müssen dringend reduziert werden. Stattdessen soll der Senior sich an dem sattfuttern, was kaum einem schmeckt: fettarme Milchprodukte, Vollkorn, Obst und Salat, bis der Körper die Aufnahme verweigert. Kann man ja jederzeit mit Wasser oder Kräutertee herunterspülen.

In einem Seniorenheim in Berlin wird den Alten mit Erzeugnissen der Molekularküche zu Leibe gerückt. Eine Hauptstadt-Zeitung jubelte über einen „Seniorenteller zum Dahinschmelzen"

– ob der Reporter wohl seine Brille vergessen hatte? Wir sehen auf einem ergonomisch gewölbten Teller eine gekräuselte grüne Masse (Erbspüree), drei undefinierbare helle Scheiben (Spargel) sowie das Prunkstück des Menüs, einen ausgebleichten Haken, der mit Pulver (Paprika) bestreut ist. Der Haken wird uns als Hähnchenschenkel vorgestellt – in Wahrheit eine mit Hilfe des Geliermittels Agar-Agar in Form gebrachte Biomasse aus püriertem Fleisch und Sahne. Garantiert knochenfrei, bei 70 Grad gegart. Das Paprikapulver, schwärmt der Senioren-Koch, „sorgt für den Grill-Effekt". „Es gehört zu den Merkwürdigkeiten des Lebens", hat der DDR-Schriftsteller Stefan Heym (1913 bis 2001) gesagt, „dass ein Mensch umso bissiger wird, je weniger Zähne er hat." Soll man etwa jubeln, wenn man mit Fake-Hähnchen abgespeist wird? Wo bleibt der Aufstand der Senioren?

G: „Sie haben betont, dass den alten Bordeaux ihre besondere Leidenschaft gehört. Wie war denn der Wein aus Ihrem Geburtsjahr, der 1947er?"

Herr Hochheimer: „Sensationell. Großer Jahrgang, ein Jahrhundertwein. Der großartigste Wein aus dem Jahr, den ich verkosten durfte, war ein Pétrus, eine Vandermeulen-Abfüllung. Damals waren Händler häufig auch Abfüller – die Vandermeulens aus Westflandern habe einige der größten Weine der ersten Hälfte des 20. Jahrhunderts abgefüllt, darunter auch den 1947er Château Pétrus."

G: „Kann man den heute noch trinken?"

Herr Hochheimer: „Aber ja!"

G: „Wie teuer ist der?"

Herr Hochheimer: „Ein gut erhaltener Pétrus von 1947 kostet etwa einen Zehner."

Zur Klarstellung: Herr Hochheimer spricht von zehntausend Euro. Er spricht über seine beachtliche Wein-Sammlung, „heute könnte ich mich reich trinken", sagt er – „damals habe ich ja dafür nicht bezahlt, was ich heute bei einem Verkauf erzielen könnte. Aber ich will nicht verkaufen. Ich will das Zeug mit guten

Freunden austrinken. Es kann ja nichts Schlimmeres passieren, als dass ein guter Tropfen in ein böses Maul kommt. Das muss verhindert werden."

G: „Wie war denn der Jahrgang 1950?"
Herr Hochheimer: „Der war nicht groß. 44, 47, 49, das waren die besseren Jahrgänge."
D: „Geschwärmt wird ja auch vom 1959er."
Herr Hochheimer: „Ja, das war gleichfalls ein berühmter Jahrgang. Das Kometenjahr allerdings war 1911."
G: „Für einen Laien mit Geschmack, der nicht über ihre Kenntnisse und ihre Sensorik verfügt, stellt sich ja die Frage, ob er einem sündhaft teuren Wein überhaupt gerecht werden kann."
Herr Hochheimer: „Schmecke ich den Unterschied zwischen einem 40- und einem 80-Euro-Wein? Schmecke ich den Unterschied zwischen einem 40- und einem 800-Euro-Wein?"
Herr Splettstößer: „Ich bin mir sicher, dass ich Weine unter 5 Euro herausschmecken kann und den Unterschied bemerke zu solchen, die zehn oder 15 Euro kosten. Den einfachen Weinen fehlt die Raffinesse."

Herrn Hochheimer fällt noch ein passendes Schlusswort ein: „Wenn der Wein im Keller liegt, spielt der Preis keine Rolle mehr. Dann muss er einfach gesoffen werden."

GESPRÄCHSPARTNER:

Peter Splettstößer, Jahrgang 1956, aufgewachsen in einem Dorf bei Koblenz, verkörpert wie kaum ein anderer den Edeka-Werbespruch „Wir lieben Lebensmittel". Wenn er durch die 5.200 Quadratmeter des von ihm befehligten „Scheck-In Centers" im Frankfurter Osten wieselt, lässt er Kunden und Mitarbeiter seinen Stolz auf diesen superben Supermarkt spüren. Dabei hält er keinen Augenblick Ruhe, wenn er sich den Fragen eines Kunden widmet, hat er schon wieder das sich 20 Meter entfernt auftürmende Frischobst im Blick – sind die Bio-Zitronen, Ananas,

Pfirsiche & Co auch hinreichend appetitlich präsentiert? Herr Splettstößer prüft nochmal schnell die Weinregale, reckt die Nase hoch: Ist der Geruch der Fischtheke dezent? Duftet der Brotstand verlockend genug? Die Leidenschaft für alles Ess- und Trinkbare hat er schon als Kind aufgesaugt: sein Vater betrieb, wie's auf dem Land üblich war, eine Nebenerwerbs-Landwirtschaft, mit immerhin einigen tausend Hühnern. Und dann war da noch Frau Nett, die beste Freundin seiner Mutter. Frau Nett betrieb einen Lebensmittelladen. „Damals", erzählt Splettstößer, „war ja noch alles lose, da habe ich schon als Schüler Mehl und Zucker in Tüten verpackt." Und dann dieser verlockende Duft von Kaffee! Bei Frau Nett machte er eine Lehre, mit 21 wurde er von Managern, die sein Talent entdeckten, bereits auf die Karriere-Spur geleitet. Zunächst bei Rewe, wo er an der Einrichtung und Eröffnung von über 20 Minimal-Märkten beteiligt war. Seit 35 Jahren ist Splettstößer bei Edeka.

Harry H. Hochheimer, Jahrgang 1947, ist ein Mann, der auf keinen Fall übersehen wird – und überhört auch nicht. In einer Welt der grauen und dunkel gewandeten Männer zeigt er Mut zur Farbe. Bevor er sich als Weinberater für Gastronomie und ausgewählte Feinschmeckerläden selbständig machte – 1987 war das – saugte er sein Fachwissen bei weltweiten Exkursionen auf: Zwei Jahre lang diente er auf einem skandinavischen Passagierdampfer, zwei weitere Jahre als Direktionsassistent bei Mövenpick. Er besuchte die Hotelfachschule in Heidelberg, arbeitete als Steward und Barkeeper auf dem Kreuzfahrtschiff Hanseatic sowie als Oberkellner im Hotel Post in Kelheim, bevor er sich seiner heutigen Profession annäherte, erst als Mitarbeiter einer Handelsagentur für Sekt und Spirituosen, dann als Verkaufsdirektor eines Weingutes. Zu seinem 40. Geburtstag, erzählt er, habe ihm jemand fünf kleine Katzen geschenkt, die er sogleich zu einer Tierärztin schaffte, zum Impfen. Für die Impfpässe diktierte er der Frau fürs Veterinäre die Namen der Kätzchen: „Palmer, Latour, Margaux, Lafite und Comtesse." Wie eine Katze sich wohl fühlt, wenn sie nach einem berühmten Weingut benannt ist?

Wo bleiben denn Ihre Manieren?

Jetzt mal Hand aufs Herz: Kann Ihr Nachbar sich richtig benehmen? Oder Ihr Kollege, Ihre Freundin, Ihre Kinder? Wir laden Sie ein zu einer Safari auf das tückische Terrain der Benimmregeln, der Manieren und des Anstands.

> „Die Unterwäsche (machen wir es kurz) – sei kurz!
> Lange Unterhosen bleiben unmännlich und hässlich, auch wenn sie kaum jemand sieht."
>
> *Erika Pappritz (1893 bis 1973) in ihrem 1957*
> *erschienenen „Buch der Etikette"*

Das „Caféhaus Siesmayer" steht im Ruf, eine traditionelle Frankfurter Institution zu sein. Dabei wurde der Torten-Tempel am Palmengarten erst im Jahr 2004 eröffnet. An den Kirschholz-Tischen im Inneren und auf der Terrasse sitzen seither in friedlicher Koexistenz Frankfurterinnen in eleganter Nachmittags-Garderobe neben Touristen, die ihre knapp sitzenden T-Shirts offenkundig schon vor der endgült gen Herausbildung der Bauchwölbung erstanden haben. Jetzt schlendert ein Mann durch den Eingang. Fein gemusterter Maßanzug samt Weste, säuberlich gebundene Krawatte, Einstecktuch. Die Dreißig-Grad-Marke ist überschritten, die Terrasse dampft und die Gäste dampfen mit. Das beeindruckt Prinz Asfa-Wossen Asserate nicht. Großzügig sieht er über das Outfit seiner Gesprächspartner hinweg – D sitzt da im kurzärmeligen Oberhemd, das Jackett baumelt über der Stuhllehne. G trägt ein immerhin gebügeltes schwarzes Polo-Shirt, das über dem Hosenbund hängt. „Das ist schon in Ordnung" – der durch und durch demokratische Prinz gibt seine Absolution. Großmütig sieht er auch darüber hinweg, dass D und G schon bei der Begrüßung ein Fauxpas unterläuft: Sie sprechen ihn forsch als „Herr Asserate" an, was nach Auskunft von Wikipedia schon mal grundverkehrt ist. Wer sich in Adelskreisen auskennt, darf ihn gern mit „Kaiserliche Hoheit" oder „Prinz" titulieren, „Herr Asfa-Wossen" wird auch gern genommen – niemals aber Herr Asserate: Das nämlich ist der in Äthiopien, wo es keine Unterscheidung von Vor- und Familiennamen gibt, hinzugefügte Name des Vaters.

Der Prinz kann sich einer Herkunft rühmen, die allein ihn heraushebt aus den demokratisierten Familien-Stammbäumen seiner Gesprächspartner. Er ist der Großneffe des legendären Haile Selassie (1892 bis 1975), „König der Könige" von Äthiopien, in vielen Ländern der Welt als Märchenkaiser verehrt, vom Times Magazine zum Mann des Jahres 1935 ernannt – sein barbarisches Ende fand er wahrscheinlich unter einem Kopfkissen, von den neuen Machthabern erstickt. Die Religionsgemeinschaft der Rastafari (prominentestes Mitglied: der 1981 gestorbene Reggae-Gigant Bob Marley) verehrt Haile Selassie noch heute als „Messias".

„An einem Samstag war ich auf der Zeil unterwegs" wird der Prinz später im Siesmayer erzählen, „es war proppenvoll. Am Rand sah ich zwei Rastafari sitzen und dachte: Hoffentlich sehen sie mich nicht. Sie sahen mich aber doch. Sie sprangen auf, rannten herbei und warfen sich vor mir aufs Pflaster. Peinlich! Ich zog die beiden Männer hoch und sagte: ‚Was macht ihr denn da! Lasst das!' Da antwortete der eine: Aber wir müssen doch den Neffen unseres Gottes anbeten." Einem der beiden Rastafari rutschte ein Kreuz aus dem Hemd. „Wie betet ihr eigentlich?" fragte Asfa-Wossen. Der Mann demonstrierte sein ganz spezielles Kreuzzeichen: „Im Namen des Vaters, des Sohnes und des Haile Selassie."

Wir lernen, dass das Leben eines Hochwohlgeborenen auch nicht immer ganz komplikationsfrei verläuft. Seine Urgroßmutter war die Kaiserin Menen Asfaw, sein Vater Leul Ras Asserate Kassa war der letzte Präsident des kaiserlichen Kronrates; er wurde 1974 nach der Machtübernahme durch eine Militärjunta hingerichtet.

Unser Prinz, der am Kaiserhof aufwuchs, hatte in Addis Abeba bereits die deutsche Schule besucht, studierte in Tübingen und ist seit 1981 deutscher Staatsbürger. Und übrigens nicht nur Herr, sondern auch Demokrat vom Scheitel bis zur Sohle. Am Ende unserer Begegnung wird er uns seine Visitenkarte reichen. Sie ist schlicht, hat es aber in sich: Unter dem Abbild eines gekrönten Löwen firmiert unser Gesprächspartner „Prince Asfa-Wossen Asserate" als Berater für afrikanische Angelegenheiten und solche des Mittleren Ostens sowie als Autor und Politischer Analyst.

D: „Dass wir beide ihnen jetzt ohne Krawatte gegenübersitzen – ist das schon eine Verfallserscheinung?"

Herr Asfa-Wossen: „Überhaupt nicht, ganz und gar nicht. In meinem Fall hat das Tragen einer Krawatte nichts mit Manieren zu tun, sondern mit meiner absoluten Liebe zu Krawatten. Ich bin ein Sammler. Deshalb sieht man mich selten ohne."

G: „Kleidung spielt ja bei Fragen von Manieren und Benehmen auch eine gewisse Rolle. Können Sie mal ein paar Kleidungsstücke nennen, die sie auf keinen Fall in ihrem Kleiderschrank zulassen würden?"

Herr Asfa-Wossen: „Einen Jogginganzug besitze ich nicht. Jeans besitze ich nicht. Ich gehöre nun mal zu einer anderen Generation Mensch. Es fehlt mir einfach – und ich habe das auch in den sechziger Jahren nicht bemerken können – das ästhetische Element an Jeans. Ich muss Ihnen außerdem sagen: Heute sind Sie ja ein gemachter Mode-Mensch, wenn Sie ein Label tragen. Kein Mensch fragt: Wer ist dein Schneider? Alle tragen dazu bei, dass dieses schöne und wichtige Handwerk verschwindet. Abgesehen von Änderungsschneidereien kann sich ja kein Mensch mehr einen Schneider leisten. Das ist schade. Dabei ist das doch der wahre Luxus: jemanden zu haben, dem Sie genau vorgeben können, wie viele Knöpfe Sie haben wollen, wie das Jackett sitzen soll – bis hin zu spielerischen Banalitäten ...

G: „Sie haben einen Schneider?"

Herr Asfa-Wossen: „Ich habe keinen Schneider, sondern lasse meine Garderobe bei einem Maß-Konfektionär herstellen, der auf meine Wünsche und Vorstellungen eingeht. Erst dann gehört ein Kleidungsstück doch wirklich zu Ihnen ... Aber zu Ihrer Beruhigung: Wenn ich mich recht erinnere, war der erste hochrangige Staatsmann, der seinen Kragen offen trug, ohne Krawatte, US-Präsident George Bush. Danach sind ihm viele gefolgt – auch Obama, zum Beispiel."

D: „Wir wollen natürlich nicht Mao Tse-Tung vergessen, der hat das allen vorgemacht."

Gutmütiges Lachen.

D: „Wir vermuten, Sie würden auch im Hochsommer Gäste niemals in kurzer Hose empfangen."

Herr Asfa-Wossen: „Nein, also wissen Sie ... Bis ich lange Hosen tragen durfte, sind so viele Jahre vergangen, dass ich nie wieder erleben wollte, kurze Hosen anzuziehen. Kurze Flanellhosen und graue Socken, die bis zum Knie gingen, waren für mich Pflicht. Und dazu einen blauen Blazer."

D: „Wie denken Sie denn darüber? Es wird immer heißer, und überall marschiert die kurze Hose durch die Stadt."

Herr Asfa-Wossen: „Das beruht natürlich auf einem Denkfehler der Europäer. Die glauben, je weniger sie anziehen in der Hitze, desto besser gehe es ihnen. Wenn das der Fall sein sollte, warum tragen dann die Tuareg bei 50 Grad Kleidung in zwei Schichten übereinander? Und nicht etwa helle Sachen, sondern dunkle ..."

D: „Und trinken eher einen heißen Tee als einen Drink mit Eiswürfeln."

Herr Asfa-Wossen: „Die Europäer sind nun einmal in der Kolonialzeit gern in weißen Anzügen aufgetreten – vermutlich, um sich von den anderen zu unterscheiden."

Er fährt fort: „Über die Manieren, wie wir sie früher kennengelernt haben, habe ich einmal geschrieben: Sie sind die Kinder der Moral und die Enkelkinder der Religion. Heute muss man anders darüber denken. Lasst uns doch einfach sagen: Was heutzutage einen manierlichen Menschen ausmacht, ist doch die innere Haltung – die Haltung, die sein Handeln bestimmt und die er zeigt. Wie würde man heute einen manierlichen Menschen erkennen? Gehen Sie mit ihm essen. Nicht, um zu prüfen, ob er mit Messer und Gabel essen kann, sondern um zu sehen, wie er den Kellner behandelt. Wenn er keine Manieren hat, wird er sich aufspielen, wird angeben, dass er ein Weinkenner sei, wird den Wein zurückgehen lassen – ohne zu wissen, dass der Kellner ihm einfach denselben Wein erneut an den Tisch bringt."

Dennoch erhoffen wir von dem kultivierten Herrn aus Äthiopien, der den Manieren in Deutschland wie ein Ethnologe auf den Grund gegangen ist – über 200 Jahre nach dem Erscheinen des Knigge-Klassikers „Über den Umgang mit Menschen" – ein paar lehrreiche Hinweise. Wir finden zum Beispiel diese über jene Situationen, in denen das Essen mit der Hand erlaubt ist: „Spargel kann mit der Hand langsam in den Mund geschoben werden, mitfühlenden Personen tut es weh, wenn die langen Spargelfasern roh zerschnitten werden. Krebse, Hummer in der Schale und Artischocken müssen mit den Händen gegessen werden; Käse wird zwar mit dem Messer abgeschnitten, dann aber auf einem Stück Brot mit der Hand in den Mund gesteckt. Wachtelbeinchen dürfen abgenagt werden. Die Fingerschalen mit dem warmen Wasser und einem Stück Zitrone haben nach Benutzung sofort zu verschwinden."

Unerwähnt bleibt, dass der Normalesser auch bei Brathähnchen, Hamburgern und Leberkäs-Brötchen gern handgreiflich wird. Aber derartige Kost steht mutmaßlich auch nicht ganz oben auf dem Speiseplan eines Adeligen, mag er auch noch so weltoffen sein.

Im frühen Mittelalter waren die Tischsitten in Deutschland eher grobschlächtig. Die feine Esskultur der Antike war Vergangenheit, jetzt wurde den Esswaren mit Händen und Messer zu Leibe gerückt – bei Adeligen ebenso wie bei den Bauern. Essgeräuschen und austretenden Gasen wurde freier Lauf gelassen, den fetttriefenden Mund wischte man mit dem Ärmel, die fetttriefenden Hände an der Hose ab. Das änderte sich erst, als ab dem 11. Jahrhundert auch Frauen mit an die Tische durften – jetzt wurde auch schon mal aufs Benehmen geachtet. Aber nur ganz, ganz allmählich. Die Serviette wurde erst im 15. Jahrhundert erfunden.

Der Herr Tannhäuser (1205 bis 1270) war eigentlich berüchtigt für seine rechtschaffen deutlichen Minnegesänge. Eine Weile hatte er am Hof des Herzogs Friedrich des Streitbaren gelebt, am fünften Kreuzzug (1228/1229) teilgenommen, einige Jahre noch im Orient herumgelungert und schlug sich schließlich als fahrender Sänger durchs Leben, wo er bei Hofe und auf Volksfesten mit seinen Versen unterhielt. Eine Kostprobe:

„Weiß sind ihre Beinchen,
weich die Schenkel, braungelockt ist ihre Scham,
ihr Sitzfleisch rund und drall.
Alles, was man sich an Frauen wünscht,
das hat sie voller Maßen."

Kaum vorstellbar, dass ein Mann, der sich heutzutage vermutlich mir nichts, dir nichts wegen Verbreitung frauenverachtender Texte eine Anzeige einfangen würde, zum Pionier der germanischen Esskultur aufsteigen könnte. „Niemand soll mit einem anderen benutzen denselben Löffel bei dem Essen, das ist gutes Benehmen. Aus Schüsseln trinken ziemt sich nicht." Das klingt ja noch recht harmlos, die übrigen Regeln Tannhäusers zur Nahrungsaufnahme sind dramatischer. Von folgenden Verhaltensformen rät der Lyriker dringend ab: Sich während des Tafelns die Nägel zu schneiden; sich so gierig auf das Essen zu stürzen, dass man sich dabei in die Finger beißt; zu schmatzen, zu rülpsen und zu furzen; sechsfüßige Tierchen an sich herumkrabbeln zu lassen; sich ausgiebig zu kratzen, weil die Läuse beißen; ins Tischtuch oder in die Hand zu schnäuzen und anschließend die gemeinsame Schüssel nach Fleischbrocken zu durchsuchen; ungewaschen zu speisen; sich wie ein Schwein über die Schüssel zu beugen; mit vollem und fettigem Mund zu essen; das angebissene Brot in die Schüssel zu tunken („das ist Unzucht"); das Messer als Zahnstocher zu benutzen ...

Man sieht sie richtig vor sich, die feine Gesellschaft des Mittelalters, die solcher Regeln bedurfte. Tannhäusers Werk aus dem 13. Jahrhundert gilt als eine der frühesten „Tischzuchten", mit denen die Zivilisierung der Gesellschaft vorangetrieben wurde. Am 19. Oktober 1845 erlangte Tannhäuser Weltruhm – mit der Uraufführung der Wagner-Oper, die seinen Namen trägt.

Bereits zu Beginn des 12. Jahrhunderts hatte ein gewisser Petrus Alphonsus – ein getaufter Jude, wie die Zeitgenossen vermerkten – das angeblich älteste Dokument zur Verfeinerung der Esskultur in Europa, die „Disciplina clericalis", verfasst. Seine Benimmregeln bei Tisch: Zuerst sind die Hände zu waschen; die Speisen dürfen vor dem Essen nicht berührt werden; das Brot darf nur zusammen mit dem Hauptgericht gegessen werden, weil man sonst als ungeduldig gelte; der Bissen soll erst hinuntergeschluckt werden, wenn er gut gekaut ist, denn sonst könnte man daran ersticken; als Säufer würde gelten, wer Wein in den vollen Mund kippt; mit vollem Mund darf man ferner nicht sprechen, weil sonst etwas in die falsche Röhre geraten könnte, was tödliche Folgen haben kann; am Ende der Mahlzeit sind wieder die Hände zu waschen.

Kaum jemand hat sich derart ins Zeug gelegt für die kulinarische Bildung der neuzeitlichen deutschen Hausfrauen wie Johanna Friederike Katharina Davidis (1801 bis 1876), zehntes von 13 Pfarrerskindern, auf Kurs gebracht in zwei höheren Töchterschulen. Während ihrer Arbeit als Erzieherin in einer Mädchenarbeitsschule im westfälischen Sprockhövel sammelte sie unermüdlich „zuverlässige und selbstgeprüfte Recepte" für ihr 1845 erstmals erschienenes „Praktisches Kochbuch", das schon bald zur Bibel der kochenden deutschen Frau wurde. Frau Davidis, die über ihrer Rezept-Sammelwut und Bücher-Schreiberei sowie der Beantwortung unzähliger Fanpost kaum noch Luft blieb fürs Privatleben, blieb unverheiratet – zwei Verlobte starben, bevor es vor den Traualter ging. Aber was für alle übrigen Frauen richtig war, das wusste sie wie keine zweite, und sie beließ es keinesfalls bei Anleitungen zur Zubereitung von Fleisch und Soßen, Mehlspeisen und Gemüse, sondern gab der Frau als Gastgeberin gern auch ein paar Verhaltensregeln. Zum Beispiel diese: „Ein großes Festmahl ist der Prüfstein für die Tüchtigkeit einer Hausfrau. Zwar wird sie, was zu ihrer Entlastung nur anzuraten ist, manches von dem, was sie sonst selbst auszuführen oder wenigstens zu überwachen gewohnt ist, der Bedienung überlassen, vor allem die Thätigkeit am Herde am Tage der Gesellschaft selber vollständig meiden, um ohne Erhitzung oder Erschöpfung, frisch und fröhlich den Gästen entgegentreten zu können."

Noch ein paar Regeln gefällig? Bitteschön: „Der Gast kommt von Gott", sagt man in Georgien. „Nichts geht über ein weißes Tischtuch", sagt Asfa-Wossen Asserate. „Beim Mahl soll man heiter sein, nicht ausgelassen. Erst wenn man sich gewaschen hat, setzt man sich zum Essen hin. Selbstverständlich reinigt man vorher seine Fingernägel und kommt nicht als Schmutzfink." Sagte Erasmus von Rotterdam.

In China darf man mit offenem Mund kauen, schmatzen und rülpsen. In den USA ist der Gebrauch des Bestecks unüblich, häufig wird das gesamte Steak erst in mundgerechte Stücke geschnitten und dann aufgegabelt. In Indien wird mit der Hand ge-

gessen (man nehme Daumen, Zeige- und Mittelfinger), in Suppen und Soßen tunkt man ein Fladenbrot. „Essen mit Besteck ist wie die Liebe über einen Dolmetscher", sagen die Inder. In Japan speist man im Schneidersitz am niedrigen Tisch, mit Stäbchen – außer der Suppe, die wird (gerne laut) geschlürft. In Russland ist die Mahlzeit mächtig (Vorspeise, Suppe, Hauptspeise, Dessert) und dient vorzugsweise als Grundlage für den reichlich gereichten Wodka. In Italien werden die Spaghetti nur mit der Gabel verzehrt – als Vorspeise. Niemals Parmesan zum Fisch! In Frankreich wird alles mit Besteck gegessen, auch Scampi und Hähnchen. Das Baguette allerdings wird niemals geschnitten sondern immer gebrochen. In Spanien darf man in Tapas-Bars Servietten, Olivenkerne und andere Essensreste mancherorts gern auf dem Boden entsorgen, betrinken soll man sich allerdings nicht. In Saudi-Arabien werden vorm Essen die Schuhe ausgezogen, und wenn der Kaffee nach der Mahlzeit ausgetrunken ist, geht man heim – auch wenn der Gastgeber zum Bleiben auffordert.

Hand aufs Herz: Hat all diese jetzt schon Jahrhunderte dauernde Fortbildungsmaßnahme für unser Benehmen überhaupt gefruchtet? Zweifel sind angebracht, wenn man Menschen im Urlaub beobachtet. Nicht nur, dass Touristen an den Stränden dieser Welt jegliche Scheu und viel zu viele Kleidungsstücke ablegen (wobei selbst den scheußlichsten Bauchwülsten nicht mehr die Gnade der Verhüllung erwiesen wird) – auch bei der Nahrungsaufnahme werden Anstandsregeln gern daheim in Wanne-Eickel oder Wüstensachsen vergessen. „Das Benehmen macht Ferien" titelte die F.A.Z. 2019 über das Urlaubsverhalten der Deutschen. Saufgelage und ordinäres Balz-Verhalten an den Stränden, Gedränge am Frühstücksbüfett und ungenierte Bekleidungs-Ideen, die jeden Menschen mit Geschmack schaudern lassen – der deutsche Tourist steht rund ums Mittelmeer nicht im Ruf, den Ruhm seines Landes zu mehren. Wenn allerdings die inzwischen polyglott auftretenden Senioren mit Ekel auf die jungen Urlauber blicken, sollte man ihnen ihre früheren Urlaubsfotos vorlegen. Da könnte ein wenig Scham aufkommen.

„Komm ein bisschen mit nach Italien…" sang Caterina Valente 1956. Damals machten sich bereits über drei Millionen Deutsche auf ins Traumland, gern mit dem Touropa-Express oder im eigenen VW-Käfer. Noch wenige Jahre zuvor hatten die Nachkriegs-Deutschen die neue Nationalhymne mit knurrendem Magen umgedichtet: „Deutschland, Deutschland, ohne alles, ohne

Butter, ohne Brot ..." Jetzt herrschte endlich Fettlebe, die Deutschen entdeckten das Träumen: „Sonne statt Regen, Dolce Vita statt Maloche, Rimini statt Bottrop", schrieb der Stern. Die Fernsehsendung „Der 7. Sinn" ermahnte die Autofahrer: „Lassen Sie Ihre Kinder nicht an der Tankstelle stehen". Die Deutschen lernten ein paar Brocken Italienisch (Amore, Spaghetti, quanta costa) und betrachteten angewidert die zuckenden Tentakel von Krebsen und anderem Meeresgetier auf den Italo-Märkten. Im Gegenzug lernten die Italiener, wie man Kartoffeln und Schweinsbraten auf germanische Art zubereitet.

Während die deutschen Urlauber die mediterrane Lebensart uminterpretierten und sich während der Sonnenstunden kaum aus den Liegestühlen erhoben, nahmen die Frauen durchaus zur Kenntnis, dass italienische Männer irgendwie eleganter daherkamen als die eigenen; übrigens auch schlanker. „Buntes Hemd, weiße Socken in Sandalen, Sonnenbrand auf den Waden", so beschrieb die ARD-Moderatorin Ulla Kock am Brink den germanischen Urlauber. Die feingliedrigen südländischen „Gigolos" amüsierten sich über die starkknochigen Wirtschaftswunder-Deutschen; mancher bot den weiblichen Gästen aus dem Norden auch gern seine Amore-Dienste an.

Aber spätestens abends im Hotel, wo die Urlauber ja sowieso unter sich waren, zeigte sich, zu welchem Mangel an Anstand ein Deutscher im Ausland imstande ist. Beim Beutezug am Büfett wurden die besten Fundstücke auf die Teller gehievt, als gäbe es keinen Nachschub; der billige Tischwein wurde „vernichtet", als stünde der baldige Getränkenotstand bevor. War ja alles bezahlt! Genauso wie der Sonnenplatz am Pool – sie wissen schon, der deutsche Handtuch-Tick hat die Jahrzehnte überdauert.

Der Ruf der deutschen Nachkriegs-Urlauber war mindestens so schlecht wie der der russischen Strand-Invasoren heute. Aus Sorge um das Ansehen der Bundesrepublik engagierte das Reiseunternehmen Scharnow die Legationsrätin Erica Pappritz, stellvertretende Protokollchefin der Bundesregierung, um den Reiseleitern „Ratschläge für ein angemessenes Auftreten in fremden Ländern" zu geben. Ein heikles Thema sei etwa die Wahl der passenden Badekleidung gewesen. An Spaniens Stränden kontrollierten Polizisten, ob die Frauen nicht zu viel Fleisch zeigten; Bikinis wurden entgegen den rigiden Moral-Vorstellungen des Franco-Regimes erst erlaubt, als die Tourismusbranche befürchtete, dass die Urlauberinnen im Falle eines fortdauernden Verbots die hispanischen Küsten boykottieren würden.

Für derart delikate Problemstellungen war „die Pappritz" genau die Richtige. Die Tochter eines Rittmeisters (1893 bis 1972) hatte schon zur Nazizeit deutschen Diplomaten in Protokollfragen den Weg gewiesen. „Sie ging ganz in ihrer Rolle als Hofmarschall der großen Welt auf und wurde dabei selber zur wandelnden Etikette", schrieb 1957 der Spiegel. Nach dem Krieg wollte sie ihren Landsleuten „die Flötentöne beibringen" und schrieb aus der Deckung ihres Regierungsamtes zusammen mit einem anderen Autor den Anstands-Ratgeber „Das Buch der Etikette" und wurde dadurch zur obersten Benimm-Gouvernante des Volkes. Die Kollegen in der Protokollabteilung schäumten zwar, „dass sie die ganze Abteilung, die ohnehin permanent im Geruch leichter Lächerlichkeit steht, abgrundtief blamiert hat" – aber der Ruhm der gern blasiert auftretenden Frau Pappritz als Anstandsdame der Nation war ihr nicht mehr zu nehmen. Und das, obgleich ihre ausgefeilten Etikette-Regeln in den verspießerten Fünfzigern für Hohn und Spott sorgten, nicht nur im Karneval. Gönnen wir uns ein paar ihrer Lehrsätze:

„Während und nicht erst nach der Benutzung der Toilette wolle man sich der berühmten Kette bedienen. Dieses Gesetz gilt um so eiserner, je kleiner und hellhöriger die Wohnung ist. Danken wir der Technik, dass sie uns mit der Wasserleitung ein Mittel zur diskreten Neutralisierung unerwünschter Geräuschkulissen in die Hand gegeben hat!"

„Wir baden täglich, wobei wir an die Stelle des Bades mit gleichem Erfolg auch eine lückenlose Ganzwäsche setzen können vom Ohr bis zur Fußsohle. Dieser morgendlichen gründlichen Wäsche sollte ein sehr kluger Slogan zugrunde liegen, der jüngst einem Werbefachmann eingefallen ist. Er heißt: Kennen Sie das erregende Gefühl, frisch gewaschen zu sein?"

„Damen, die auf der Straße rauchen, sind entweder keine – oder Amerikanerinnen."

„Eine Gesellschaft ohne Manieren, Formen und Normen ist ein Affenstall."

„Wer sich wie eine Schlampe oder ein Penner kleidet, der muss sich auch so betrachten lassen."

Zurück im Siesmayer. Die Hitze bäumt sich auf, als wäre Frankfurt eine Wüstenstadt. Der Herr aus Äthiopien ist völlig unbeeindruckt, während er ein Gäbelchen in seine Sachertorte spießt. Die sehr viel leichter geschürzten D und G tupfen verstohlen Schweißtropfen von der Stirn.

Herr Asfa-Wossen: „Die innere Haltung ist, was zählt. Da ist uns einiges verlorengegangen. Aber wodurch wird diese innere Haltung geprägt? Wir müssen uns über die europäischen Werte unterhalten, gelten die alten Werte dieses Kontinents im 21. Jahrhundert noch? Der erste deutsche Bundespräsident Theodor Heuß hat so eingängig wie niemand vor und niemand nach ihm definiert, was die europäischen Werte ausmacht. Er sagte, die europäischen Werte ruhen auf drei Hügeln – auf der Akropolis, auf dem Capitol und auf Golgatha. Griechische Philosophie, Römisches Recht und christlicher Glaube. Auf der Grundlage dieser Werte ist es uns gelungen, eine derart wunderbare Demokratie in Deutschland aufzubauen. Die Frage ist, wie viele unserer Mitbürger sich noch von diesen drei grundsätzlichen Prägungen leiten lassen."

Doch wie ist das eigentlich mit der Vorzugsbehandlung für die emanzipierte Frau? An der Gültigkeit alter Regeln darf man spätestens seit der sternenklaren Nacht des 13. Dezember 2012 zweifeln, als der Kapitän Francesco Schettino mit 4.229 Menschen an Bord sein Kreuzfahrtschiff Costa Concordia vor der italienischen Insel Giglia großspurig auf eine Klippe lenkte und versenkte. Statt „Frauen und Kinder zuerst", wie es nach altem Seemannsbrauch vorgesehen ist, galt im Reich des Capitano Schettino: Nix wie weg – er saß als einer der ersten in einem der Rettungsboote. Seine Richter versuchte er später vergebens zu überzeugen, er sei versehentlich in eines der Schlauchboote geplumpst. Wie ungeschickt!

An sich gilt freilich immer noch „Ladies first", behaupten die modernen Knigges. Im Büro allerdings grüßt man den Chef vor der Sekretärin, schon aus taktischen Gründen. Trifft man den Chef samt Sekretärin in der Oper, ist es umgekehrt. Beim Betreten eines Lokals soll der Mann der Frau den Vortritt lassen – auch wenn er instinktiv auf unübersichtlichem Terrain lieber erstmal die Lage sondieren würde. Ladies first gilt auch bei der Platzwahl im Restaurant und im Theater, nicht aber an der Wursttheke. Wer vorne in der Schlange steht, ist dran.

Und wie verhält es sich mit dem Handkuss? Wir reden hier nicht von der Knutscherei mit den Siegelringen von Würdenträgern, sondern von der Annäherung männlicher Lippen an eine weibliche Hand.

Ein althergebrachtes Reglement besagt, dass ein Handkuss einer Dame nur zusteht, wenn sie verheiratet beziehungsweise älter als 30 Jahre ist, und dass die Hand nur in geschlossenen Räumen und auf Bahnsteigen geküsst wird. Keinesfalls darf die Dame einen Handkuss erzwingen, indem sie ihre Hand dem Herrn am ausgestreckten Arm nach Art der Filmdiven aus den dreißiger Jahren bis zum Kinn entgegenstreckt. Gleichwohl muss sie das Ihrige zum Gelingen beitragen, indem sie mit ihrem Handrücken dem Herrn auf halbem Wege entgegenkommt. Dieser beugt sich seinerseits so weit, bis er einen Abstand von circa zwei Zentimetern zum Handrücken der Dame erreicht hat. Entscheidend ist, dass beide Personen eine unverkrampfte Gewohnheitsmäßigkeit walten lassen.

Eine unverkrampfte Gewohnheitsmäßigkeit kann man Asfan-Wossen Asserate getrost unterstellen, auch in Sachen Handkuss. „Numero eins" ist für ihn jener, bei dem die Lippen des Mannes den vom Knigge erheischten Abstand halten; die Angelegenheit darf gern „federnd-zackig" vonstatten gehen – „der Hahn hat stolz einmal ganz kurz nach unten gepickt, und damit ist die Angelegenheit erledigt." „Numero 2" ist für ihn „die erheblich liebenswürdigere Version" – Herr und Frau (oder Frau und Herr) schauen einander in die Augen, und dann kommt es zur allerzartesten Berührung des weiblichen Handrückens, „mit trockenen Lippen". Am besten, „Mann" probiert das erstmal daheim, zum Beispiel mit einer verständnisvollen Großtante.

Herr Asfa-Wossen: „Ich wollte einmal einer Dame – einer Linken – in den Mantel helfen. Da sagte sie zu mir: Genau dasselbe will ich mit Ihnen machen. Ich reagierte deutlich: Only over my dead body! Da fragte sie mich: ‚Warum denn? Sie wollen mir doch nicht die Freude nehmen.' Darum geht es, die Dame hatte recht. Es geht um die innere Haltung, nicht um sinnentleerte Rituale. Tun Sie nichts, wovon Ihnen Ihr Verstand und vor allem Ihr menschliches Gefühl abrät. Ein Mann mag wissen, welche Krawatte zu welchem Hemd gehört und welche Schuhe zu welchem Anzug. Aber wenn das nicht echt ist und nicht seiner inneren Haltung entspringt, wird es immer artifiziell wirken."

G: „Es fällt einem natürlich schwer, an die Allgemeingültigkeit von Anstandsregeln zu glauben, wenn man mit der S-Bahn fährt. Junge Kerle schieben ihre Füße auf die Bank gegenüber, und kaum jemandem würde es einfallen, einer gebrechlichen älteren Dame seinen Sitzplatz anzubieten. Die meisten telefonieren, und keineswegs leise … Dieses rücksichtslose Rumtelefonieren ist doch ein leider alltägliches Beispiel für schlechtes Benehmen."

Herr Asfa-Wossen: „Absolut. Aber wir dürfen nicht die Kinder und Jugendlichen dafür anklagen, sondern die Eltern."

G: „Die machen das doch auch."

Herr Asfa-Wossen: „Ja, Sie haben leider recht. Aber ich möchte noch auf einen anderen Punkt hinweisen. Wir machen ja die Erfahrung, dass sehr häufig dieses ungehobelte Benehmen – das laute Reden, die Schuhe auf den Sitzen, das Anrempeln und so weiter – von Menschen mit Migrationshintergrund ausgeht. Woran liegt das? Wir müssen lernen, dass wir bei der Integration von Migranten häufig versagen. Wir haben diesen Menschen nicht genügend erklärt, welche Regeln hier herrschen. Wir haben sie allein gelassen. Wenn diese Menschen zu uns kommen, müssen wir ihnen gegenüber doch klar sagen, was bei uns gilt. Wir sollten ihnen sagen: Ihr seid hier willkommen – aber wir erwarten, dass ihr euch wie Gäste benehmt. Du darfst hier leben, wenn du unsere Sprache sprichst – wir schaffen die Möglichkeiten dafür. Ab dem ersten Tag muss es Deutschunterricht geben. Zweitens: Wir müssen verlangen, dass unsere Verfassung respektiert wird – zum Beispiel auch die Tatsache, dass hier alle Menschen gleich sind. Wir machen keine Unterschiede zwischen Mann und Frau. Drittens: In diesem Land gelten Sitten und Gebräuche, die du lernen musst. Und wenn du das nicht willst, wenn dir das alles zu viel ist – bittesehr, hier ist eine Liste mit 40 arabischen Ländern, such dir eines aus..."

G: „Bei der Integration gibt es ja nicht nur die Aufgabe, mit Menschen aus sehr unterschiedlichen Kulturen umzugehen, sondern auch mit vielen, deren Persönlichkeit durch extreme, barbarische Erfahrungen zerstört ist."

Herr Asfa-Wossen: „Ich gehe alle zwei Monate nach Gießen, in die Erstaufnahmestation, und schaue, ob da Menschen aus Äthiopien sind, denen ich helfen kann. Und ich spreche mit vielen, die grausame Wege hinter sich gebracht haben – aus Eritrea und von Addis Abeba zu Fuß durch die Sahara... Ein Mädchen sagte mir einmal, auf diesem Weg sei eine Vergewaltigung noch eine der menschlichsten Erfahrungen gewesen, die sie machen musste. Wenn solche Menschen zu uns kommen, muss denen sofort eine Therapie angeboten werden – die brauchen Hilfe! Das wird alles leider Gottes nicht getan. Auf der anderen Seite müssen wir auch resolut sein. Die Dinge, die unser Land zusammenhalten, müssen von den Ankommenden respektiert und akzeptiert werden."

G: „Wenn ich mich im Internet umschaue, komme ich zu der Erkenntnis, dass rassistische Menschen keinerlei Anstand besitzen. Unmenschliche, bösartige, beleidigende, gewaltverherrlichende und bedrohliche Äußerungsformen jedweder Art sind dort Alltag geworden. Sind wir zu gleichgültig, zu lasch?"

Herr Asfa-Wossen: „Wir müssen uns damit auseinandersetzen, ob in unserem Land der Rubikon nicht bereits überschritten wurde. Vor 20 Jahren wäre so etwas in der Bundesrepublik Deutschland nicht möglich gewesen. Unser Toleranzpegel ist leider gesunken. Allerdings sind wir noch lange nicht so weit unten wie unser Nachbarland Frankreich. Wenn Sie allein daran denken: In den letzten zwei Jahren sind über 20.000 Juden aus Frankreich nach Israel gezogen. Das hat direkt mit der Migration zu tun, weil der Großteil der Flüchtlinge, die nach Frankreich kommen, Muslime sind, und ihr erster Hass richtet sich gegen die Juden. Ich sage schon seit 20 Jahren: Wenn der Faschismus in Europa noch einmal eine Chance bekommen soll, dann in England oder in Frankreich."

G: „Bei den alten Kolonialmächten."

Herr Asfa-Wossen: „Genau das ist der Punkt. Die einzigen wahren Europäer sind die Deutschen. Warum? Weil sie nicht deutsch sein wollen... Das allerdings ist zugleich der größte Fehler dieser Nation, das Versagen unserer Gesellschaft: dass die Deutschen ihre Identität nicht wiedergefunden haben. Ich will Ihnen eines sagen: Wann immer die Deutschen seit dem 19. Jahrhundert in sich selbst ruhten, wenn die Deutschen wussten, wer sie waren, dann waren sie ein Segen für die Welt. Sie haben uns die größten Musiker, die größten Philosophen, die größten Erfinder geschenkt. Jedes Mal, wenn die Deutschen die Frage gestellt haben: Wer bin ich – hat es geknallt. Es ist höchste Zeit, dass die Deutschen sich ihrer selbst wieder bewusst werden – und ihrer dualen Existenz: Ich bin Deutscher, und ich bin Europäer!"

D: „Zu der Verrohung, die uns überall in der digitalen Welt begegnet, habe ich eine These: All das hat es früher auch schon gegeben, nämlich am Stammtisch. Mit dem Unterschied, dass früher ein Zechkumpan gesagt hat: Komm, gib Ruhe, trink noch einen – aber heute finden diese Dreck-Kübler in Windeseile ein Millionenpublikum. Ich glaube nicht, dass es heute so viel mehr von diesen Leuten gibt."

Herr Asfa-Wossen: „Nein, das glaube ich auch nicht."

G: „Aber dass heute für diese Hasstiraden die Schriftform gewählt wird, ist der erste qualitative Unterschied. Damals funktionierte das doch so: Da hat einer, nach fünf Schnäpsen und fünf Bier, seinen fünf Kumpeln rassistische Witze erzählt. Inzwischen wurde der Stammtisch ins Internet verlagert. Aber dort sitzt heute kein Korrektiv mehr in Gestalt eines Mit-Trinkers, der irgendwann sagt: ‚Bruder, jetzt halt mal das Maul!' Im Internet ist nur noch Schulterklopfen."
   Herr Asfa-Wossen: „Aber spielt nicht auch die Anonymität eine große Rolle?"
   D: „Ja, auch das ermuntert die Heckenschützen. Vor allem ernten sie Zustimmung von Gleichgesinnten; das war am Stammtisch nur begrenzt der Fall."

G: „Wenn wir jetzt in Gefilde geraten sind, die mit Anstand gar nichts gemein haben, sei die Frage erlaubt: Haben denn gutes Benehmen und Manieren überhaupt noch eine Chance? Im Internet sind ja nicht nur die Finstersten der Finsteren unterwegs, sondern auch ganz normale Zeitgenossen, bei denen man einen gewaltigen Hang zur Selbstdarstellung und Selbstentblößung feststellen muss, das Netz wird geflutet mit Selfies und Essens-

Fotos und Urlaubsbildern ... Ist das alles nicht auch schlechter Benimm?"

Herr Asfa-Wossen: „Eine entscheidende Frage ist doch: Wen gibt es in der modernen Welt, der uns sagt: Das ist richtig und das ist falsch? Früher gab es das, heute existiert diese Instanz nicht mehr."

G: „Nun ja, außer in den Familien. Das ist doch auch ein zentraler Familienauftrag – den Kindern zu vermitteln, was gut und böse ist."

Herr Asfa-Wossen: „Das ist unbedingt zutreffend. Zu meiner Zeit kamen noch die Tanzlehrer hinzu, aber von denen hört man kaum noch etwas."

D: „Die normstiftenden Instanzen wie Kirchen, Gewerkschaften, Schulen fallen zunehmend aus."

Herr Asfa-Wossen: „Die Familien bleiben tatsächlich als einziger berechenbarer Faktor übrig. Wer soll unsere Kinder erziehen wenn nicht die Eltern? Auf keinen Fall kann man diesen Auftrag in die Schulen und zu den Lehrern verlagern."

Nun mag mancher den Eindruck gewonnen haben, heutzutage sei alles beliebig und es gäbe überhaupt keine Benimm-Regeln mehr. Im Benimm-Dschungel kann man sich leicht verlaufen; was mancherorts heilig ist, ist andernorts Blasphemie – und links gilt mitunter das Gegenteil von dem, was rechts Gültigkeit hat. Lesen Sie mal folgende zusammenhanglose und vollkommen unvollständige Sammlung:

Nach dem Essen gehört die Papierserviette „locker gefaltet" links neben den Teller.

Man tunkt kein Brot in die Suppe.

Der Kaffeelöffel wird nicht abgeleckt.

Auch im Zeitalter von Tempo sollten Damen „immer ein sauberes und faltenfreies Stofftaschentuch bei sich haben". Ist Frau verschnupft, tut's auch das Papiertaschentuch. Man schnäuzt sich ins Tuch, das von der linken Hand gehalten wird – die Rechte wird ja noch zum Abschied geschüttelt und sollte sauber bleiben.

Für Asfa-Wossen Asserate ist es nicht hinnehmbar, den Fernseher laufen zu lassen, wenn Besucher den Raum betreten, Rotweingläser zu voll zu schenken, sich im Theater mit dem Rücken zu den Sitzenden durch die Stuhlreihe zwängen oder mit nacktem Oberkörper am Esstisch zu sitzen.

Den Finger in Gegenwart anderer in die Nase, die Ohren oder andere Körperöffnungen zu stecken ist unappetitlich, ebenso wie demonstratives Kaugummi-Kauen. Gesellschaftsräume eines gehobenen Restaurants sollte man weder in Badelatschen noch im Bikini, mit fünf Hunden oder einem Schlüsselbund am Gürtel betreten. Wenn's dunkel ist, sehen Sonnenbrillen ziemlich bescheuert aus – Ausnahme: der Augenarzt hat's verschrieben.

D: „Lassen Sie uns doch noch einmal zur Etikette kommen. Was gehört für Sie persönlich zur Grundausstattung? Wir haben schon erfahren, dass Sie gern Damen in Mäntel helfen..."

Herr Asfa-Wossen: „Ich spreche Menschen an – und zwar so, wie ich glaube, dass sie angesprochen werden wollen. Die Deutschen sind ja recht titelsüchtig. Ich meine nicht den Adel, den können Sie jetzt mal vergessen. Aber mancher würde ja für einen Professoren-Titel seinen rechten Arm opfern. Das amüsiert mich. Andererseits ärgert es mich, wenn ich erleben muss, dass in einer Fernseh-Diskussion ein 25-jähriger Journalist die gewählte Repräsentantin unseres Staates mit Frau Merkel anspricht. Das gibt es nur in Deutschland. Wenn in Frankreich ein linksradikaler Journalist mit dem Präsidenten spricht, würde er ihn auf keinen Fall als ‚Monsieur Macron' ansprechen. Auch dem schlimmsten Gegner des vorigen US-Präsidenten wäre es nicht eingefallen, ihn mit ‚Mr. Trump' anzusprechen. Ich frage sie, ob uns ein Zacken aus der Krone fällt, wenn wir einer Bundeskanzlerin den ihr gebührenden Respekt erweisen – vollkommen unabhängig davon, wie wir politisch zu ihr stehen."

G: „Der Verzicht auf die korrekte Ansprache entspringt vermutlich dem verzweifelten Versuch von Journalisten, mit der Regierungschefin auf Augenhöhe zu kommen."

Herr Asfa-Wossen: „In Afrika wäre so etwas undenkbar. Der beliebteste deutsche Bundespräsident in vielen afrikanischen Ländern ist bis zum heutigen Tag Heinrich Lübke. Warum? Er war der erste deutsche Bundespräsident, der nach dem Zweiten Weltkrieg nach Afrika gekommen ist. Die Afrikaner haben einen hochgewachsenen Mann erwartet, mit blauen Augen und militärischem Schritt. Und dann kam ein kleiner Mann mit schlohweißen Haaren – überall in Afrika ein Zeichen für eine Respektsperson. Und überall ließ er sich in afrikanische Uniformen stecken und fotografieren. Wenn Sie in den sechziger Jahren in Ghana die Deutsche Botschaft aufsuchten, fanden Sie dort ein Bild des Bundespräsidenten in Ashanti-Uniform. Die weißen Haare waren das Signal dafür, dass man diesem Mann Respekt entgegenzubringen hatte. Dieser Respekt gegenüber Alten ist den Deutschen abhandengekommen."

Da hat sich also der Adolph Franz Friedrich Ludwig Freiherr Knigge (1752 bis 1796) vergebens so ins Zeug gelegt, um den Teutonen den Anstand einzubläuen. „Vor einem grauen Haupte", hat er verfügt, „sollst du das Deine beugen". Dieser wie andere seiner Lehrsätze sind längst in Vergessenheit geraten – nicht aber jene Benimm-Regeln, die zwar seinen Namen tragen, aber niemals von ihm erdacht wurden. Anständiges Benehmen beschreibt bei Knigge – wie bei Herrn Asfa-Wossen – eine innere Haltung und nicht die korrekte Sitzhaltung bei Tisch. Die bis ins kleinste ziselierten Benimm-Regeln über korrekte Kleidung und Ansprache, über die Handhabung von Besteck und Gläsern, um nur wenige Beispiele zu nennen, sind Knigges Buch erst nach dessen Ableben hinzugefügt worden. Da konnte sich der Freiherr nicht mehr wehren.

G: „Ich habe einmal an e nem Fastenbrechen mit Türken teilgenommen, da kam es sehr schnell zu einem bitteren Gespräch über die Behandlung der alten Menschen in Deutschland. Ihr wollt, dass wir euch und euren Regeln Respekt entgegenbringen und sperrt eure Eltern und Großeltern in Heime ..."

Herr Asfa-Wossen: „In Afrika werden die Menschen ja in der Regel nicht so alt wie in Europa – vielleicht ist das auch ein Grund, warum den Alten dort so viel Respekt entgegengebracht wird. Aber vor allem ist der jetzige Umgang mit Senioren hierzulande natürlich auch eine Verletzung unserer eigenen Wertevorstellungen. Vermutlich hängt das auch mit dem Bedeutungsverlust der Religion zusammen. Vor 150 Jahren sind die Europäer nach Afrika eingedrungen, um ihren christlichen Glauben auf den ‚schwarzen Kontinent' zu exportieren. Heute können viele Kirchen in Deutschland ihren Betrieb nur noch mit afrikanischen Priestern aufrechterhalten. Auf der südlichen Erdhalbkugel gibt es inzwischen wesentlich mehr Katholiken als in der nördlichen Hemisphäre. Und stellen Sie sich mal vor, es gäbe einen chinesischen Papst!"

G: „Na ja, eine bestimmte Mitgliederstärke brauchen die chinesischen Katholiken da schon. Das ist nicht anders als bei der SPD ..."

Herr Asfa-Wossen: „Ich möchte noch einmal zurückkommen auf die deutsche Identität. Mein erster Kulturschock war eine Begebenheit Ende der sechziger Jahre. Ich war keine drei Monate in Tübingen, und wir beschlossen, nach Straßburg zu fahren. Wir landeten in einer Studentenkneipe – Engländer, Franzosen, Australier, alles bunt gemischt; es war ein wunderbarer Abend. Gegen Schluss wurden wir gefragt: Wo kommt ihr eigentlich her? Ich sagte, einigermaßen stolz: Ich bin Äthiopier. Meine vier deutschen Kommilitonen haben, als wenn sie's vorher abgesprochen hätten, alle gesagt: Wir sind Österreicher. Mein Ehrenwort. Draußen habe ich sie gefragt: Gibt es irgendetwas, das ich nicht weiß? Sie sagten nur: Glaubst du, dass ich nach Frankreich fahre und denen erzähle, dass ich ein Deutscher bin?! Das war mein erster Kulturschock – sein eigenes Vaterland zu verleugnen!"

G: „Mich hat auch Ihre Erinnerung fasziniert, wie sie zum ersten Mal in Deutschland waren, am Frankfurter Flughafen. Immerhin gab es dort noch Gepäckträger. Einer kam diensteifrig auf Sie zu – bis er die Batterie von Koffern erblickte. Da schaute er auf seine Uhr, zog die Achseln hoch und sagte: Feierabend!"

Herr Asfa-Wossen: „Ja, ja, der Nimbus der deutschen Tüchtigkeit hat sich längst erledigt. Es ist ja leider auch wahr, dass Deutschland eine Dienstleistungswüste ist. Ein Deutscher dient nicht! Viele Restaurant-Betreiber können gern auf deutsches Personal verzichten – die lachen ungern, und man merkt ihnen die Last an, dass sie den Gästen zu Diensten sein müssen. Und das in einem Land, in dem der König mal gesagt hat, er sei der erste Diener seines Volkes! Als ich 18 wurde, sagte mein Vater zu mir: Ich möchte darauf verzichten, dir alle möglichen Lebensregeln aufzutragen, wie mein Vater es mit mir gehalten hat. Du würdest so damit umgehen wie ich selbst – an das eine würdest du dich halten, an das andere nicht. Aber einen Rat möchte ich dir geben, als Freund: Werde niemals dekadent. Ich fragte ihn: Was ist denn Dekadenz? Er antwortete: Ganz einfach. Solange du dich freuen kannst – Ah, Kaviar! Ah, Champagner! Ah, Frauen! – solange bist du nicht dekadent. Aber wenn du dahin kommst zu sagen: Ach, schon wieder Kaviar! – dann bist du dekadent. Ich sage Ihnen: Ein Mensch, der mit vollem Herzen genießen kann, kann nicht dekadent sein."

G: „Was wäre für Sie persönlich der Gipfel des Genusses?"
    Herr Asfa-Wossen: „Das kann ich Ihnen genau sagen: Ein Wochenende an einem süddeutschen See, in einem Restaurant. Dort würde ich gern ein typisches regionales Gericht – am liebsten Fisch aus dem See – zu mir zu nehmen, mit guten Freunden und gutem Wein aus der Gegend."
    G: „Kein Bier?"
    Herr Asfa-Wossen: „Hinterher."

GESPRÄCHSPARTNER:

Asfa-Wossen Asserate, Jahrgang 1948, ist ein einzigartiger Mann, ein Phänomen. Wie könnte es sonst sein, dass ein Äthiopier den Deutschen Manieren beibringt? Doch, das hat er getan, mit seinem 2005 erschienenen gleichnamigen Werk – in schöner Tradition des Freiherrn von Knigge, der landauf landab fälschlich als „Aufklärer" für Tischsitten gepriesen wird, der den Deutschen nahegebracht habe, wie sie Messer und Gabel handhaben sollen. Nichts lag dem Herrn von Knigge ferner – und das gilt erst recht für Asfa-Wossen Asserate. Wer sich den adeligen Konventionen verpflichtet fühlt, kann ihn getrost als „Kaiserliche Hoheit" ansprechen, er ist ein Großneffe des letzten äthiopischen Kaisers Haile Selassie. Aber trotz seiner durchgängig vornehmen Erscheinung hat er seine höfische Herkunft längst abgestreift, der Prinz ist ein glühender Demokrat. Dass Deutschland seine zweite Heimat wurde, deutete sich in der Rückschau früh an. Besuchte die deutsche Schule in Addis Abeba, studierte in Deutschland – als mit der Entmachtung des Kaisers, der Hinrichtung seines Vaters und der Verhaftung von Mutter und Geschwistern die Heimkehr nach Afrika versperrt war, blieb er hier. Seit 1981 besitzt Asfa-Wossen Asserate die deutsche Staatsbürgerschaft; er spricht ein gestochenes, kluges, bisweilen etwas altmodisches Deutsch, ist Autor, Unternehmensberater und politischer Analyst. Diskret fährt er alle paar Wochen nach Gießen, in die hessische „Erstaufnahmeeinrichtung" für Flüchtlinge, und schaut, ob er dort gestrandeten Landsleuten aus Äthiopien helfen kann.

Heidschibumbeidschi oder Highway to Hell?

Klopft ein alter Rocker an die Pforte des Seniorenheims. Was wird ihn drinnen erwarten? Wird man einen wie ihn überhaupt aufnehmen? Wie ist das Leben im Heim? Echte Rocker, die nicht einmal Seuchen wie COVID-19 fürchten, kann die Aussicht auf Dauerberieselung mit Schlagern, Operetten und dem engelsgleichen Klang von Violinen in Angst und Schrecken versetzen. Welche Musik wird im Heim gespielt? „Es fährt ein Zug nach Nirgendwo" (Christian Anders) oder doch der gute alte „Highway to Hell" (AC/DC)? Erkundigungen über den Musikgeschmack des älteren Publikums.

> „Du bist wirklich alt geworden, wenn sie im Aufzug und im Supermarkt deine Lieblingsmusik spielen."
> *Aus einem Senioren-Ratgeber der Internet-Seite Spinditty.com*

#ACHTUNG: Diese Geschichte enthält einen altersgerechten Musik-Test. Wenn Sie alle im Text verstreuten Songtexte mitsummen können, bescheinigen wir Ihnen hiermit schon vorab ein formidables Musik-Gedächtnis. Wenn nicht, machen Sie doch einfach einen anderen Test. Zum Beispiel mit Weißwein. Oder mit Weißbier. Oder mit 20 Teesorten.#

Wir sitzen auf der Terrasse des Golfclubs in Bad Vilbel und blicken über promillefreie Weizenbiere hinweg aufs Wasser. D und G sind mit Hans-Dieter Hillmoth, Spitzname HDH, verabredet, dem Gründer und langjährigen Chef von Radio FFH. Ein Reiher fliegt über den Teich, in dem angeblich von Zeit zu Zeit Golfbälle versenkt werden. Heute Abend nicht. Heute blubbern fette

Karpfen dummgesichtig herum, an der Böschung knabbern Nutrias an der Ufer-Bepflanzung.

Wenden wir uns von der künstlichen Landschaft lieber den wirklich grundlegenden Themen zu. G macht den Anfang: „Wir wollen in diesem Gespräch dem Musikgeschmack der älteren Menschen auf die Spur kommen. Dafür ist Hans-Dieter Hillmoth nicht nur aufgrund seiner Tätigkeit als langjähriger Chef des Radiosenders FFH prädestiniert, sondern auch wegen eines Programmpunktes bei seiner Abschiedsveranstaltung, zu der eigens für ihn ein früherer Schlagerstar auf die Bühne trat: Nicki. Die Dame passt nicht ganz zu unserer Ausgangsthese, derzufolge die Generation 60 oder 70 plus die härtesten Rockfans aufzubieten hat…"

Herr Hillmoth: „Früher war die Einteilung ja relativ klar. Junge Sender gab's gar nicht, sondern es gab Pop-Sender, man hat Schallplatten gehört, es gab Schlager – das war's. Das hat sich absolut geändert. Bei FFH zum Beispiel haben wir zusätzlich den für die Jugend gedachten Sender Planet, und wir haben Harmony fürs reifere Publikum. Ich bin erstaunt, wie viele Junge Harmony hören und wie viele Alte Planet. Früher war das ja so: Man fuhr im Auto, die Kinder haben auf Planet umgeschaltet, und die Alten schlugen die Hände überm Kopf zusammen und sagten: Oh Gott, dieses Gerummse, das ist doch keine Musik. Aber das hat sich total durchmischt. Heute hören die Menschen bis 70, 75 alles, was geboten wird – erst danach wird's etwas ruhiger. Aber auch nicht bei allen. Viele Ältere hören jüngere Musik, das wissen wir auch aus Untersuchungen."

G: „Was meinst du mit jüngerer Musik?"
   Herr Hillmoth: „Jünger als…"
   G: „Rolling Stones…"

Herr Hillmoth: „Nein, nein, ein bisschen frischer darf es schon sein. Auch Ältere hören beispielsweise Beyoncé – um sich jünger zu fühlen. Nach dem Motto: ‚Wir haben noch eine Beziehung zur Jugend.‘ Sie finden die Sprüche der Moderatoren fürchterlich, aber die Musik erscheint ihnen doch wieder ansprechend. Umgekehrt geht's auch: Wir hatten mal einen äußerst exzentrischen Moderator, der immer die wildeste Musik auflegte. Bei einem Besuch konnte ich feststellen, dass er zu Hause den Schlagersender hr4 eingeschaltet hatte. ‚Was soll denn das?‘ habe ich ihn gefragt. ‚Ach‘, sagte er, ‚das ist so schön melodisch. Da hat man seine Ruhe... Zur Entspannung ist das das Beste‘.“

#
It is the evening of the day
I sit and watch the children play
Doing things I used to do
They think are new
I sit and watch
As tears go by

Rolling Stones

#

G: „Es gibt ja Untersuchungen zum Musikgeschmack der Generationen. Die kommen alle zu der Erkenntnis: Mit 30 hat man alles gehört, was einem gefällt. Danach entwickelt sich der Musikgeschmack nicht mehr weiter. Man greift auf das zurück, was man bis dahin gut fand.“

Herr Hillmoth: „In der Radiowelt funktioniert das so: Bis 13 sind die Kids bei Mainstream-Sendern wie hr3 oder FFH dabei. Mit diesen Querschnittssendern kann man's ja im Grunde keinem recht machen – von Jung bis Alt sollen alle sich wohlfühlen. Bis zum Alter von 13 hören die Jungen die Radiosender ihrer Eltern, danach kommt die Auflehnungs- und Abkoppelungsphase. Mädchen entdecken Pferde oder Jungs, und alle wollen jetzt andere Musik hören als die Alten. Die kehren erst wieder zum Mainstream-Sender zurück, wenn sie eine Familie gegründet haben, mit 25 und später. Früher wurde der Musikgeschmack der Menschen ja in starkem Maße über lange Zeit von Bands oder Einzel-Künstlern geprägt. Beatles und Rolling Stones zum Beispiel, Peter Maffay, Udo Lindenberg, Herbert Grönemeyer ... Wenn man sich heute die Top Ten anguckt, versteht man nur Bahnhof. Rin – schon mal gehört? Tones and I. RAF Camora. Kygo. Roller. Ed Sheeran – aha, den kennt man immerhin. Heutzutage sind gehäuft Eintagsfliegen am Start, wir haben nicht mehr die Künstler, die prägend sind für ganze Generationen. Wenn wir bei FFH früher auf Plakaten darstellen wollten, dass wir Hits und Oldies spielen, haben wir zum Beispiel Tina Turner gezeigt und Madonna. Heute kann man das gar nicht mehr machen, die heutigen Musiker kennt ja niemand."

D: „Wie kommt das?"

Herr Hillmoth: „Die heutigen Musiker sollen stärker Nischen bedienen, sie haben kaum noch ‚allgemeingültige' Hits."

Rin ist in Bietigheim-Bissingen geboren. Er ist ein Rapper mit kroatischer und bosnischer Herkunft und schaffte es zum Beispiel mit einem Song unter dem Titel „Up in Smokes" unter die ersten Zehn der deutschen Hitparade. Die australische Sängerin Tones And I, die sich noch vor wenigen Jahren in Melbourne als Straßenmusikerin durchschlug, gelangte mit ihrem Song „Dance Monkey" in die Top Ten. In Ludwigshafen-Gartenstadt lebt der türkischstämmige Volkan Yaman, der als „Apache 207" vor sich hinrappt. Mit seinem Song „Roller" stand er im Herbst 2019 sogar auf Platz eins der deutschen Hitparade. Textprobe gefällig? Bitteschön:

„Warum fickt ihr Kopf, Kopf?

Mein Kopf platzt, Gucci-Sandalen, ich trag' sie nur aus Trotz, Trotz.

Trotzdem machen sie mir nach, kann's nicht glauben, lieber Gott.

Gott sei Dank schützt du mich, wenn meine Wespe mal wieder rollt. Wenn sie rollt (brrm)."

Alles verstanden? Dann können wir ja gleich fortfahren mit einem weiteren Lyrik-Erguss, dem Refrain aus dem ebenfalls als Superhit erkorenen Song „Vendetta" des in der Schweiz geborenen Berliners Raphael Ragucci alias RAF Camora:

„Ah! Einmal war Spaß, zweimal fatal (ah), wart ab
Es kommt Vendetta (bum, bum)
Kleiner Fauxpas reicht schon
Es kommt Vendetta
Okay, Vendetta
West-Wien, Vendetta
Fünfhaus, Vendetta (okay)
Vendetta (ah), Vendetta (yeah)."

Und wie war das noch mit Tina Turner, der FFH-Plakat-Lady früherer Jahre? Sie war 17 und hieß Anna Mae Bullock, als sie Ike Turner kennenlernte; 1958 war das, in St. Louis. 16 Jahre blieben sie zusammen, der drogensüchtige und auch ansonsten ziemlich durchgeknallte Ike brachte ihr das Showbusiness bei – aber am Ende, schrieb die New York Times, hatte er es fast geschafft, dass sie die Musik hasste. Musikalisch war das Paar erfolgreich: „River Deep Mountain High", „Proud Mary", „Nutbush City Limit" – Ehemann Ike brauchte nicht lange, um zu begreifen, dass er ohne diese Show-Rakete, ohne ihre brüllend schwarze Stimme eine ziemliche Null war. Er machte sie groß – und dann beherrschte er sie: Kassierte ihre Gagen, schüttete ihr, wenn ihm danach war, heißen Kaffee ins Gesicht, zerschmetterte ihr Kinn – und zwang sie sogar dann zum Auftritt, wenn ihr nach einem seiner gewalttätigen Angriffe das Blut über den Hals floss. „Ich weiß nicht, ob ich ihm jemals vergeben kann", sagte sie unlängst, „aber Ike ist tot. Über den müssen wir uns keine Sorgen mehr machen."

Das Magazin Rolling Stone hat sie auf der Liste der besten Rocksänger aller Zeiten auf Platz 17 gehoben, gleich hinter Mick Jagger. Die 40 Jahre jüngere Beyoncé schwärmt von ihr: „Niemals werde ich vergessen, als ich Tina zum ersten Mal auf der Bühne gesehen habe. Niemals in meinem Leben hatte ich eine derart kraftvolle Frau gesehen – so furchtlos!"

Zehn Jahre später – kurz vor ihrem 80. Geburtstag im November 2018 – besuchte ein Reporter der New York Times sie in ihrem Schweizer Traumschloss Algonquin. „Ich tanze nicht mehr", sagte sie ihm. „Ich singe nicht mehr. Ich will mich nicht mehr in Schale werfen."

> #
> Auf Matrosen ohé!
> Einmal muss es vorbei sein,
> Einmal holt uns die See.
> Und das Meer gibt keinen
> Von uns zurück.
>
> *Hans Albers (1891 bis 1960)*
>
> #

G: „Welche Musik hast du gehört, als du ein junger Kerl warst?"
   Herr Hillmoth: „Rockig musste es sein. Am Anfang standen die Beatles. Bei meiner ersten Radio-Erfahrung, einem Krankenhaus-Funk in Münster (damals war Hillmoth 16), haben wir allerlei von den Ur-Beatles gespielt. Natürlich war ich bei einem Konzert der Rolling Stones in Hannover, da spielte als Vorgruppe der Maffay. Das empfanden viele Rock-Fans als Zumutung, die haben ihn ausgebuht und mit Eiern beworfen. Das war mir völlig unverständlich. Peter Maffay und ‚Du'... das war schon was, wozu man mal beim Tanzen geklammert hat, beim Tanztee im Jugendheim..."

Ja, der Peter Maffay, Jahrgang 1949, konnte es halt keinem recht machen. War er ein Schnulzenfuzzi, wie Rockfans vermuteten? Oder ein knallharter Deutschrocker, der es mit jedem Ami aufnehmen konnte? Übelmeinende vereimerten den in Brasov geborenen 1,68-Meter-Mann als „singende rumänische Wanderwarze", aber irgendwann haben sich alle arrangiert mit seiner knurrenden, intensiven Stimme – Erfolg macht ja sowieso schön: Laut Wikipedia ist Maffay mit 18 Nummer-eins-Alben der erfolgreichste Künstler in den deutschen Album-Charts. Auf „Du", zu dem Herr Hillmoth so ge¯n den Klammer-Blues getanzt hat (über eine Million Mal verkauft), folgte „So bist Du", danach das von der DDR-Combo Karat gekaperte „Über sieben Brücken musst du geh'n". Abgesehen davon, dass Maffay im Privatleben den Wechsel liebt – die vierte Scheidung ist bereits geschafft – ist sein Rockerleben frei von Skandalen. Bis auf den einen, vielleicht: 1976 veröffentlichte Maffay sein Werk „Und es war Sommer": „Ich war 16 und sie 31. Über Liebe wusste ich nicht viel. Sie wusste alles und sie ließ mich spüren: Ich war kein Kind mehr," knarrte Maffay, und das reichte schon, den Moralhütern in diversen Radiosendern und auch beim ZDF den Angstschweiß auf die Stirn zu treiben. Maffay musste, jedenfalls vorübergehend, leider draußen bleiben; der Song allerdings schaffte es trotz des Sende-Boykotts in die Hitparade.

> #
> And may you never love in vain.
> And in my heart you will remain
> Forever young. (Forever young)
> Forever young. (Forever young)
> Forever young. Forever young
>
> *Rod Stewart (Jahrgang 1945)*
>
> #

G: „Du hast doch sicherlich auch viel Radio gehört."

Herr Hillmoth: „Während einer langen Phase fast ausschließlich."

G: „Welchen Sender? RTL wahrscheinlich, oder?"

Herr Hillmoth: „Damals ja, das stimmt. Da gab es ja noch keine gescheiten Sender. Aber es gab ja BFBS (British Forces Broadcasting Service), den Sender der britischen Streitkräfte – Nordrhein-Westfalen war ja britische Zone. Zur gleichen Zeit haben die Hessen viel AFN (American Forces Network) gehört. Das hat man auch gemerkt, als ich später nach Frankfurt kam. Hier gab es eine sehr starke Dominanz von Rock-Interessierten, AFN hat den Musikgeschmack dieser Region stark beeinflusst. hr3 ist damals darauf eingegangen und ganz allmählich erst der Rockmusik entwachsen. Zu Beginn haben wir gegen hr3 vorwiegend auf Oldies gesetzt. Der amerikanische Stil von AFN hat sich damals bei vielen alternativen Radiosendern – zum Beispiel auch den Piratensendern wie Radio Caroline oder Radio London – durchgesetzt: Nicht so viel Gequatsche, weniger Inhalt, viel Musik, witzige Showelemente. Piratensender strahlten damals aus Südtirol bis nach Bayern, aber es gab auch winzige Wohnzimmer-Sender in Deutschland, die dem starren öffentlich-rechtlichen Rundfunk den Kampf angesagt hatten. Damals fuhren Peilwagen der Bundespost übers Land und jagten die verbotenen Radios – mancher Miniatursender wurde in der Erbsensuppe versenkt, wenn die Fahnder an der Haustür klingelten."

#
Mit 66 Jahren, da fängt das Leben an
Mit 66 Jahren, da hat man Spaß daran
Mit 66 Jahren, da kommt man erst in Schuss
Mit 66 Jahren, ist noch lang noch nicht Schluss
Udo Jürgens (1934 bis 2014)
#

D: „Wir waren in Südbaden nicht gerade verwöhnt mit Radiosendern. Das Schweizer Radio Beromünster brachte den ganzen Tag Ländler und Volksmusik. Für uns kam das einzige akzeptable Angebot von SWF3, mit Frank Laufenberg. Da hörten wir begierig alles – von dem eingewanderten Engländer Graham Bonney („Supergirl", „Wähle 333") bis zu anderen Schlagergrößen. Wir haben ja noch vom Radio mit dem Mikrofon Songs auf Kassetten aufgenommen und die Hitparade mitgeschrieben..."

Nach Led Zeppelin: Die Alten wollen es nochmal wissen

Herr Hillmoth: „Genau, und wir haben uns geärgert, wenn diese blöden DJs dazwischen gequatscht haben, mitten in die Aufnahme. Bei deutschen Schlagern ist das ja nie passiert."

G: „Musik kam bei uns zu Hause nicht nur aus dem Radio, sondern auch von Schallplatten. Wir hatten einen Zehn-Platten-
Wechsler in einer Musiktruhe."

Herr Hillmoth: „Kenne ich auch noch. Von Nordmende! Mit einer grünen Signalleuchte vorne."

G: „Ich kam rechtschaffen früh an Schallplatten, weil ich für meine älteren Brüder immer auflegen musste. Die hörten vorzugsweise Rock'n'Roll, Elvis und ähnlichen Quatsch, einer gab auch
von Zeit zu Zeit den Jazz-Fan. Zur Sedierung unserer alleiner-
ziehenden Mutter musste von Zeit zu Zeit auch ‚ihre' Musik auf
den Plattenteller. Alte Schnulzen von Mario Lanza (Mutters Lieb-
lingssongs: ‚Granada' und ‚Arrivederci Roma') und Frank Sinat-
ras ‚Strangers in the Night' ... Meine erste eigene Schallplatte war
‚The Freewheelin' Bob Dylan', die zweite ein Werk von den Byrds

89

– in unsere Familie hatte ein Amerikaner eingeheiratet, der mich mit seinen ausgemusterten Scheiben versorgte. Meine Mutter arbeitete in einem Supermarkt der britischen Armee. Damals kamen Langspielplatten auf der britischen Insel immer mindestens eine Woche früher auf den Markt als in Deutschland. Das machte mich, jedenfalls tageweise, zum Schulhof-King, weil ich zum Beispiel ‚Revolver‘ von den Beatles schon besaß, als das in Germanien noch nicht verkauft wurde. Zu Beginn hörte ich gern die Beatles, aber dann bin ich früh zu den Stones übergeschwenkt.“

> #
> Those were the days, my friend,
> We thought they‘d never end,
> We‘d sing and dance forever and a day;
> We‘d live the life we choose we‘d fight and never lose
> For we were young and sure to have our way.
> *Mary Hopkin (Jahrgang 1950)*
> #

Der Reiher dreht noch einmal eine Runde über dem künstlichen Teich, dann fliegt er ab – Feierabend für heute. G kramt einen Zettel hervor: „Ich habe mal spaßhalber die Jahreshitparade von 1968 ausgedruckt – aus dem Jahr, als hier doch angeblich alle Ampeln auf Grün standen für kulturellen Aufbruch und Umbruch. Im namensstiftenden Jahr der 68er Generation rangierte auf Platz 1 Heintje mit ‚Mama‘. Platz 2: Heintje mit ‚Du sollst nicht weinen‘. Platz 3: Tom Jones mit ‚Delilah‘. Platz 4: wieder Heintje, mit ‚Heidschibumbeidschi‘, gefolgt von Peter Alexander mit ‚Der letzte Walzer‘. Und dann kommen erst die Beatles mit ‚Hey Jude‘. In der eigenen Wahrnehmung war das alles ganz anders. Schlager und verwandte Schnulzen fanden wir verachtenswert, demzufolge haben die für uns gar nicht existiert. Die meisten anderen Menschen tickten da offensichtlich anders.“

Herr Hillmoth: „Ich weiß noch, wie ich mein erstes Interview mit Udo Lindenberg gemacht habe. Damals kannte den kein

Schwein, aber er tingelte schon – mit denselben Typen, die er heute noch um sich schart – durch die Jugendheime im Münsterland und spielte Sonntagsnachmittags um 15 Uhr zum Tanztee. Lange her ... Das Deutsche war ja mal völlig verpönt, aber heute ist das wieder sehr angesagt."

G: „Dieter Thomas Heck würde seine Freude haben. Damals war ein regelrechter Kulturkampf entbrannt. Bei dir da unten im Süden hat man das wahrscheinlich nicht so mitgekriegt – aber du warst Rocker oder du warst es nicht. Dann warst du halt 'ne zurückgebliebene Schlager-Heulsuse. Das spiegelte sich ja sogar im Fernsehen: Auf der einen Seite Hecks Hitparade, in der nur deutschsprachige Sänger auftreten durften – auf der anderen Seite der Beatclub ...".
D: „....mit Uschi Nerke."
G: „Ja, die Dame hat der Mann sich gemerkt. Wegen der kurzen Röcke. Die waren angeblich so knapp, dass es ihr unmöglich war, sich darin hinzusetzen."
Herr Hillmoth: „Der Beatclub war die progressivste Sendung überhaupt. Da sind sämtliche Bands und Künstler der Welt aufgetreten, die irgendeine Bedeutung hatten."

> \#
> You look like a movie
> You sound like a song
> My God, this reminds me
> Of when we were young
>
> *Adele (Jahrgang 1988)*
>
> \#

D: „Ich habe noch eine einzige Single. Meine Frau hat irgendwann verfügt, das Zeugs komme alles weg, aber die eine habe ich aufgehoben: Franz Beckenbauer mit ‚Gute Freunde kann niemand trennen'. Es gab ja eine kurze Phase, da nahmen Fußballspieler reihenweise Platten auf."
Herr Hillmoth: „Petar Radenkovic!"

D: „Ja, herrlich – ‚Bin i Radi bin i König'. Selbst der doofe Gerd Müller hat mal was gesungen: ‚Dann macht es bumm, dann fällt ein Tor'..."

G: „Spitzen-Musikgeschmack!"

D: „Meine erste Langspielplatte war von Leonhard Cohen, ‚Suzanne' und so. Meine Schwestern verdrehten immer die Augen."

Herr Hillmoth: „Den habe ich auch sehr verehrt. Ich bin auch der Meinung, der wurde im Alter immer besser. Die Stimme wurde immer dunkler... Der arme Kerl ist von seinem Agenten derart hintergangen worden, dass er im hohen Alter noch auf Tournee gehen musste."

G: „Cohen galt früher als beste Begleitmusik, wenn man Mädchen geneigt stimmen wollte."

Herr Hillmoth: „Für eine gewisse Zeit musste man ja auch vollkommen schräge Sachen hören, Amon Düül zum Beispiel oder Kraftwerk."

G: „Gelegentlich kommt einem ein Schreckbild in den Sinn: Irgendwann sitzt man im Altenheim, und da jault den ganzen Tag die Wersi-Orgel. Was hört man denn tatsächlich im Heim? Schlager?"

Herr Hillmoth: „Ja, auch. Aber typisch ist natürlich André Rieu. Was früher James Last dargestellt hat, ist jetzt Rieu. Den James Last fand ich ja auch immer spannend. Dem ist es gelungen, jeden aktuellen Popsong in seinen Einheitsbrei zu gießen, dazu die interessante Kapelle..."

Sehen Sie ihn noch vor sich? James Last, Jahrgang 1929, 2015 aufgestiegen in den Musikhimmel. Dem Mann konnte niemand entgehen, wenn die Eltern im Fernsehen (zwei, maximal drei Programme) eine Samstagsshow einschalteten. Mal mit Schnäuzer, mal mit aschblondem Ziegenbart, meistens im lockeren Jackett – von hellblau bis eierschalengelb war alles möglich. Er stand da, schaute mal in die Kameras und mal auf seine musizierende Truppe, alles an ihm wippte und schnippte, elegant aus den Hüften bis in die Fingerspitzen hatte er sein musikalisches

Handwerk (deren Grundzüge er in einer Heeresmusikschule in Frankfurt gelernt hatte) im Griff. „Easy Listening" wurde der Musikstil genannt, den er mit seinem 40-Mann-Orchester aufführte – mit seinen Arrangements schuf er Klang-Gardinen, die noch die komplexeste Komposition gutmütig umhüllten. Musik zum Mitwippen, ohne störende unverständliche oder unverschämte Texte. James Last hatte ungeheuren Erfolg: 17 Platin- und 207 Goldene Schallplatten erspielte er, trat in Konzerthallen, Stadien und Fernsehshows auf – nicht nur in Deutschland, sondern auch in Großbritannien, der Sowjetunion und Japan. Sein „Happy Sound" verzückte Millionen, vor einem Konzert in der Londoner Royal Albert Hall notierte eine britische Zeitung: „Auf dem Schwarzmarkt konnte man vielleicht ein Ticket für das Fußball-WM-Finale bekommen oder eine Einladung zur Garden-Party der Queen, aber sicher keine Eintrittskarte für ein James-Last-Konzert." Der enorme Erfolg brachte Last lange nichts, vom Steuerberater bis zu zwielichtigen Anlageberatern gelang es vielen, die Gagen des Musikers auf ihre Privatkonten umzuleiten. Als er 1985 seine Weingüter besichtigen wollte, so wird berichtet, musste er zur Kenntnis nehmen, dass es die gar nicht gab. Erst als er auf die 70 zuging, war Last schuldenfrei – und blieb es bis zum Tod im Alter von 86 Jahren.

André Léon Marie Nicolas Rieu, der heutige Held der Senioren-Residenzen, ist ein Jungspund (Jahrgang 1949). Mehr als 40 Millionen „Tonträger" hat er bereits verkauft und ist dennoch verglichen mit James Last eine kleine Nummer. Noch! Denn immerhin: Für seine Tourneen beschäftigt der Mann aus dem holländischen Maastricht einen Tross von 120 Mitarbeitern. Rieu vergeigt alles – Hauptsache, es klingt gefühlvoll. Klassisch verbrämter Pop und poppig dargebotene Klassik prägen sein Programm, gerne im Dreivierteltakt. Unvermeidbar walzert er „An der schönen blauen Donau", pfeift den River-Kwai-Marsch und geigt als Dreingabe gern ein weiteres Stück von vorgestern: „Mein Hut, der hat drei Ecken". Was man so kennt, wenn man die 80 überschritten hat. Wenn der Meister, der sich gern im festlichen Frack präsentiert, zur Violine greift, strebt die Ergriffenheit regelmäßig dem Höhepunkt entgegen. Im Spiegel spottete vor Jahresfrist ein Redakteur, der offenkundig nicht zu den Rieu-Fans zählt, die Konzerttickets sollten „von der Krankenkasse übernommen werden".

\#
Forever young
I want to be forever young
Do you really want to live forever?
Forever, and ever
Marian Gold, Sänger von Alphaville (Jahrgang 1954)
\#

D: „Sie haben ja im Lauf der Jahre viele Show-Stars kennengelernt. Wer war denn eigentlich am zickigsten?"

Herr Hillmoth: „Erstens Mario Barth. Man denkt, der sei bodenständig – aber von wegen. Unberechenbar, der Mann. Kam zu spät, war schlecht vorbereitet... Die meisten Musiker sind pflegeleicht. In der Regel sind es die Manager und Tourbegleiter, die sich aufspielen. Und Nena. Nach ihrem letzten Auftritt für Radio FFH habe ich mir geschworen: Nie mehr mit Nena, solange ich was zu sagen habe. Die Dame war beim Wolkenkratzerfestival in Frankfurt, 2013, und trat auf der großen Bühne auf dem Opernplatz auf. Auf dem Weg von der Garderobe zur Probe auf der Bühne mussten alle weg – auch die Polizisten. Keiner durfte sich umdrehen, damit niemand sah, wie sie in ihrem Kaftan zur Probe schritt. Megazickig. Auf der Bühne natürlich der große Darling der Fans – aber hintenrum zickig hoch 17."

G: „In meinem früheren Leben habe ich bei der Abendpost-Nachtausgabe gearbeitet, der leider untergegangenen Frankfurter Boulevard-Zeitung. Damals hatte ich viel mit Fritz Rau zu tun, dem großen Konzert-Promoter, der unter anderem auch die Rolling Stones nach Deutschland brachte. Rau erzählte von einem Konzert in der Festhalle, bei dem sich Mick Jagger weigerte, die Bühne zu betreten. Die Stones waren ja damals berüchtigt dafür,

Die Türkei macht Schule: Rumstehen als Protestform

dass sie ihre Fans gern eine halbe Stunde oder länger warten ließen, bis es losging. Jagger, so Rau, verlangte an dem Abend – als er eigentlich schon längst „We can't get no satisfaction" losschmettern sollte – dass er vorher noch einen Lobster verspeisen müsse. Rau, dessen cholerisches Temperament legendär war, war außer sich. Er rannte in die Halle, zu einem Hähnchenstand, und kam kurze Zeit später zurück, warf Mick Jagger einen halben Gockel auf den Teller und schnaubte: „So sehen bei uns in Frankfurt die Lobster aus..."

D: „Sitzen Ältere eigentlich noch viel am Radio?"
  Herr Hillmoth: „Auf jeden Fall gilt: Je älter der Hörer, desto höher ist die Verweildauer. Meine Mutter hat früher, wenn ich an den Radioknöpfen rumgefummelt habe, gemurrt: Verstell mir meinen Sender nicht. Wenn man sich früher für einen Sender entschieden hat, dann blieb man für immer dabei. Das hatte natürlich auch mit der Bauart der Radios zu tun..."
  D: „Es gab keine Fernbedienung, und keine digitalen Anzeigen. Sie haben unlängst erzählt, dass die Hörer – obwohl sie über's

Internet Sender aus der ganzen Welt empfangen können – meistens lokal hören."

Herr Hillmoth: „Die lokale Nähe, die Vertrautheit, ist den Menschen wichtig. Über Streaming können heute 75.000 Sender aus allen Ecken der Welt empfangen werden; Radio FFH kann man auch auf Grönland hören. Übermäßig viele werden uns da natürlich nicht einschalten. Zwar sind die Auswahlmöglichkeiten heute beinahe unendlich, aber den Streaming-Diensten wie Spotify fehlt halt die lokale Moderation, und es fehlen die lokalen Nachrichten. Und natürlich darf man den Verkehrsfunk nicht vergessen."

G: „Wie wichtig sind die Moderatoren?"

Herr Hillmoth: „Sie sind wichtig. Sie sind der Kitt zwischen den Hörern und dem Sender. Früher war das Programm thematisch geordnet: Von zehn bis zwölf Uhr gab's den Schulfunk, dann kam das Mittagsmagazin, dann kamen die Wunschkonzert-Sendungen und so weiter. Heute ist alles ein Einheitsteppich. Die Hörer schätzen ein Programm, das berechenbar ist. Die Musik muss ähnlich sein, die Moderatoren dürfen nicht wahllos hin und her wechseln. Natürlich gehören ein paar Überraschungen dazu – aber im Grundsatz gilt: Das Schlimmste, was ein Radiosender machen kann, ist, sich heute so und morgen anders darzustellen."

G: „Wenn man in Deutschland unterwegs ist, muss man zur Kenntnis nehmen, dass überall dieselbe Musik spielt. Für meinen Geschmack ist das sogar zu sehr verengt."

Herr Hillmoth: „Wenn ein solches Programm am Abend einem Hörer nicht gefällt, dann ist der auch am nächsten Morgen für den betreffenden Sender verloren. Früher haben wir so etwas auch gemacht – französische Chansons zum Beispiel. Das funktioniert nicht."

#
Du kannst nicht immer 17 sein
Liebling, das kannst du nicht
Aber das Leben wird dir noch geben

Was es mit 17 dir verspricht
Einmal, da wirst du 70 sein
Dann bin ich noch bei dir,
Denn du wirst immer, immer geliebt von mir.

Chris Roberts (1944 bis 2017)

#

G: „Songs, die gerade angesagt sind, werden ja gern mehrfach wiederholt. Kann man das beziffern: Wie oft höre ich dasselbe Lied, wenn ich bei dem Sender bleibe?"

Herr Hillmoth: „In der Stunde gibt es in der Regel zwischen elf und 13 Songs. Sender mit einem breiten Musikprogramm (wie FFH oder hr3) haben meistens zwei oder drei aktuelle Songs, der Rest sind alte Hits. Die Hörer differenzieren dabei nicht, ob der Song tatsächlich von heute ist oder bereits ein oder zwei Jahre alt – das sind alles aktuelle Hits. Stücke aus den achtziger Jahren allerdings werden als Oldie wahrgenommen. Frappierend ist, dass der gesamte Auftritt einen völlig anderen Sound bekommt, wenn man nur ein oder drei Stücke pro Stunde ändert. Derzeit experimentiert FFH ein wenig – mal sind die geänderten Titel rockiger, mal poppiger, mal älter. Dadurch verändert sich der gesamte Charakter einer Sendung, obwohl alle übrigen Bestandteile gleichbleiben."

D: „Nochmal zu den Musikern: Was ist denn wirklich dran an diesen Berichten über Drogen- und Alkoholexzesse?"

Herr Hillmoth: „Ganz ehrlich, das weiß ich nicht. Man hört ja allerlei – aber wen interessiert das schon, was die nach Feierabend machen?"

Na, uns! Man muss doch wissen, wie es die Altmeister selbst mit dem Altwerden halten. Wie schlagen sich die in die Jahre gekommenen Krückstock-Rocker heute noch auf der Bühne, sind die Herrschaften gesund und bei Sinnen? Bitteschön: Ein kleiner Medizincheck für die älteren Musikanten:

Wolfgang Ambros, Jahrgang 1952, ist noch einer der Jüngeren aus der weltumspannenden Rentnerband – aber kaum einem ist das Alter derart in die Glieder gefahren. Am Stock tapert der Ösi-Sänger vor sein Publikum, setzt sich auf eine Art Barhocker und raunzt seine alten Hits ins Mikrofon. „Schifoan" muss natürlich immer sein, das brüllen ja heute noch die 20-Jährigen beim Après-Saufen in den Alpenhütten. Ambros ist von seiner verkümmerten Wirbelsäule mit jedem Jahr stärker zermürbt worden, körperlich und seelisch. An Auftritte war vor knapp zehn Jahren nicht mehr zu denken, 2013 kam ihm obendrein die Ehefrau abhanden, mitsamt der Kinder. „Ich schaue dir nicht länger beim Sterben zu", soll sie gesagt haben – sagt er. Er ließ die Chirurgen ihre Arbeit tun, sechs Wirbel haben sie verschraubt und geradegerückt, und jetzt tapert er halt wieder auf die Bühne. Die Stimme ist eher noch rauchiger und ranziger als früher, gerne singt er auch „Allan wia a Stan", diese Adaption des Bob-Dylan-Klassikers „Like a Rolling Stone" – auf deutsch: Allein wie ein Stein. Das Lied können nicht mal hartnäckige Österreich-Urlauber verstehen. Kommen wir zum Schluss des Konzerts. Wenn die letzte Zugabe geschafft ist, hat Ambros Mühe, wieder auf die Beine zu kommen. Sein Pianist eilt herbei und schleift ihn hinter den Vorhang. „Ich trete auf, solange ich lebe", hat Ambros in einem Interview gesagt.

Bob Dylan, Jahrgang 1941, ist mehr als zehn Jahre älter als Ambros, aber ihn hat man sowieso noch nie wie einen Derwisch über die Bühne fegen sehen. Würde auch albern wirken. „I was so much older then I'm younger than that now" sang er, als er sein Protestsänger-Dasein an den Nagel hängte und nicht nur über seine eigene Vergangenheit sondern auch über die seiner Fangemeinde spottete: Ich war so viel älter damals und bin heute jünger. Zwar konnte er, „krankheitsbedingt", wie die Zeitungen schrieben, vor einigen Jahren für eine Weile schon mal die Gitarre nicht halten, aber die Krächzstimme war immer voll funktionstüchtig. Beim Konzert steht der gealterte Messias vor seinen Gläubigen und singt vor sich hin. Manchmal dreht er dem Publikum sogar den Hintern zu und singt ins Nichts. Der Mann ist sich selbst genug.

Im Juli 1966 schwamm der Große Chinesische Führer Mao Tse-Tung im Alter von 73 Jahren durch den Jangtse-Fluss, um dem besorgten Volk seine Fitness zu beweisen. Im Mai 2019 tanzte Mick Jagger, Jahrgang 1943, in Jogginghose und T-Shirt durch eine Gymnastik-Bude, um den besorgten Fans über den Youtube-Kanal seine Power zu beweisen. Einen Monat zuvor war er an der Herzklappe operiert worden, die anstehende Nordamerika-Tournee wurde erst mal verschoben. Das ist für einen Mann, für den das Rumgerenne auf der Bühne ähnlich wichtig ist wie der Gesang, ein ziemlicher Altersschock. Jagger bringt es gerne auf zwölf Meilen pro Show – das sind, wenn wir uns auf die Umrechnungstabelle verlassen können, über 19 Kilometer und damit entschieden mehr, als viele 60-Jährige in einer Woche zurücklegen. Wie hält man sich so fit, wenn man locker auf die 80 zugeht? Der Obersänger der Rolling Stones sagt der Modezeitschrift Vogue: „Ich mach mich nicht verrückt" – aber fünf- bis sechsmal trainiert er schon pro Woche, angeleitet von einem norwegischen Fitness-Lehrer. Laufen, Rad fahren, kickboxen; was man so macht. Zwischendurch Gewichte stemmen, sprinten, tanzen, „ich trainiere meine Ausdauer". War das schon alles? Aber nicht doch: Yoga und Pilates gehören noch dazu, Balance-Übungen und neuerdings auch Ballett-Stunden. Nein, der Mann macht sich wirklich nicht verrückt.

„Faltig wie eine Echse" sei Jaggers Mit-Stone Keith Richards (ebenfalls Jahrgang 1943), so schrieb es der Berliner Tagesspiegel. Fitnessübungen, ja, hat er dem Mojo-Magazin erzählt, das sei schon was – aber nicht für ihn. „Ich stehe auf. Ummm. Und, weißt du, dann setze ich mich wieder hin. Ich mag es nicht, sinnlos herumzutrotten." Manchmal, wenn er auf irgendeine Insel gerate, lasse er seinen Körper zu Wasser. „Keine Schwimmübungen! Einfach nur treiben lassen." Mit der Einstellung kann man auch alt werden. Richards, den viele als eigentlichen Stone sehen (in Abgrenzung zum parfümierten und adretten Jagger), steht auf der Bühne wie vor 50 Jahren, die Marlboro im Mundwinkel, seiner Klampfe entlockt er diese legendären Riffs, die die

Rolling Stones berühmt gemacht haben. Auf einem Kindergeburtstag würde er sich vielleicht nicht so gut machen – man will die Kleinen ja nicht erschrecken und außerdem kann er die Finger nicht vom Alkohol lassen, Wein und Bier gehen immer. „Dem harten Zeug habe ich auf den Kopf gehauen", sagt er. Immerhin! Im „Fluch der Karibik" spielt Richards den Vater von Johnny Depp. Er macht sich gut zwischen all diesen Untoten, der skurrile Film ist ja auch kein bisschen schräger als das Leben des Gitarristen. Schauen Sie in sein Gesicht, dann glauben Sie alles, was über ihn berichtet wird – über Heroin-Exzesse, Blutwäschen, Nahtod-Erlebnisse. Sowas hinterlässt halt seine Spuren.

Von Getränken und anderen Drogen versteht Udo Lindenberg (Jahrgang 1946) auch allerlei. „Natürlich können Drogen die künstlerische Arbeit befeuern, das weiß man von Goethe, Freud, Bukowski und vielen anderen. Aber die haben auch die Regel befolgt: Im Rausch schreiben, nüchtern gegenlesen." Das hat er dem Stern in einem Interview verraten. Sich selbst hat „Udo", der von seiner Fan-Gemeinde inbrünstig verehrt wird, einige Male fast ins Grab gebechert. In einer 2018 veröffentlichten Biographie beschrieb der Autor Thomas Hüetlin, dass Lindenberg sich während einer Tournee im Jahr 2000 beständig derart mit Alkohol geschwemmt habe, dass einige Male Doppelgänger auf die Bühne geschickt werden mussten – bei Udo ging nichts mehr. Wenige Tage nach der Tournee wurde er mit 4,7 Promille ins Krankenhaus geschafft; ihm retteten wohl nur die Ärzte und seine Lebensgefährtin das Leben. Und die Gewöhnung an den Alkohol. Da der Mann aus Münster (Altersmotto: „Der Greis ist heiß") ja fast immer Biographisches heraussingt, gibt's natürlich auch zum Alkohol reichlich Fundstellen, zum Beispiel diese über Lady Whisky:

„Aber auch wenn es ihm gut ging
Sie war immer dabei
Und gab ihm ihre nassen, scharfen Küsse
Und die Sonne ging auf

Und sein Kopf ging unter
Und langsam ertrank er
In der Alkoholpfütze."

Man mag es kaum glauben, aber auch Eric Clapton, Jahrgang 1945, der so ausschaut wie der liebe Nachbar von nebenan, hat sich schon beinahe um den Verstand gesoffen. „In meinen niedrigsten Momenten", sagt er in seiner Autobiographie, „gab es nur einen Grund, weshalb ich keinen Selbstmord begangen habe: Ich würde nichts mehr trinken können, wenn ich tot war." Der „Gitarrenpräsident" (Die Zeit) entkam dem Dauer-Delirium mit Hilfe von Entziehungskuren. Der Rolling Stone führt Clapton auf Platz 2 der besten Gitarristen aller Zeiten. Platz 1: Jimi Hendrix. Entsprechend urteilte die F.A.Z. über den Blues-Giganten: „Seinesgleichen hat er nur noch unter den Toten."

Eric Burdon (Jahrgang 1941) war in jüngeren Jahren mit einer Verballhornung seines Namens geschlagen – Eric Bourbon. Raten Sie mal, warum... Heute singt der Brite lieber Songs über die Bedeutung des Wassers, die Alkohol-Exzesse sind längst verdaut, der 80. Geburtstag klopft an die Tür. Aber wenigstens in den Nachtprogrammen hört man gelegentlich noch seine alten Lieder – „House of the Rising Sun" zum Beispiel oder „San Franciscan Nights".

#
Who can say where the road goes
Where the day flows
Only time
And who can say if your love grows
As your heart chose
Only time
Enya (Jahrgang 1961)
#

Wenden wir uns also Elton John zu (Jahrgang 1947). Seine kurz-
sichtigen Augen versteckt er hinter den durchgeknalltesten Bril-
len, die es auf dem Globus zu kaufen gibt. Und wie geht's ihm
sonst so? Im Sommer 2019 diagnostizierte das Fach-Organ Gala:
„Seit genau 29 Jahren ist Sir Elton John clean." Das ist eine
wunderbare Nachricht, wenn man bedenkt, dass einer der erfolgreichsten Künstler der Welt (über 900 Millionen verkaufte
Tonträger) sechzehn Jahre lang dem Tode näher war als dem
nächsten Geburtstag. „Das Leben ist voller Gefahren, auch wenn
man nüchtern ist", sagt er heute, und: „Früher hatte ich Krämpfe
und wurde auf dem Boden gefunden. Ich bin ein Überlebender."
2019 kam der Film „Rocketman" in die Kinos – ein Musikmovie,
in dem Elton Johns Leben erzählt wird. In einem Artikel für den
englischen Guardian schreibt John: „Ich wollte keinen Film über
Drogen und Sex, aber jeder weiß, dass ich in den siebziger und
achtziger Jahren ziemlich viel von beidem hatte, also schien es
keinen Sinn zu haben, einen Film zu machen, der so getan hätte,
als wäre ich nach jedem Auftritt leise mit nur einem Glas warmer
Milch und der Bibel von Gideons International in mein Hotelzim-
mer zurückgekehrt."

Von der Seeseite haben sich nicht nur die Reiher, sondern auch
die Gäste zurückgezogen. Auch die drei Herren sind umgezogen
in die Gaststube, es wird – bescheiden! – getafelt; das Gespräch
nimmt Kurs auf die Endschleife.

G: „Die Bands und Künstler, denen wir früher gehuldigt haben,
hatten eine längere künstlerische Lebenszeit als die heutigen
Nachfahren. Natürlich gab's auch damals welche, denen nach
einem Hitparaden-Auftritt schon der Stoff ausging – ,One-Hit-
Wonder' hat man die genannt, die häufig für den Rest ihres Lebens von diesem kurzen Ruhm gelebt haben."
    D: „Und es gab seltsame Phänomene wie Marianne Rosen-
berg. Die hat ja original Schlager gesungen – aber bei ,Er gehört
zu mir wie mein Name an der Tür' lag ihr die gesamte deutsche
Schwulenszene zu Füßen."

G: „Da war sie eine würdige Nachfolgerin von Hildegard Knef – ‚Für dich soll's rote Rosen regnen'" ...

D: „Von Zeit zu Zeit schaffen es ja auch Balkan-Gesänge oder spanische Mitklatsch-Songs in die deutsche Hitparade."

Herr Hillmoth: „Klar, aber nur im Sommer, wenn die Sonne scheint. Schwermütiges aus Schweden will dann keiner hören. Die Zeiten von Abba sind ja auch endgültig vorbei."

G: „Weshalb eigentlich?"

Herr Hillmoth: „Die sind einfach zu schlagerhaft, zu old fashioned. Als Oldies kann man die natürlich noch laufen lassen, auf Sendern wie Harmony oder hr4."

D: „Und was ist mit der Kelly Family?"

Herr Hillmoth: „Weihnachten sind die noch der Hit. Die Kellys waren ja mal Sinnbild für Teenie-Pop, dann waren sie völlig weg, und dann kamen einzelne Familienmitglieder wieder nach oben. Jetzt sind sie wieder zusammen aufgetreten, das war ein Mega-Erfolg. Ältere und Jüngere sind dahin gegangen. Die tollsten Weihnachts-CDs kommen von denen, die werden im Radio hoch und runter gespielt. Zu Weihnachten ist übrigens auch James Last noch stark gefragt."

G: „Die Kellys gibt es auch bei uns zu Hause. Da verlasse ich immer schluchzend den Raum wenn eine solche CD meine Anlage verschandelt. Welche Musik hörst du denn heute am liebsten?"

Herr Hillmoth: „Früher habe ich natürlich vorwiegend Radio gehört – aber bewusst relativ sparsam. Wenn man immer seinen eigenen Sender hört, fallen einem gewisse Dinge nicht mehr auf. Mein persönlicher Musikgeschmack ist sehr breit – von Leonhard Cohen, der leider tot ist, über Jazz – Cool Jazz oder Dixieland – bis zu Adele. Aber ich war auch schon beim Helene-Fischer-Konzert."

D: „Gibt es bestimmte Klassiker, die zeitunabhängig immer wieder gehört werden? Bestimmte Stücke von Cat Stevens zum Beispiel oder Scott McKenzies ‚San Francisco'? Oder wollen wir das nur glauben, weil wir diese Stücke selber gern hören?"

Herr Hillmoth: „Ja, das ist so. Erinnerungen verblassen, aber das Musikgedächtnis bleibt. Menschen in Seniorenheimen, die an Demenz leiden, reagieren vielleicht auf normale Ansprachen nicht mehr – aber auf Songs, die ihnen früher wichtig waren."

D: „Meine an Demenz erkrankte Schwiegermutter war auch nicht mehr leicht erreichbar – aber irgendwann hörte sie einen Chor, der Weihnachtslieder sang, und sie hat die Lippen dazu bewegt…"

Herr Hillmoth: „Ja, so etwas funktioniert. Bei den Liedern, die wir als Oldies bezeichnen, braucht man ja meistens auch nur zwei Takte, dann ist man wieder voll drin in der Musik. Diese Reize, die bei uns funktionieren, wirken auch bei wesentlich Älteren. Aber wird das auch noch so sein, wenn die Jüngeren von heute unsere Altersstufe erreicht haben? Ich erinnere nochmal an…" (Herr Hillmoth liest von seinem Zettel ab, was er sich wohl einfach nicht merken will) „Rin, Tones And I, Apache 207: Die bleiben nicht hängen. Die werden sich nicht in den Köpfen festklammern. Eher schon die, die die wirklichen Musik-Stars von heute sind, DJs wie Robin Schulz, Felix Jaehn oder David Guetta. Die haben ja nichts anderes als eine Rhythmus-Maschine und ein paar eingängige Refrains, die immer wiederkehren. Ich kann mir vorstellen, dass so etwas eher überdauert. Dazu wird ja auch getanzt, auch das spielt eine wichtige Rolle in unserem Gedächtnis."

D: „Gelten französische Chansons für Sender wie FFH als zu intellektuell, oder haben die auch eine Chance?"

Herr Hillmoth: „Das ist doch kein Mainstream. Man könnte notfalls mal was von Edith Piaf ins Programm nehmen – ein Stück – aber bei Gilbert Becaud hört's schon auf. Das ist alles nicht eingängig genug."

G: „Mein Kollege würde einfach gern mal wieder ‚Je t'aime, moi non plus' im Radio hören."

D: „Wird auch manchmal gespielt!"

G: „Was für Sender hörst du denn?"

Herr Hillmoth: „Sowas gibt es vielleicht noch in irgendwelchen altmodischen Nachtclubs. Aber sonst…"

#
Glory days
Well they'll pass you by
Glory days
In the wink of a young girl's eye
Glory days
Glory days

Bruce Springsteen (Jahrgang 1949)

#

D: „Können Sie drei ihrer Lieblings-Songs nennen, von denen Sie selbst sagen: Darauf fahre ich heute noch ab?"

Herr Hillmoth: „Fast alle Songs von Bruce Springsteen. Da bin ich allerdings auch stark beeinflusst von seinen Live-Auftritten. Das ist noch handgemachte Musik, der spielt immer bis zum Umfallen. Die Auftritte moderner Künstler wie Beyoncé oder Helene Fischer sind sehr beeindruckend in ihrer Perfektion, in ihrer bombastischen Inszenierung – aber das ist keine handgemachte Musik. Das wäre auch gar nicht möglich, weil das derart aufwändig konstruiert ist, mit den LED-Leinwänden und den Einspielungen, die können keinen Millimeter von ihren Shows abweichen. Ich ahne, dass vieles vom Band kommt, damit es überhaupt synchronisiert laufen kann. Von Cohen kann ich mir auch alles anhören, ebenso von Adele ..."

G: „Ich würde in jedem Fall auch Johnny Cash hinzufügen."

Herr Hillmoth: „Ja, ‚I walk the line' und so weiter. Groß! Ich habe übrigens Frank Sinatra bei seinem letzten Konzert in der Frankfurter Festhalle gesehen. Der hatte zwei große Bildschirme, von denen er die Texte ablesen musste – auch jene, die die ganze Halle mitgröhlen konnte, auch seinen Hit ‚New York, New York'. Aber der war ja auch schon etwas älter."

G: „Womit wir wieder beim Thema wären ..."

Herr Hillmoth: „Ja, die Alten waren schon ziemlich widerstandsfähig. Zum Beispiel Fats Domino. Der wurde im Rollstuhl auf die Bühne geschoben und zeigte keinerlei Regung – bis er am Klavier saß. Da hat er losgehämmert."

G: „Das ist der Marika-Rökk-Effekt. Die Dame war ja auch im Greisenalter nicht von der Bühne fernzuhalten und hat dort noch die Beine geschwungen wie seinerzeit die Kessler-Zwillinge."

#

I've lived a life that's full
I've traveled each and every highway
But more, much more than this
I did it my way

Frank Sinatra (1915 bis 1998)

#

Die drei Männer rudern immer weiter rückwärts in ihre Erinnerungswelten; so könnte man sich auch einen Stammtisch im Seniorenheim vorstellen. Aber was schallt da tatsächlich aus den Lautsprechern? Auf der Online-Seite Zeitjung macht sich eine gewisse Katharina Kunzmann Gedanken über ein Leben im Heim. „Oma und Opa", denkt sie, „sitzen gut gelaunt vor dem Radio und schunkeln auf dem Sofa. Aber wie soll man sich im Alter für eine Musik begeistern, die man als junger Mensch verabscheuungswürdig findet?" Berechtigte Frage. Und wie soll erst in fernerer Zukunft im Seniorenheim abgehottet werden – sollen die Greise von morgen „mit dem Rollator durch die Gänge raven?"

Im Seniorenheim zu Erxleben versammelte sich im Sommer 2019 eine Gruppe von 80- und 90-Jährigen und probierte einen neuen Sitztanz: „Ich will" von Rammstein. Die Rentner gingen ab wie Lucy, ein Video von dieser Tanzeinlage wurde zum Kracher auf Youtube. „Liebe Rammstein-Gemeinde, keine Angst vor dem Pflegeheim", texteten dazu die beiden Ergotherapeutinnen Lisa Bojarzin und Silvia Bartnik. Frau Bartnik setzt sogar noch einen drauf: „Wir gehen lieber solche Wege, als Arthritis-geplagten, alten Händen Bastelschere und Klebetube zu geben und dann mit Buntpapier basteln zu lassen. Erlaubt ist, was gefällt. Rammstein gefällt."

Bravo! Aber was lernt der alte Rocker daraus, der an die Pforte eines Seniorenheims klopft? Mehr als 11.000 solcher Heime gibt es in Deutschland. Wir raten dem alten Rocker, nicht nur die Qualität der Pflege, sondern auch den Lifestyle zu checken. Kommt vor allem Mümmelmann-Kost auf den Tisch oder gibt's auch mal was zu beißen? Werden zur Mahlzeit vorwiegend grüne, rote oder urinfarbene Tees gereicht – oder gibt's auch mal ein Bier oder ein Gläschen Wein? Und musikalisch? Wird man den ganzen Tag über im „Zug nach Nirgendwo" herumgekarrt oder kann man weiter auf der Spur bleiben, der man sein Leben lang gefolgt ist – auf dem „Highway to Hell"?

Verehrte Seniorenheim-Betreiber: Seien Sie bereit für den Rock'n'Roll. Wenn die alten Rock-Fans ähnlich zäh sind wie ihre Idole, dann marschiert da eine langlebige Kundschaft auf Sie zu. Wir fürchten um das Mobiliar Ihrer Gesellschaftsräume. Sie wissen ja vielleicht, was wildgewordene Rocker mit dem Gestühl anstellen, wenn ihnen das Musikprogramm nicht behagt ...

GESPRÄCHSPARTNER:

Hans-Dieter Hillmoth, Jahrgang 1953, war der erfolgreichste Radio-Macher Hessens, vielleicht sogar der Republik. 30 Jahre lang, von 1989 bis 2019, war er Programmdirektor von Radio FFH, die längste Zeit außerdem Geschäftsführer. Am 15. November 1989 ging Radio FFH auf Sendung, ein halbes Jahr, nachdem Hillmoth den Sender (als anfänglich einziger Mitarbeiter) zu entwickeln begonnen hatte. Der Privatfunk FFH brauchte nur zwei Jahre, um in Hessen gegen die Übermacht des Hessischen Rundfunks die Marktführerschaft zu erobern und sie nicht wieder abzugeben. Der gebürtige Münsteraner (Markenzeichen: ein unterkühltes westfälisches Temperament) ist nicht nur gelernter Journalist, sondern auch Diplom-Ingenieur für Nachrichtentechnik. Hillmoth ist seinem Baby, dem Radio, weiterhin als Gesellschafter verbunden und Aufsichtsrats-Vorsitzender der Frankfurter Volksbank.

Wie wird der Weltreisende mit einer Languste fertig?

„Kreuzfahrt" ist der Begriff, der vermutlich am häufigsten mit Senioren assoziiert wird, von „Männergesangsverein" vielleicht einmal abgesehen. Das stimmte lange, beginnt sich aber zu ändern: Auf Kreuzfahrtschiffen tummeln sich nicht mehr nur reife Gutsituierte, sondern auch jüngere Teiltätowierte. Deshalb wenden sich Silver Ager Reiseformen zu, bei denen sie nicht mit 6.000 Anderen auf irgendeiner „Aida" zusammengepfercht sind. Mit einer Individualtouristin reinsten Wassers haben D und G gesprochen. Sie hat auf Reisen sogar die Familie Bin-Laden kennengelernt.

> Eine Seefahrt, die ist lustig,
> eine Seefahrt, die ist schön,
> denn da kann man fremde Länder
> und noch manches andre sehn.
> |: Holahi, holaho, holahia, hia, hia, holaho! :|
>
> *Seemannslied (um 1900;*
> *1934 zum ersten Mal in einem Liederbuch)*

„Siebzig ist das neue Fünfzig", sagt Catherine Deneuve im Film „La Vérité". Auf diesen Satz angesprochen, meinte die ewig junge Schauspielerin (Jahrgang 1943): „Wir altern nun mit etwas mehr Würde." Und, so wäre hinzuzufügen, mit einer Lebensfreude, die sich nirgendwo sichtbarer Bahn bricht als auf Reisen. Die Silver Ager sind unterwegs, als hätten sie kein Zuhause: in Wandergruppen, in der Bahn, an den Flughafen-Gates, auf Radwegen, überall. Das war vor Corona so und wird nach Corona wieder so sein. Auf Kreuzfahrten stellen sie immer noch die Mehrheit – „zobelbepelzte Wilmersdorfer Witwen mit ausgeprägtem Geltungsbedürfnis", wie Thomas Blubacher in seiner amüsant zu lesenden „Gebrauchsanweisung für Kreuzfahrten" schreibt. Wie häufig im Leben, ziehen Männer auch hier den Kürzeren – 2015 machte der Fall eines 86-Jährigen aus Bad Oldesloe die Runde, der, weil schon etwas hinfällig, vom Kapitän der „AIDAcara" wieder nach Hause geschickt wurde und auf 2.636,50 Euro, der Hälfte des Reisepreises, sitzenblieb. Ganz zu schweigen von Rudi Arndt, dem früheren Oberbürgermeister von Frankfurt am Main, der 2014 während einer Flusskreuzfahrt in der Ukraine verschied: das Herz.

Aber das sind natürlich traurige Einzelfälle, so selten wie ein Kreuzfahrtkapitän ohne Verehrerinnen. Alles in allem sind Reisen in reifen Jahren ein Quell reiner Lebensfreude. „Sie können gerne schreiben, dass man auf Reisen durchaus sein spätes Glück finden kann", sagt Inge Margarate Schreck. Sie auch? „Nein, bei mir geschah es im Supermarkt", sagt Frau Schreck (Jahrgang 1942) mit bezauberndem Lächeln. D und G treffen Frau Schreck am Offenbacher Marktplatz im Gasthaus „Zum Stern", das zwar keinen hat, dessen österreichisch geprägte Küche aber durchaus einen Besuch wert ist.

Auf ihren ausgedehnten Reisen habe sie „immer Leute kennengelernt, aber nur so", sagt Frau Schreck, will sagen: ohne amouröse Absichten. Ehe sie das ausführen kann, begrüßt ein neu ankommender Gast D mit einem solchen Hallo, als hätten die beiden einander zuletzt in russischer Kriegsgefangenschaft gesehen. Der Neuankömmling kriegt sich vor lauter Wiedersehensfreude kaum ein, fängt sich allerdings einen Dämpfer, als Frau Schreck mit spürbarer Kühle und in betontem Hochdeutsch sagt: „Wir führen hier ein Gespräch." Er versteht, murmelt etwas von „Nicht stören" und setzt sich an den Nebentisch. D fällt die Zeichnung von Greser & Lenz ein, in der ein Asiate während der Zeitungslektüre zu seinem Rikschafahrer sagt: „Unglaublich, in Offenbach haben sie intelligentes Leben entdeckt!"

„Ich bin immer gern und viel gereist", fährt Frau Schreck fort, was man verstehen kann, denn sie lebt seit zwanzig Jahren in Offenbach. „Das lag auch an meinem Privatleben, ich war 36 Jahre lang mit einem Kapitän zur See befreundet, und bin immer dorthin geflogen, wo er mit seinem Schiff gerade war, überwiegend in die Karibik und nach Mittelamerika." Angelo, so dürfen wir den glücklichen Griechen nennen, war in jüngeren Jahren hochdekorierter U-Boot-Kommandant gewesen und wurde in Friedenszeiten wegen seiner nautischen Erfahrung ein gesuchter Kreuzfahrtkapitän auf den Weltmeeren.

Und wer hat's erfunden? Wie bei vielen Erfindungen, die die Menschheitsgeschichte in eine neue Bahn gelenkt haben – der Wein, das Telefon – konkurrieren auch bei der Kreuzfahrt mehrere angebliche Erfinder. Außer Acht lassen können wir die Kreuzfahrten des Mittelalters nach Jerusalem. Die führten weitgehend über Land und dienten, nebenbei gesagt, nicht nur der Verteidigung des Christentums, sondern zogen allerlei Raufbolde und Tunichtgute auf der Suche nach Abenteuerurlaub an, von ambulanten Dirnen gar nicht zu reden. Und schon klar, dass die Amerikaner behaupten, die Kreuzfahrt sei ihre Idee gewesen, aber das sind Fake News. Richtig daran ist nur, dass Miami heute der größte Kreuzfahrthafen der Welt ist – doch geschenkt: Die wirklichen Erfinder der Schiffskreuzfahrt waren der Hamburger Reeder Albert Ballin und der britische Schiffseigner John L. Clark – und zwar zu einer Zeit, da im amerikanischen Westen noch Glücksritter mit nackten Füßen im kalten Wasser standen und nach Goldklümpchen suchten.

Ballin, Vorstandsmitglied der 1874 gegründeten Hamburg-Amerikanischen Packetfahrt-Actien-Gesellschaft, kurz Hapag (1970 mit dem Norddeutschen Lloyd zu Hapag-Lloyd fusioniert), plagte das Kaufmannsproblem, dass im Herbst und Winter die Transatlantikdampfer, weil nicht ausgelastet, Miese machten. So kam er 1890 auf die Idee, Erbauungsreisen anzubieten, zunächst eine „Exkursion nach Italien und dem Orient" mit organisierten

Landausflügen. Am 22. Januar 1891 verabschiedete Kaiser Wilhelm II., der selbst gern reiste und den das Volk „Reisekaiser" nannte, in Cuxhaven das Hapag-Flaggschiff „Augusta Victoria" auf die erste große Fahrt.

Clark hatte freilich schon neun Jahre früher begonnen, den für Passagierfahrten umgebauten Postdampfer „Ceylon" auf Norwegen- und Mittelmeerfahrten zu schicken. Deswegen ist es nicht verkehrt zu sagen, die „Ceylon" sei das erste dauerhaft für Kreuzfahrten eingesetzte Schiff der Welt gewesen. 1885 lief die ebenfalls britische „Domino" zu ihren ersten regelmäßigen Nordlandfahrten aus. Das waren allerdings karg ausgestattete Kutter, Luxuskreuzfahrten im heutigen Wortsinn waren wirklich Ballins Erfindung – obwohl sich die Kabinen auf der „Augusta Victoria" (1897 klammheimlich in den richtigen Namen der Kaisergattin, „Auguste Victoria", umlackiert) mit heutigen Standards nicht messen konnten. Selbst in der ersten Klasse maßen sie nur sechs Quadratmeter, Bad und Toilette waren über den Gang. Zum Vergleich: Eine Suite auf der „MS Europa" ist heute 27 Quadratmeter groß und hat natürlich nicht nur ein eigenes Bad mit Wanne, separater Dusche und WC, sondern neben anderen Annehmlichkeiten auch eine „kostenfreie Minibar (Wasser, Säfte, Softdrinks und Bier)". Das Reisen zur See ist also schöner geworden – und jedenfalls relativ gesehen auch preiswerter. Kam die erste Hapag-Kreuzfahrt mit Preisen zwischen 1.600 und 2.400 Goldmark noch so teuer, dass ein deutscher Arbeiter zwei bis drei Jahre dafür hätte malochen müssen, so ist das maritime Vergnügen heute ungleich erschwinglicher. Und wer aufs Geld schauen muss, bucht eine Innenkabine und redet sich ein, auf hoher See werde der Blick nach draußen ohnehin überschätzt. Angeblich lassen notorisch geizige Kreuzfahrer aus Schwaben nachts das Licht in der Toilette an und die Tür einen Spalt auf, dann sieht es beim Aufwachen wie ein Sonnenaufgang aus.

Doch erst einmal ist die Lage der Kreuzschifffahrt zappenduster. Konnten die Reedereien während des Corona-Lockdowns im Frühjahr 2020 in der Hoffnung auf bessere Zeiten noch ihre

Schiffe gründlich überholen und saubermachen, war die Lage Anfang 2021 so unübersichtlich wie eine Atlantiküberquerung im Nebel. „Während die ersten Schiffe in Richtung Nordeuropa oder Mittelmeer wieder in See gestochen sind, ist mit Karibik-Reisen vorerst nicht zu rechnen", meldete der ADAC Anfang Februar. Für viele Zielländer galten Reisewarnungen des Auswärtigen Amtes, und selbst wer auf Landgänge zu verzichten bereit war, musste sich auf Kreuzfahrten einrichten, die sich in ihrem Unterhaltungsangebot kaum kaum von einer Überfahrt von Harlesiel nach Wangerooge unterscheiden: keine Disko, keine Poolpartys, Kontigentierung beim Zugang zu Schwimmbecken und Wasserrutschen, Einschränkungen beim Wellness- und Fitnessangebot, begrenzte Kinderbetreuung, limitierte Kundschaft in Shops. Für die 45-Minuten-Tour zu den friesischen Inseln gerade noch so erträglich, aber auf einer Kreuzfahrt?

Dabei kannte die Kreuzfahrtbranche lange nur eine Richtung: nach oben. Rund 2,5 Millionen Passagiere zählte der deutsche Kreuzfahrtmarkt im Jahr 2019, weltweit waren es 30 Millionen, mehr als je zuvor. Ein Viertel der Passagiere zog es in den Mittelmeerraum, gefolgt von den Kanarischen Inseln und Nordeuropa. Knapp 1.700 Euro kostet eine Hochseekreuzfahrt im Schnitt, neun Tage an Bord sind die Regel, Tendenz ebenso steigend wie das Fassungsvermögen der Pötte – 6.600 Passagiere passen auf die „AIDAnova", gebaut von der Meyer-Werft in Papenburg, Platz für sogar 6.780 Kreuzfahrer hat die 2018 in Dienst gestellte „Symphonie of the Seas" von Royal Caribbean International. Diese Reederei mit Sitz in Miami handelt, typisch amerikanisch, offenbar nach dem Motto „Size Matters", sie hat nicht nur den größten Kahn, sie hat auch den längsten: Die „Harmony of the Sea" misst 362 Meter und ist damit so lang wie drei Fußballfelder.

Wenn so ein Kasten in einen Hafen einläuft, wirkt er wie eine Sonnenfinsternis, was seit längerem Kritiker auf den Plan ruft. Umweltschützer ziehen gegen Schweröl als Treibstoff und gegen die touristischen Verheerungen von Städten wie Venedig oder Dubrovnik zu Felde – pardon: zu Wasser –, die unter der Blitzinvasion von „Aida"-Passagieren leiden. Neuerdings stöhnen sogar schon die Passauer und die Regensburger über den Trubel, den Flusskreuzfahrer in ihre beschaulichen Städtchen bringen.

In Deutschland wird der Kreuzfahrt-Boom inzwischen vom sogenannten Volumenmarkt getrieben, maßgeblich von der „Aida"-Flotte und von TUI Cruises: Tausende drängeln sich auf einem und haben abends einen im Kahn, dazu singt Andrea Berg in Lack und Leder. Experten schätzen den deutschen Luxuskreuzfahrtmarkt auf rund 40.000 Passagiere und 400 Millionen Euro Umsatz mit jährlichen Wachstumsraten von drei bis vier Prozent, wie das Fachblatt FVW International im Januar 2020, also vor dem Corona-Einbruch, berichtete. Weil die Wohlhabenden aber immer den Drang nach Distinktion verspüren und sich nicht mit Krethi und Plethi gemein machen wollen, wächst am oberen Ende ein Segment für Kunden, die abseits der gängigen Routen und überlaufenen Häfen unter sich bleiben und es auf kleineren Schiffen in puncto Service und Gastronomie so richtig krachen lassen wollen. Hier sind Tagesraten zwischen 600 und 1.000 Euro durchaus üblich – nur zum Vergleich: Dafür muss die Bundeskanzlerin einen Tag lang von früh bis spät arbeiten.

Überraschend: Luxuskreuzfahrten ziehen nicht nur die Generation 60 plus an, sondern auch die sogenannten Millennials. Das Beratungsunternehmen Keylens hat herausgefunden, dass 51 Prozent der 30- bis 40-Jährigen bei der Urlaubsplanung auch eine Luxuskreuzfahrt in Betracht ziehen, nur sechs Prozent lehnen sie rundweg ab. Das sei eine Generation, der es nicht mehr um das Haben und Besitzen gehe – mein Haus, mein Auto, mein Boot –, sondern ums Entdecken und Erleben. „Die Jeunesse will aufs Meer" lautet das Fazit der Studie.

Dass die Älteren gar nicht (mehr) ganz so versessen auf Kreuzfahrten sind, mag damit zusammenhängen, dass viele schon alle Weltmeere durchpflügt haben und der Reiz des Neuen nachlässt. Das bestätigt auch Frau Schreck: Kreuzfahrten seien anfangs recht interessant, zum Beispiel sei sie einige Male den Orinoco hinauf- und heruntergefahren, aber mit der Zeit habe sie sich gelangweilt. Das durchaus mit Stil, wie man sagen darf: Als Begleitung des Kapitäns wurde sie von einem eigenen Deck-Steward bedient – nein, nicht was Sie denken –, der ihr immer um 11 Uhr krachkalten Weißwein servierte, während sie wie hingegossen in einem Liegestuhl ruhte, müde vom Frühstück.

Dabei suchten häufig Mitreisende ihre Gesellschaft; die einen aus Neu- die anderen aus Habgier. Erstere wollten herausfinden, wer die schöne Begleiterin des Kapitäns war, Letztere warteten darauf, dass Frau Schreck sie zum Getränk einlud. „Freeloader" nennt sie diese Zeitgenossen, die sich eine Kreuzfahrt leisten können, aber dann nach Freibier geiern. Einmal verspätete sich Edmond, der Steward, und einer dieser Knickerer bestellte sich widerwillig eine Flasche Wein auf eigene Rechnung – und brachte es doch glatt fertig, seine Pulle zurückgehen zu lassen, als der dienstbare Geist mit dem Schreck'schen Chardonnay auftauchte.

Auch am maritimen Buffet benahm sich manches Mitglied der sich seinerzeit noch feiner dünkenden Kreise wie ein Prolet, der unversehens in ein Gala-Diner gerät: schaufelt sich den Teller mit Fruits de mer voll bis zum Rand, weiß aber gar nicht, wie man so eine Languste knackt. Aus der Landmaschinentechnik kennt man den Begriff Vollernter, hier wäre er ebenfalls angebracht. G, der einmal eine Nordland-Kreuzfahrt unternommen hat, bestätigt: Vor allem die Deutschen täten sich dabei hervor. „Und sie packen sich beim Buffet etwas für den Landgang ein!", schämt sich Frau Schreck auch Jahre später noch fremd. Der Playboy, der nicht nur Bunnys und Busen im Programm hat, sondern auch Benimmregeln, gibt Buffetgängern mit auf den Weg, man müsse „nicht den ersten Teller gleich mit sämtlichen Speisen füllen. Es wird auch nicht gerne gesehen, wenn man seinen voll beladenen Teller zu seinem Sitzplatz zurück manövriert und

Neulich am Mount Everest

dabei noch ein Brot im Mund transportiert, weil man keine Hand mehr frei hat."

Andererseits habe sie auf See nicht nur Freeloader und Buffet-Vollernter, sondern immer auch angenehme und gebildete Leute kennengelernt, berichtet Frau Schreck – auch deshalb, weil Angelo lieber navigierte als parlierte und den Smalltalk beim Captain's Dinner gerne ihr überließ. Dieser Abend, an dem sich alle fein machen, werde überschätzt, weiß Frau Schreck, denn an den Tisch des Kapitäns werden nicht die interessantesten Passagiere gebeten, sondern in der Regel „Repeater", also Kreuzfahrt-Dauergäste, und Vertreter von Reiseunternehmen. Während die sich im Neid der anderen badeten, entschuldigte sich Angelo häufig mit nautischen Pflichten und überließ die Gastgeberrolle ihr. So lernte Frau Schreck Sir Paul Scoon, den Gouverneur von Grenada, und dessen Frau Esme kennen, beide schwarz und kultivierte, amüsante Reisebegleiter. Man freundete sich an, nannte einander bald beim Vornamen und bei einem Landgang in Tobago wurde Frau Schreck zum Staatsbesuch beim Kollegen, dem dortigen Gouverneur, eingeladen.

Königin Elisabeth II., formell Staatsoberhaupt von Grenada, hatte Scoon 1978 zum Generalgouverneur ernannt. Unterbrochen von zwei Revolten amtierte er bis zu seinem Rücktritt im Jahr 1992. Sir Paul, der von der Queen 1970 zum „Officer of the Most Excellent Order of the British Empire", 1979 zum „Knight Grand Cross of the Most Distinguished Order of St. Michael and St. George" und 1985 zum „Knight Grand Cross of the Royal Victorian Order" ernannt wurde, verschied im September 2013.

Während der Kreuzfahrt wurde Sir Paul allerdings Opfer einer rassistischen Kränkung. An einem Abend mit Tanz legte der Gouverneur eine ebenso akrobatische wie gekonnte Limbo-Nummer auf das Parkett, was ihm seitens eines Amerikaners ein joviales Schulterklopfen und das zweifelhafte Kompliment „Not bad for a black American" eintrug. Sir Paul ertrug es mit der Noblesse eines Gentleman, der das britische Commonwealth hinter sich weiß.

Nach der Reise blieb das Trio in Kontakt, Frau Schreck schickte Modezeitschriften nach Grenada, damit Esme immer auf dem neuesten Stand der Haute Couture blieb und bei der Hochzeit von Fergie und Prinz Andrew, den Frau Schreck „den Schänder" nennt, angemessen gekleidet war. Zum Dank und aus alter Freundschaft wurde Frau Schreck – pardon: Mrs Inge – beim nächsten Landgang in Grenada in den Gouverneurspalast eingeladen – am Hafen abgeholt von einer Limousine mit Stander und einem weißen (!) Fahrer, was G mit der Bemerkung „Die Rache des schwarzen Mannes" quittiert.

Nach Angelos Pensionierung ließ das Reisefieber Frau Schreck nicht los, aber Pauschaltourismus erschien ihr langweiliger denn je, zumal die Kreuzfahrerei sich immer mehr in Richtung Massenverschickung entwickelte. Das damals größte Kreuzfahrtschiff, die „Norway", fasste für jene Zeit unvorstellbare 2.500 Passagiere und 800 Besatzungsmitglieder, aber verglichen mit den heutigen Kolossen war die „Norway" eine Barkasse. Dafür hatte sie einen eleganten Bug, während die Kreuzfahrtschiffe unserer Tage aussehen wie schwimmende Einkaufszentren. Und das Schiff entflammte eine Seefahrerromantik, die man sich heute kaum mehr vorstellen kann. Unter dem ersten Namen „France" war das Schiff der Stolz der Grande Nation gewesen. Als Transatlantikliner gebaut, lief die „France" Anfang 1962 zur Jungfernfahrt nach New York aus, an Bord Staatspräsident Charles de Gaulle. Doch der Flugverkehr erwies sich mit den Jahren als übermächtiger Konkurrent, und als die treulose französische Regierung 1974 der Compagnie Générale Transatlantique die Subventionen strich, um das neue Prestige-Projekt Concorde zu finanzieren, das Jahre später ebenfalls in die Pleite flog, hätte sie die „France" gleich versenken können.

Michel Sardou schrieb ein Chanson mit dem Refrain „Nennt mich nie wieder ‚France', Frankreich hat mich im Stich gelassen" („Ne m'appelez plus jamais ‚France', la France m'a laissé tomber"), doch auch das erweichte die Herzen der Regierung nicht. Erst unter dem Namen „Norway" kam es zu späten Ehren, als der norwegische Reeder Knut Kloster 1979 die „France" zum geschätzten Schrottwert von 18 Millionen Dollar kaufte und zum Kreuzfahrtschiff umbauen ließ. 1990 noch einmal modernisiert, dampfte die „Norway" zuverlässig und gewinnbringend durch die Weltmeere. Das Ende kam nach einer Kesselexplosion im Mai 2003 im Hafen von Miami, 2008 wurde das einst größte Kreuzfahrtschiff der Welt in Indien verschrottet.

Frau Schreck hatte unterdessen Gefallen an Afrika gefunden. Damit sie Safaris zu Fuß machen konnte – „mi'm Reisebüro guggese nur aus'm Busfenster" – trat sie in die Frankfurter Zoologische Gesellschaft ein. „Kleine Gruppen und etwas Besonderes, das war meine Sache. Etwas kostspieliger zwar, wahrscheinlich habe ich im Lauf der Jahre eine hübsche Dreizimmer-Eigentumswohnung mit Reisen verbraten, aber ich habe ja mein Leben lang gearbeitet." Und nicht zu knapp: Sowohl als Herausgebersekretärin bei der F.A.Z. als auch während ihrer knapp zwanzig Jahre als Büroleiterin bei der Pilotenvereinigung Cockpit versah Frau Schreck Aufgaben, die nicht mit einer Nine-to-Five-Einstellung zu bewältigen waren. Inge Schreck ist eine Dame, schlank, großgewachsen, immer mit Geschmack gekleidet, auch jenseits der siebzig eine Erscheinung, nach der sich Männer umdrehen, zudem belesen, geistreich, schlagfertig. Ihr Leben lang hat sie Wert auf innere und äußere Unabhängigkeit gelegt: „Ich bin nie mit der Mode gegangen. Wenn irgendwas gerade modern war, habe ich es nicht angezogen." G, seinerseits ein Gentleman von Kopf bis Fuß, merkt an: „Die F.A.Z. ist ja auch zeitlos."

Dass Strandurlaub auf Gran Canaria wirklich nicht ihre Sache ist, illustriert Frau Schreck am Beispiel einer Reise in die Zentralafrikanische Republik im Jahr 2001, „kein Mensch reiste damals dorthin, und das ist genau das, was mich bis heute reizt". Die Reisegruppe bestand aus sechs Personen, unter ihnen ein Biologe, der zuvor noch nie dort gewesen war, ein Ärzte-Ehepaar aus Worms und Cornelia Canady, Autorin des Romans „Tränen am Oubangui", den man getrost als Kitsch bezeichnen darf. Frau Canady war Mitarbeiterin des Verhaltensforschers Irenäus Eibl-Eibesfeldt am Max-Planck-Institut für Verhaltensphysiologie gewesen und der Liebe wegen in Afrika geblieben.

„Mit einem Kleinflugzeug flogen wir von der Hauptstadt Bangui zu einer Lodge des WWF, um Waldelefanten zu sehen. Mit an Bord war eine Gorilla-Forscherin, die ich später in Gabun wiedertraf", berichtet Frau Schreck. Sie hat die angenehme Eigenschaft, auch die größten Abenteuer in einem fast beiläufigen Plauderton zu erzählen – zum Beispiel, wie sie die 80 Jahre alte

Urlaubsparadies Venedig

Augenärztin, die ebenfalls der Reisegruppe angehörte, „über Baumstämme hievte", und wie das kleine Expeditionskorps, angeführt von Pgymäen, jeden Morgen um fünf Uhr aufbrach und stellenweise durch Wasser watete, von dem man lieber nicht wissen wollte, was so alles drin war. Hingegen wusste man genau, was in den Netzen zappelte, mit denen die Pygmäen jagten: junge Antilopen, denen die Jäger ein Bein brachen, damit sie nicht weglaufen konnten.

Das Spannendste kam aber am Tag der geplanten Rückreise. Weil die Regierung der Zentralafrikanischen sogenannten Republik unangekündigt das Flugbenzin gestrichen hatte, kam keine Maschine, um die Gruppe abzuholen. Zwischen der Lodge und Bangui lagen 600 Kilometer Dschungel, „und wir hatten zwar zwei Autos, aber nur eines mit Allrad und vor allem keine professionellen Fahrer, weil in der Gegend eine Seuche ausgebrochen war". Dennoch machte sich die Gruppe auf den Weg und schaffte die Strecke nach Bangui tatsächlich in zwei Tagen und zwei Nächten, am Ende war nur noch ein Auto übrig. Dem folgte in einem gewissen Abstand, mal größer, mal kleiner, ein anderer Wagen. „Da wusste ich: Oha, das kann brenzlig werden, und zog erst einmal meine gute Armbanduhr aus. Später erfuhren wir, das war ein Kommando der Regierung, das auf uns aufpassen sollte" – und nach einer kurzen Pause: „Was mich wunderte, denn meistens morden die", was der Schweizer Generalkonsul in Bangui später bestätigen sollte.

In der Hauptstadt war die Gruppe zwar erst einmal aus dem Gröbsten heraus, auch wenn in der Nähe des Hotels geschossen wurde, aber der weitere Reiseverlauf war ungewiss. Der gebuchte Air-France-Flug war verpasst, und wann die nächste Maschine kommen würde, war unklar. „Da schlug meine Stunde", erinnert sich Frau Schreck. „Ich war zwar schon eine alternde Dame, aber für die war ich schön." Sie kam im Hotel ins Gespräch mit einem libanesischen Geschäftsmann, der ein Auge auf sie geworfen hatte und den es nur ein Telefonat kostete, am nächsten Morgen Plätze auf einem Air-Afrique-Flug zu buchen. Ob er auf „Gegenleistung" bestanden habe, will G wissen: „Nein, so verwegen war er nicht."

Die Summe ihrer Lebens- und Reiseerfahrung beschreibt Frau Schreck so: „Ich reise allein, und ich halte mich zurück. Es gibt ja Ältere, die sich bei den Jungen anbiedern – für mich ein No Go. Ich liebe es, abends allein zu essen oder mich mit einem Glas Wein etwas abseits zu setzen. Mit der Zeit kommen die anderen zu mir." Wie auf das Stichwort tritt der Patron herbei und serviert: G hat Ochsenflecken bestellt, D ein Wiener Salon-Beuschel (Lunge, Herz und andere Innereien vom Kalb), während es Frau Schreck, die Extravagante, diesmal mit dem Konventionellen hält: Nudeln mit Pilzen.

Plötzlich senkt Frau Schreck die Stimme: „Auf einer Reise in Kenia lernte ich eine sehr betuchte und ganz reizende Frau aus Saudi-Arabien kennen. Wir verstanden uns prima, tranken jeden Abend Wein und blieben nach der Reise per Mail in Kontakt. Nach einiger Zeit, sie war inzwischen geschieden, änderte sie ihre Mail-Adresse – und da ließ ich die Sache fallen wie eine heiße Kartoffel. Sie hieß nämlich" – Frau Schreck schaut sich um, als würde sie mitten in Offenbach von der CIA observiert – „Bin-Laden. Die Stiefschwester!" Jetzt gibt G den Abgeklärten: „Na ja, wen man halt unterwegs so kennenlernt."

Nicht nur Menschen und Tiere, ganze Völker lerne man auf Reisen kennen, findet Wladimir Kaminer. In seinem Selbsterfahrungsbericht „Die Kreuzfahrer" lässt er uns daran teilhaben: „Olga und ich beobachteten, wie unterschiedlich sich die Einwohner der Vereinigten Staaten von Europa anzogen. Die Kinder des Südens trugen modische Badeanzüge, die Frauen hatten Badetaschen und Hüte, manche schleppten sogar Sonnenschirme mit, sie gönnten sich ihren eigenen tragbaren Schatten. Ihre Männer hatten bunte Hemden und Sonnenbrillen. Bei den Kindern des Nordens ließ es sich nicht immer feststellen, ob sie unter der dicken Schicht Sonnencreme 50+ überhaupt noch etwas anhatten."

Einen besonders liebevollen Blick wirft der 1967 in Moskau geborene und seit 1990 mit seiner Familie in Berlin lebende Schriftsteller auf die russischen Mitchristen: „Die Russen trugen Ketten. Breite, dicke goldene Halsketten – Männer wie Frauen. Bestimmt litten sie darunter, denn die Ketten waren schwer und wurden in der Sonne schnell zu Brenneisen. Aber die Russen hielten durch, sie legten ihre Ketten niemals ab." Dabei hatten Marx und Engels die Proletarier doch angespornt, sie hätten nichts zu verlieren außer ihren Ketten. Die reiselustigen Russen von heute wollen ihre Ketten hingegen „auf keinen Fall verlieren. Das machte ihnen das Schwimmen allerdings schwer. Die meisten gingen daher nur bis zur Kette ins Wasser und wieder zurück."

Die Amerikaner lernte Kaminer an Bord der „Queen of the Seas" aus nächster Nähe kennen. Dort waren die 400 deutschen Passagiere „eine lächerlich kleine Minderheit an Bord. Sie lösten sich komplett in der 5.000-köpfigen Gruppe der Amerikaner auf, die extra aus ihrer Heimat nach Barcelona geflogen waren, um von dort aus den Atlantik zurück zu überqueren. Sie fühlten sich auf dem Schiff so heimisch, als hätten sie Amerika nie verlassen." Und wie ist er so, der Amerikaner? Laut und dick, findet Kaminer: „Es gibt schon einen Grund, warum Amerika so weit von Europa entfernt lag, sonst wären die Europäer nämlich längst taub geworden. Die 5.000 Amerikaner machten einen Lärm, als seien es zehn Mal so viele. Sie bewegten sich allerdings deutlich sicherer als die Deutschen zwischen Casinos und Einkaufspassagen, und sie kamen schneller ans Ziel." Überhaupt gingen sie zielstrebig vor, „denn als All-inclusive-Touristen durften sie natürlich nichts verpassen". Und nicht nur Amerika als Nation ist mächtig, auch jede Amerikanerin und jeder Amerikaner ist es, jedenfalls der Leibesfülle nach. Dazu Kaminer: „Viele von ihnen waren in Übergröße an Bord, sodass in einem Aufzug, in den ein Dutzend Europäer gepasst hätten, maximal fünf Amerikaner mitfahren konnten."

Hat eine so weitgereiste Dame wie Frau Schreck ebenfalls eine Völkerpsychologie entwickelt? Tritt der Japaner anders auf als der Franzose? „Könnte ich nicht sagen", antwortet sie. „Auch wenn es snobistisch klingt: Diejenigen, die sich für mich interessieren, sind immer eine Sorte." – G: „Und die anderen unterwerfen sich." – Frau Schreck: „Richtig." D lässt unterdessen die Vorstellung nicht los, wie die Großgewachsene aus Offenbach mit Pygmäen – sagen wir – gesellschaftlich verkehrte: „Musste da einer auf den Schultern des anderen stehen, wenn er Ihnen einen Gute-Nacht-Kuss-geben wollte?" Frau Schreck bleibt auch diese Antwort nicht schuldig: „Im Liegen kommt jeder überall ran." Und reisemüde ist sie noch lange nicht. G: „Wohin möchten Sie noch unbedingt?" – „Überallhin. Besonders nach Papua-Neuguinea."

GESPRÄCHSPARTNERIN:

Inge Margarete Schreck kam Ende 1942 in Heidelberg zur Welt und wuchs in Eberbach am Neckar auf. Ihre Mutter, eine Berlinerin, weckte in der Tochter die Sehnsucht nach der Welt jenseits des Odenwalds. Nach einer kaufmännischen Lehre kam sie 1963 als Sekretärin in die Politik-Redaktion der F.A.Z., die sie bald wieder verließ, um nacheinander bei mehreren Unternehmen als Chefsekretärin zu arbeiten. Der Wind der großen weiten Welt umwehte sie, als sie zwanzig Jahre lang Büroleiterin bei der Pilotenvereinigung Cockpit war. 1992 kehrte sie zur F.A.Z. zurück, managte das Sekretariat der Sonntagszeitung und beherrschte bis zu ihrer Pensionierung nacheinander drei Herausgeber.

Immer, immer wieder geht die Sonne auf

Obacht, verehrte Damen und Herren. Dieses Kapitel sollten Sie Ihren Enkelkindern nicht zum Einschlafen vorlesen; könnte sein, dass einige Szenen nicht ganz jugendfrei sind. Aber wir sind ja alle erwachsen. Wir müssen dringend über die Liebe reden, die Liebe und den Sex. Schließlich lebt die Begierde in uns, solange wir atmen. Das gilt natürlich nicht für jene, die schon in jungen Jahren Lust-Verächter waren. Alle anderen sollten sich aber drauf einstellen: Die Leidenschaft geht nicht in Rente.

> „Sehr angenehm, der Sex. Es ist einer der Vorteile des Älterwerdens: er wird besser. Sinnlichkeit und Begierde nehmen zu."
> *Carla Bruni (Jahrgang 1967), Musikerin, Ex-Model, Frau des französischen Ex-Präsidenten Nicolas Sarkozy*

Beim „Fegerer" in Aschaffenburg sind Hunde nicht erwünscht; aber uns lässt man anstandslos eintreten. Ob die Wirtsleute dieser gutbürgerlichen Schänke auch so tolerant gewesen wären, wenn sie hätten ahnen können, dass wir uns während der folgenden Stunden (gelegentlich recht lautstark) ausschließlich über ein Thema unterhalten wollen – über Sex? Die beiden Witze-Zeichner Achim Greser (Jahrgang 1961) und Heribert Lenz (Jahrgang 1958) haben sich mit D und G verabredet. Greser zögert das Gespräch über den Sexualtrieb der Senioren hinaus, indem er erstmal über irgendwas Historisches referiert.

Herr Greser: „Ein Jahr nach der Machtübernahme, wird berichtet, war Adolf Hitler gelangweilt von der alltäglichen Regierungsarbeit, Aktenstudium und so weiter, da hat er in seiner Not noch einmal das komplette Werk von Karl May gelesen."

G: „Das komplette?"

Herr Greser: „Ja, das ist verblüffend. Das sind ja keine Pixi-Bücher."

D: „Da hat er sich schon eine Aufgabe gestellt!"

G: „Aber andererseits: Es liest sich weg."

Die Herren vertiefen sich in ihre Gedanken über Karl May; man könnte auch sagen: Sie reden um den heißen Brei herum. Denn was hat Karl May mit Sex zu tun? Der als Literatur-Kritiker berühmte Hellmuth Karasek fällte ein eher vernichtendes Urteil: „Ich habe den Radebeuler Schwadroneur des Nahen Ostens und Wilden Westens nie so verschlungen wie die meisten anderen Jungs, mir waren seine 600-Seiten-Schwarten zu wenig lustig und zu wenig Liebe drin, kein Sex." – „Werden die Bücher überhaupt noch verkauft?", will Herr Greser wissen und wird informiert, dass der Verlag auch auf der Buchmesse noch präsent ist und laut Selbstauskunft unter anderem „Indianer-Literatur, Abenteuer und Fantasy" im Angebot hat. G führt die Herren behutsam an das vereinbarte Thema. „Nach meiner Erinnerung", sagt er, „gibt es bei Karl May tatsächlich keinerlei Sex-Szenen."

Herr Greser: „Der Mann hat ja auch in einer Zeit geschrieben, als noch gar niemand wusste, was das ist. Deshalb hat es auch keiner vermisst."

Herr Lenz: „Ich möchte schon darauf hinweisen, dass es da ein sehr spezielles Verhältnis gab zwischen Old Shatterhand und Winnetou."

Herr Greser: „Vielleicht sollten wir zügig eine Pornofassung nachlegen."

D: „Titelvorschlag: ‚Im Wigwam wird gejodelt'."

G: „Winnetous schöne Schwester Nscho Tschi war sicher eine Walkerin, die nur dabei sein durfte, um die wahre Beziehung der beiden Männer zu vertuschen."

Herr Greser informiert darüber, dass das bei diversen Fußball-Größen heutzutage ja auch so sei, „die führen dann halt Alibi-

Ehen". „War Winnetou schwul?" hatte die Zeit anlässlich des Todes von Pierre Brice gefragt und die Fan-Gemeinde sogleich beruhigt. „Polymorph romantisch" sei der Häuptling der Apatschen gewesen, er hatte „diese Sehnsucht im Blick, die über alles irdische Begehren hinausweist". Winnetou-Darsteller (und Verkörperung!) Pierre Brice, lesen wir im Nachruf aus dem Sommer 2015, hat sie alle bedient, Geschlechter, Kulturen, Lebensalter, „langhaarig, mythengesichtig, bronzefarben".

G: „Nun aber mal zum Thema. Es gibt ja über Sex der reiferen Generationen Abhandlungen ohne Zahl, die sind irgendwie fürsorglich gehalten. Brauchen wir das noch? Wollen wir das noch? Wenn man älteren Männer zuhört, muss man den Eindruck gewinnen, dass der Sexualtrieb auch im Geriatrikum ungebrochen weiterlebt. Und wenn eine dralle unerreichbare Kellnerin den Raum betritt, dann richten sich selbst die ältesten Herren auf, alles strafft sich…"

Schon steht unsere Kellnerin am Tisch. „Das Wildrahmsüppchen, wer war das?" fragt sie geschäftsmäßig. „Was schwimmt denn da oben drauf", fragt der immer neugierige Herr Greser, „Affenhirn?" D informiert ihn korrekt: „Preiselbeersahne." Während des Essens plaudern die Herren über Viagra, die 1998 vom US-Hersteller Pfizer auf den Markt gebrachte blaue Wunderpille, die blitzartig im Ruf stand, Erektionsstörungen beim Mann zu beheben. Bald schon war das gefäßerweiternde Medikament als Potenzmittel berühmt, welches selbst müdesten Männern sexuelle Höchstleistungen ermöglicht. Inzwischen sind allein in Deutschland 100 Präparate auf dem Markt, die dank des Wirkstoffs Sildenafil ähnliche Wunder vollbringen sollen. Weltweit fühlt sich ein Millionen-Heer von zuvor altersschwach gewordenen Männern für sexuelle Abenteuer in jeder Lebenslage bestens gerüstet. Die US-Sexualaufklärerin Ruth Westheimer rückt zurecht, was davon zu halten sei: „Auch denken heute viele, Viagra sei ein Allheilmittel. Wenn ein Mann mit einer Erektion vom Boden bis zur Decke nach Hause kommt, zuvor aber nie das Geschirr abgewaschen, immer ihren Geburtstag vergessen und sie nie zum Essen ausgeführt hat, dann wird diese Frau ihm schon sagen, wohin er sich seine Erektion stecken kann. Die zwischenmenschliche Beziehung muss stimmen, wenn der sexuelle Verkehr klappen soll." Helen Vita (1928 bis 2001), die freche Chansonsängerin und Kabarettistin, hatte keinerlei Illusionen, was von liebestollen Kerlen zu halten sei: „Wenn Männer aufs Ganze gehen, meinen sie meistens die untere Hälfte."

Herr Greser: „Einige Herren sollten einfach begreifen, wann das Ende der Fahnenstange erreicht ist."
G: „Schönes Bild bei diesem Thema."
Herr Greser: „Pillen helfen einfach häufig nicht. Stattdessen reagieren besagte Herren dann gern mal mit Angebersprüchen – Impotenz gibt es nicht, es gibt nur unbegabte Frauen."

Da steht sie wieder, die Kellnerin. Muss sich angeschlichen haben. „Noch ein Bier, die Herren?" fragt sie mit einem wissenden Blick. G schwadroniert unbeeindruckt weiter – ob es nicht vor allem die Männer seien, die sich bis ins sehr hohe Alter selbst für begehrenswert halten und den Sex ganz wichtig nehmen.

Herr Greser: „Da ist es, dieses uralte, archaische, affenhafte Bestätigungsbedürfnis, das immer noch weiterlebt, weil die Männer sich gar nicht eingestehen wollen, dass nichts mehr geht."
G: „Aber heute geht doch auch tatsächlich mehr als vor 20 Jahren, oder nicht?"
D: „Wie wirken die denn, diese Pillen?"
G: „Frag doch nicht so scheinheilig."

Herr Greser: „Bei uns gibt es einen Herrn, Mitte 70, von dem alle wissen, dass er gern in einen Saunaclub geht. Kauft sich einen Tagespass und nutzt die diversen Verlustierungsmöglichkeiten, zum Beispiel das Büffet oder guckt Fußball auf Sky ..."
Herr Lenz: „Kartenspielrunde!"

Herr Greser: „Sicher kümmert sich dann auch eine Dame um ihn. Aber hauptsächlich hat er ja seinen Tagespass, wie im Fußballstadion, mit Sitzplatz."

Das Lachen der Männer wird mit jedem Gedankengang lauter und übertönt phasenweise den Nebentisch, an dem sich zwischenzeitlich ein Dutzend lärmende Asiaten hingehockt hat. D berichtet über seine Erfahrung als Liegewagen-Schaffner. Damals galt die Regel: Wer zahlt, darf oben liegen. „Das wurde mit leicht schlüpfrigem Unterton vorgetragen, bezeichnete aber natürlich lediglich die Wahl der Pritschen im Waggon."

Herr Greser: „An sich gibt es bei diesem Thema Sex doch gar keine greifbaren Trends mehr. Alles ist denkbar, vieles wird gemacht. Oder auch nicht."

G: „Ich bin der festen Überzeugung, dass die Menschheit heute genauso verklemmt ist wie vor 50 Jahren. Es wird nur irgendwie überspielt durch sexistische Signale, durch die Praxis der Fernsehsender, bereits im Nachmittagsprogramm sämtliche sexuellen Absonderlichkeiten durchzudiskutieren; von den überfließenden Möglichkeiten des Internets ganz zu schweigen. Manchmal hat man den Verdacht, man wird gar nicht eingeladen, wenn man nicht irgendeine kleine Perversion vorzuweisen hat."

Herr Greser: „Das gilt ja auch für die Kultur. Du wirst als Künstler von den Feuilletons einfach besser wahrgenommen, wenn was Abartiges mit im Spiel ist."

D: „Und Frauen!"

Herr Greser: „Das muss unbedingt das nächste Buch-Projekt werden – die Geheimnisse der Frauen."

Herr Lenz: „Abgrund Frau!"

G: „Dafür seid ihr beide ja Experten. Hat denn der Abgrund Frau bei euch auch schon mal einen Lockruf ausstoßen dürfen?"

Ja, nein, vielleicht – wir wissen es nicht, denn plötzlich mag niemand mehr was sagen. Die unvergleichliche Kellnerin schleppt die Teller mit den Hauptgerichten herbei, Rindsrouladen, Fisch,

Wildbratwürste. Das im Stil einer Bauernstube eingerichtete Speiselokal knackt mit allen Holzbrettern. Das Tonband wird ausgeschaltet. Der asiatische Nachbartisch übernimmt die Unterhaltung für alle, nur leider verstehen die meisten nichts.

G: „Was in Sachen Sex bei den allermeisten unstrittig bis ins höchste Alter funktioniert ist ja das Erinnerungsvermögen."
Herr Lenz: „Ja, wirklich?"
Herr Greser: „Farrah Fawcett-Majors war für mich eine große Offenbarung. Katja Ebstein auch; weiß gar nicht mehr, wieso."
D: „Die hat sehr schöne Beine. Und trug gern Hot-Pants, diese superkurzen Hosen."

Mag sein, dass andere sich auch noch an die Sängerin Ebstein erinnern. Immerhin hat sie doch 1970 beim Eurovision Song Contest mit ihrem Lied „Wunder gibt es immer wieder" den dritten Platz erobert, 1971 gab es einen weiteren dritten Platz, 1980 schaffte sie es sogar auf Rang 2, mit „Theater".

Leichter fällt die Vorstellung, auf welche Weise Farrah Fawcett-Majors (1947 bis 2009) den Herrn Greser verzückt hat. Im Sommer 1976 fotografierte ein gewisser Bruce McBroom die Frau, die damals bereits ein prima Sex-Symbol abgab. Sie sitzt da und schaut uns an, der rote Badeanzug verdeckt nur soviel, dass noch genügend Bein und Busen für den Betrachter übrigbleibt. Die gleißend weißen Zähne, die man sonst nur aus der Zahnpasta-Werbung kennt, dieses Strahlen, die wilden blonden Locken... Das Pinup-Poster wurde zwölf Millionen Mal verkauft. Ach ja: Schauspielerin war die schöne Frau natürlich auch, berühmt vor allem durch die Fernseh-Serie „Drei Engel für Charlie".

In der grauen Vorzeit, in der die Herren Greser und Lenz und D und G ihre erotischen Erst-Erfahrungen sammelten, gab es wenig Anschauungsmaterial. Aber es gab Sexualaufklärer – die allerdings von Müttern und Vätern eher als Pornografen betrachtet wurden. Zum Beispiel Alfred C. Kinsey, 1894 bis 1956, eigentlich Zoologe, ein Mann, der besessen war von seinem Lebensthema: Sex. Seine Obsession zerpflügte das verklemmte Amerika. Sein erster Kinsey-Report, 1948 erschienen, behandelte „Das sexuelle Verhalten des Mannes" und beruhte auf tausenden von anonymen Interviews. Die Amerikaner, die sich nicht vor Entsetzen die Augen zuhielten, erfuhren darin, dass fast alle Männer masturbieren, zehn Prozent homosexuell waren, Ehebruch als normal betrachtet wurde und junge Männer, die auf Farmen aufwuchsen, häufig ihre ersten Sex-Erlebnisse mit Tieren hatten. 200.000 Exemplare waren binnen weniger Wochen ausverkauft; staunend erlebten PR-Profis, dass Kinseys Report landesweit mehr Schlagzeilen produzierte als die Atombombe. Das Folgebuch über „Das sexuelle Verhalten der Frau" kam fünf Jahre später auf den Markt, 1953, und brachte die Amerikaner noch stärker in Rage. 50 Prozent der Frauen, wurde dort akribisch vorgerechnet, hatten außerehelichen Geschlechtsverkehr, zwei Drittel der Ladies berichteten über ihre Empfindungen bei der Selbstbefriedigung, 45 Prozent bekannten sich zu Erfahrungen mit oralem Sex. Das alles war auch strafrechtlich relevant: Homosexualität, Ehebruch, Sex zwischen Weißen und Farbigen sowie Oralverkehr waren in den meisten Bundesstaaten der USA verboten. Der berüchtigte FBI-Chef J. Edgar Hoover höchstselbst bedrängte den Sex-Forscher, ihm seine knapp 20.000 Interviews zur Verfügung zu stellen – er wollte mit Hilfe der Daten Homosexuelle aufspüren, am liebsten im Außenministerium.

Der Harvard-Professor Kinsey, der in den dreißiger Jahren unter Kollegen als Experte für Gallwespen zu bescheidenem Ruhm gekommen war, war plötzlich wirklich berühmt – ein Popstar der Aufklärung für die einen, für die religiöse Rechte der USA ist er noch heute ein perverser Teufel, der zu Recht mit Hitler, Stalin und Osama bin Laden in der Hölle schmort.

Kinsey war 62 Jahre alt, als er starb. Damals war er sicher, dass er sein Lebensziel, die Amerikaner aus ihrer Verklemmtheit zu befreien, nicht erreicht habe. Die sogenannte sexuelle Revolution mitsamt einer Entkrampfung der öffentlichen Sexualmoral und der Enttabuisierung sexueller Themen kam erst zehn Jahre nach Kinseys Ableben in Schwung – die Erfindung der Antibaby-Pille Anfang der sechziger Jahre versetzte die Protagonisten der „Sex-Welle" in die Lage, enthemmt ans Werk zu gehen, ohne bevölkerungspolitische Folgen fürchten zu müssen. Aber war das die Befreiung, von der Kinsey träumte? Sind die westlichen Gesellschaften heute weniger prüde als zur Mitte des vergangenen Jahrhunderts?

Ruth Westheimer, eine 1,40 Meter kleine lässige Frau mit krächzender Stimme, hat mutmaßlich effektvollere Aufklärungsarbeit fürs US-Volk geleistet als der besessene Kinsey. „Dr. Ruth" nennen die Amerikaner die Frau, ihre Auftritte im Radio, Fernsehen und bei Vorträgen sind eine Art Sexualkunde-Unterricht für Millionen sexuell unterbelichtete Erwachsene.

1928 wird Westheimer als Karola Siegel geboren, Tochter deutscher Juden im unterfränkischen Karlstadt. Die ersten zehn Jahre verbringt sie mit ihren Eltern im Norden Frankfurts, dann wird ein von einer Schweizer Aktivistin organisierter Kindertransport kurz vor Kriegsausbruch zu ihrer Rettung. Eltern und Großmutter werden in Auschwitz ermordet, das Mädchen wächst in einem Schweizer Kinderheim auf. „Die Schweizer haben mich gerettet", sagt sie später. Sie zieht nach dem Krieg zunächst nach Palästina, studiert an der Sorbonne in Paris und wandert 1956, dem Todesjahr Kinseys, in die USA ein.

Es dauert noch über 20 Jahre, bis „Dr. Ruth" sich anschickt, die wichtigste Sex-Aufklärerin der Amerikaner zu werden – in den achtziger Jahren startet ihre Radio-Show „Sexually Speaking". Die Frau nimmt Worte in den Mund, die dort nach Überzeugung der immer noch prüden Amerikaner nicht hingehörten: Orgasmus, Erektionsprobleme, Klitoris...40 Jahre lang predigt sie den Amerikanern, dass Sex keine Sünde sei; viele lauschen da heute noch staunend. Bei ihren Veranstaltungen, erzählt sie als 85-Jährige in einem Gespräch mit der Aargauer Zeitung, wird sie regelmäßig vor allem von Frauen bedrängt. Häufigste Frage: Wie kann man nach 20 Ehejahren noch ein anregendes Sexualleben führen? „Ganz grundsätzlich", beklagt Westheimer, „lässt man das Sexualleben zu früh einschlafen. Dabei hält Sex jung!" Manchmal allerdings, berichtet die Sexual-Sachverständige, musste auch sie schon mal ein Urteil revidieren, zum Beispiel dieses: „Ich habe immer gesagt, dass Masturbation die einzig wahre Form des Safer Sex sei. Aber jetzt, wo Leute offenbar auch im Auto masturbieren, stimmt das wohl nicht mehr."

Der Chefaufklärer der Deutschen war Oswald Kolle (1928 bis 2010), der ab 1968 Sexualkunde-Unterricht im Kino betrieb, unter dem unverfänglichen Titel „Das Wunder der Liebe". Der auf Großleinwänden servierte Blick auf liebende Menschen und ihre Geschlechtsorgane musste von den Zensoren der „Freiwilligen Selbstkontrolle der Filmwirtschaft" genehmigt werden, das war nicht einfach. Tagelang musste Kolle jede einzelne Szene gegen die Zensoren verteidigen, einer soll entrüstet geäußert haben: „Herr Kolle, Sie wollen wohl die ganze Welt auf den Kopf stellen, jetzt soll sogar die Frau oben liegen."

Bevor die Deutschen ihn „Orpheus des Unterleibs" tauften, war Kolle Journalist – Volontär der Frankfurter Neuen Presse und später Lokalchef in deren Boulevard-Ableger, der Frankfurter Nachtausgabe, Redakteur bei Bild und B.Z., danach Autor unzähliger Sex- und Aufklärungsartikel. Als er gerade 80 geworden war, 2008, bilanzierte Kolle in einem Interview mit dem Spiegel, Sexualität könne heute, „angstfreier gelebt werden. Trotzdem wird sie immer etwas Romantisches, sehr Menschliches bleiben." Das gelte, sagte er, auch für Sexualität im Alter: „Es ist Quatsch, dass ältere Menschen nur noch vanilleschaumartigen Klöppelsex wollen. Meine Freundin ist fast 70, die würde mir was husten, wenn ich der nur ein bisschen auf dem Körper rumspielen würde. Die will schon richtigen Sex." Im selben Jahr trat

Kolle auf einer Veranstaltung im Bürgerforum von Kürten, einer Kleinstadt nahe Köln, auf. „Denkt nicht an das, was ihr nicht mehr habt, einen jungen Körper. Sondern an das, was ihr habt: Ihr wisst heute viel besser, was ihr wollt und was ein Partner braucht", empfahl er seiner älteren Fan-Gemeinde – und wenn's mal nötig werden sollte, solle man sich halt mit einer Potenzpille behelfen. Dieser Vorschlag empörte einen offenkundig angewiderten jungen Mann im Publikum. Ob es denn wirklich nötig sei, dass ein alter Mann noch Viagra einwerfe, der habe doch schon genug Schönes erlebt. Kolle fragte zurück: „Nehmen Sie Ihrem Opa die Brille weg, weil er schon genug Schönes gesehen hat?"

G: „Als ich 14 war, wurde im Fernsehen der Zweiteiler ‚Radetzkymarsch' gezeigt, ein Schwarzweiß-Schinken, von dem ich nur eine einzige Szene fesselnd fand: Da gönnte eine unbekannte Nebendarstellerin für einen Moment einen Blick in ihren Ausschnitt. Sehr erregend!"

Herr Lenz: „Wir hatten der Quelle-Katalog zu Hause."

G: „Diese geilen Kittelschürzen!"

Herr Lenz: „Nicht nur. Die hatten auch ein umfangreiches Unterwäsche-Sortiment."

D: „Und Bademoden!"

Herr Greser: „Bei uns im Dorf hat die Feuerwehr Illustrierte und Magazine gesammelt und in einer stillgelegten Scheune für kleines Geld verkauft. Wir haben damals darin herumgestöbert auf der Suche nach halbnackten Frauen. Die Neue Revue war sehr gefragt, aber der Playboy war wie ein Goldfund."

G: „Der Modedesigner des Quelle-Katalogs war ja Heinz Oestergaard, der die Frau Schickedanz mit seinem Schürzen-Design und Kleidern für Dick und Dünn versorgt hat. Als Mann, der Mode entwarf, galt er in Schülerkreisen als Musterexemplar der Schwulen. Oestergaard hatte zwar auch Polizeiuniformen entworfen, das half aber nix: Bei uns wurden alle Schwulen Heinz genannt."

Herr Greser: „Nicht Detlef? Bei uns hießen die Schwulen alle Detlef."

Obwohl die vier Männer diese düsteren Jahre noch selbst erlebt haben, fühlt es sich so an, als sei die Zeit der Homosexuellen-Hatz mindestens hundert Jahre her. Dabei wurde der Strafgesetzbuch-Paragraph 175, der „Schwulen-Paragraph", in der Bundesrepublik erst am 11. Juni 1994 gelöscht. Am 1. Januar 1872 war die Schwulen-Verfolgung per Reichsstrafgesetzbuch zum allgemeinen Auftrag der Gesellschaft geworden; die Nazis verstanden es, das fiese Gesetz noch einmal zu verschärfen, mit hohen Gefängnis- und Zuchthaus-Strafen. Homosexualität galt als „entartet", Schwule wurden zu Volksfeinden erklärt, Sonder-Kommandos der Gestapo wurden in Marsch gesetzt. 100.000 Männer wurden auf so genannten „Rosa Listen" erfasst, 50.000 wurden verurteilt, Tausende wurden nach Verbüßung ihrer Gefängnisstrafe in Konzentrationslager gebracht, wo viele von ihnen ermordet wurden.

Wer heute über Homo-Ehen und Christopher Street Days lästert, läuft Gefahr, selbst zum Außenseiter zu werden. Aber es ist nicht lange her, da lebten Schwule hierzulande in ständiger Angst vor Entdeckung. „Detlef" und „Heinz" und „175er" waren noch die mildeste Form der Diskriminierung; Schwule mussten sich nicht nur vor Fremden, sondern auch vor Freunden, Kollegen und sogar den eigenen Eltern in Acht nehmen. G erzählt: „Noch in den siebziger Jahren, während meines Studiums, hat ein Bauer im oberhessischen Mardorf die Freunde seines schwulen Sohnes überredet, ihm das ‚Homotum' auszutreiben. Auf sein Geheiß banden sie ihn hinter einen Traktor und schleiften ihn kilometerweit über die Äcker, ‚damit er ein richtiger Mann wird'."

Derartige Jagdszenen erlebten die Männer in ihrer Jugend nicht, die Verklemmtheit der jungen Republik allerdings war allgegenwärtig. G nutzte das auf seine Weise – als Geschäftemacher.

G: „Ich wusste, wo meine älteren Brüder ihre Porno-Magazine versteckt hielten. Ich selbst fand die Bilder damals rechtschaffen uninteressant, habe aber Seiten fein säuberlich herausgetrennt und einzeln verkauft. In der Kirche, wenn wir uns zur Beichte versammelt haben."

Jugend, hör auf die Weisheit der Alten!

Herr Greser: „Echt? Gab's Interessenten?"

G: „Klar. Immer ausverkauft. Ich nahm 20 Pfennig pro Seite. Vor und nach der Beichte wurde im Übrigen genauestens berichtet, welche Sünden man denn begangen hatte. Man musste mindestens einmal Selbstbefleckung zugeben, sonst war man kein ganzer Kerl."

Herr Lenz: „Unzucht in Gedanken, Worten und Taten musste man sagen, damit es korrekt war."

G: „Es musste auch spezifiziert werden, der Pfarrer hat ja nachgefragt. Da kam dann die Selbstbefleckung ins Spiel."

Herr Lenz: „In unserer Jugend waren die Möglichkeiten ja beschränkt. Was passiert eigentlich mit den jungen Menschen, denen heute alles zugänglich gemacht wird? Wie gehen die damit um? Nichts ist mehr anstößig oder anrüchig."

G: „Wenn nichts mehr anstößig ist, verliert es auch seinen Zauber und seine Geheimnisse. Ist das nicht tatsächlich ein Verlust?"

Herr Greser: „In unserer Jugend musste es reichen, dass wissbegierige Buben Gucklöcher in die Umkleidekabinen der Badeanstalten gebohrt haben, um irgendwas Verbotenes zu inspizieren. Zu sehen gab es allerdings meistens nichts, die Mädchen wussten schließlich Bescheid."

Unversehens sind die Männer zurückgekehrt zu den ersten Erkundungen während der Kindheit, zu frühkindlichen „Doktorspielen", wo die neugierigen Kleinen die ansonsten unter Kleidern verborgenen Körperteile in Augenschein nehmen. „Arscherle" nannte man das Rollenspiel zwischen „Arzt" und „Patient" in Gresers Heimatkaff, laut dem Sexualforscher Alfred C. Kinsey gaben über ein Drittel der Amerikaner an, dass sie auf diese Weise Selbst-Aufklärung betrieben. „Von Neugier getrieben waren wir, man wollte doch wissen, was da untenrum los war," sagt Greser und berichtet auch über den „Küsserles-Walzer" in seiner Heimat: Kinder standen im Kreis, die Musik spielte und dann tat sich, was im Zeitalter von MeToo ein Abgrund von Verantwortungslosigkeit wäre: Die Kinder küssten einander. „Und", fragt Herr Lenz, „sind welche schwanger geworden?" – „War ja kein Waldorf-Kindergarten", entgegnet Herr Greser.

Während die Jugendlichen von vorgestern sich ihr Wissen über das eigene und das andere Geschlecht noch mühsam selbst aneignen mussten, wurden die später Geborenen nach 1968 von Lehrern unter Zuhilfenahme des bundesweiten „Sexualkunde Atlas" in die Geheimnisse der Libido eingeweiht. In der DDR, die sich ja immer schon für fortschrittlicher hielt, wurde Sexualkunde den Schülern bereits seit 1946 nahegebracht, das dafür eingerichtete Schulfach hatte den poetischen Titel „Fortpflanzung". Der legendäre Quizmaster Robert Lembke (1913 bis 1989) spottete: „Richtig interessant wird der Sexualkunde-Unterricht erst, wenn man Hausaufgaben bekommt." Während heute Schüler dank des Internets zumeist umfassender informiert sind als ihre

Lehrer, standen Dorfpauker früher verschämt vor großen Schaubildern mit Schema-Darstellungen von Frau und Mann und zogen mittels ihrer Bambusstöcke vage Kreise um die Körpermitte. Die Früchte dieser Aufklärungsform sind hinreichend dokumentiert – noch Mitte der siebziger Jahre fragte ein Mädchen aus dem Hessischen ihren Nachhilfelehrer: „Wie ist denn das genau, wenn man der Vagina in dem Penüs reinsteckelt?"

G: „Ist das eigentlich zutreffend, dass Frauen sich früher in ihr Ältersein ergeben und sagen: Keine Lust mehr?"
Herr Lenz (energisch): „Neee-neee, im GEGENTEIL! Meine Erfahrung sagt, dass ältere Ladies erst richtig loslegen, wenn ihnen die Rücksicht auf die Konventionen und die Traditionen nicht mehr so wichtig ist."
Irgendeine Homo-Sapiens-Frau, belehrt uns Herr Greser, sei schuld daran, dass die Menschen ein wenig auch vom Neandertaler abstammen. „Fünf Prozent Neandertaler stecken in uns. Weil eine Vorfahrin es nicht lassen konnte, sich hinzugeben, weil so ein Neandertaler seinen Lendenschurz gelupft hat. Hätte ja auch Nein sagen können. Und wir müssen uns heute damit rumärgern."
G: „Womit rumärgern?"
Herr Greser: „Fünf Prozent Gen-Anteil vom Neandertaler!"
G: „Warum ärgert uns das?"
Herr Greser: „Das ist doch ein Bestandteil von Dummheit, von sozialer und kultureller Unterentwickeltheit. Alles wegen einem Seitensprung!"
G: „Vielleicht tun wir dem Neandertaler ja Unrecht. Wie viele Anteile von den Gorillas stecken denn in uns?"
Herr Greser: „20 Prozent Gorilla-Anteil. Mein Stiefopa kam, weit jenseits der 70, nach einem Schlaganfall in ein Heim und hat sich da für eine bettlägerige Seniorin erwärmt. Es war ein katholisches Heim. Es gab nur eine Lösung aus Sicht der Heimleitung: Die Frau wurde in ein Zimmer verlegt, das ihm nicht mehr zugänglich war. So viel zu unseren Genen."

G: „Wie ist das überhaupt mit den älteren Männern. Sind die heute stärker sexuell interessiert? Oder war das früher auch so?

Herr Greser: „Man weiß ja nie wirklich, was dahintersteckt, wenn einer auf den Putz haut und im Freundeskreis über seine sexuellen Erlebnisse erzählt."

G: „Alles nur erfunden oder Tatsachenberichte?"

Herr Lenz: „Das lässt sich ja schlecht überprüfen. Jedenfalls bin ich sicher, dass das früher genauso lief wie heute."

Herr Greser: „Eines ist mal sicher: Mit 70 ist allmählich Schluss, dann wird die Luft dünner."

G: „Früher hat man gesagt, mit 50 sei Schicht, später hieß es, mit 60 sei der Sexualtrieb erloschen. Jetzt hört man gelegentlich, mit 80 geht auch noch was…"

Herr Greser: „Es gibt ja nicht nur jene, die mit ihren Heldentaten prahlen, sondern weit verbreitet ist ja auch der gehässige Mann, der den anderen schlecht redet: Bei dem läuft ja aach nichts mehr! Jedenfalls ist es unverkennbar, dass Sex ein Thema ist für die meisten Menschen, bis sie ihren letzten Schnaufer tun."

Da hat er wohl Recht, der Herr Greser. Die Schauspielerin Glenn Close, Jahrgang 1947, mahnt Frauen und Männer zum Durchhalten: „Ich denke, die meisten Menschen machen sich nicht klar, dass man seine Sexualität aufrecht erhält bis man stirbt." Früher galten alte Menschen prinzipiell als asexuell. Elmar Brähler, Professor für Medizinische Psychologie und Medizinische Soziologie an der Universität Leipzig hat in drei Studien – zuletzt 2016 – ermittelt, dass drei Viertel der 61- bis 70-jährigen Männer und Frauen, die in einer Beziehung leben, sexuell aktiv sind. Bei den über 70-jährigen Männern ist jeder zweite noch sexuell aktiv, bei den Frauen sind es nur 27 Prozent. Viele ältere Frauen, erläuterte der Leipziger Professor, sind jenseits der 60 verwitwet und hätten es wegen der gesellschaftlichen Normen schwer, einen deutlich jüngeren Partner zu finden.

Prof. Bernd Kleine-Gunk, Gynäkologe und Buchautor, betrachtet Sex als Vorsorge-Programm gegen vielerlei drohende Alters-Gebrechen, Abstinenz hingegen gefährde die Gesundheit. Sex ist (meistens jedenfalls) Bewegung. Der Kreislauf kommt in Schwung, man schwitzt, man verbrennt Kalorien (rund 200, referiert der Gynäkologe). Beim Küssen wird mehr Speichel gebildet, das schützt Zähne und Zahnfleisch vor Karies und Parodontose. Die Glückshormone Dopamin, Serotonin und Endorphine entfalten ihre Wirkung – letztere sogar als Schmerzmittel. Kleine-Gunk: „Guter Sex ist eine empfehlenswerte medizinische Maßnahme mit angenehmen Nebenwirkungen, wenn Sie unter Kopfweh leiden." Von sportlichen Übungen im Bett allerdings rät der Frauenarzt den betagten Liebespaaren ab: „Wenn die Gelenke schmerzen, müssen Sie nicht das Kamasutra durchturnen."

G: „Ganz früher galt die Ausübung der Sexualität hauptsächlich der Fortpflanzung. Wer Kinder zeugte, erbrachte einen Nachweis seiner Tüchtigkeit. Wie ist das bei einem 70-Jährigen, der nochmal Vater wird?"

Herr Greser: „Ich finde das unverantwortlich. Das Kindeswohl hat so einer sicher nicht im Blick, nur die eigene Reputation."

G: „Nützt das denn überhaupt dem eigenen Ansehen? Oder sagen die Leute nicht eher: Iih, wie eklig?!"

Herr Lenz: „Ich denke, die meisten Menschen finden das abstoßend. Was will der denn jetzt noch mit einem Kind – der Mann ist doch tot, wenn das Kleine eingeschult wird."

G: „Und wie ist das, wenn ein alter Kerl sich eine 30 Jahre jüngere Freundin anlacht?"

Herr Lenz: „Viele Männer äußern sich klammheimlich anerkennend. Manche sind vielleicht auch neidisch."

D: „Es gibt auch welche, die denken: Der arme Mann, was tut der sich für einen Stress an!"

G: „Werden Frauen, die einen ähnlichen Weg gehen und sich mit blutjungen Liebhabern zusammentun, anders betrachtet als die Männer?"

Herr Greser: „Ich weiß von Männern, für die ältere Damen eine Art Lehrmeisterin waren in erotischen Angelegenheiten."

D: „Diese Damen wurden ja auch in der Literatur durchaus respektvoll gewürdigt."

G: „Ja, natürlich. Aber in unserem ganz normalen Leben lösen ältere Frauen mit jungen Liebhabern doch eher Befremden aus – viel stärker, als das bei Männern der Fall ist."

Die Herren verlieren sich in fachfremden Grübeleien, das Bier muss ja zwischendurch auch weggetrunken werden. Der Nebentisch übernimmt zuverlässig die lautstarken Bekundungen guter Laune. „Nur gut", bemerkt Herr Lenz, „dass die nicht verstehen, worüber wir reden." Kann man da so sicher sein? Weshalb lachen die Asiaten dann andauernd so frivol?

G: „Lasst uns noch einen Moment bei diesem Thema bleiben. Wie reagieren die Menschen, wenn ihnen eine 70-Jährige im Minirock begegnet oder mit hochgepresstem Busen?"

Herr Lenz: „Das ist ein Schmarrn. Es gibt ja auch betagte Frauen, die vorzugsweise bonbonfarbene Garderobe tragen. Das passt nicht."

D: „Das sollte nicht sein. Aber andererseits haben wir ja kein Geschmacks-Diktat."

Herr Greser: „Es gibt ja auch umgekehrt die alten Rocker, die immer noch auftreten wie in ihrer Jugend, allerdings mit verrunzeltem, falten-gegerbten Gesichtern, graue dünne Haare, am besten noch im Nacken zu einem kleinen Schwänzchen zusammengebunden, Lederjacke..."

Herr Lenz: „Natürlich mit der Aufschrift: Born to be wild!"

Herr Greser: „Genau. Das ist genauso lächerlich. Es müsste einen Strafrechtsparagraphen geben, der derart herausgestellte Erotik ab einem gewissen Alter verbietet und unter Strafe stellt."

Herr Lenz: „Das müsste einfach in den Knigge aufgenommen werden."

Herr Greser: „Knigge reicht da nicht."

G: „Im Grunde seiner Seele ist der Herr Greser ein Grüner, weil er nicht zum ersten Mal bei unseren Zusammenkünften Strafen fordert für Verhaltensformen, die ihm nicht passen."

Herr Greser: „Man wünscht sich doch seine Alltagsumgebung belästigungsfrei."

G: „Früher wurde man mit 60 zum Alteisen sortiert und dachte auch selbst, jetzt sei man fertig auf der Bereifung. Jetzt rollt das Leben immer weiter. Was soll man mit der gewonnenen Zeit anfangen? Soll man 20, 30 Jahre da rumhocken und sich langweilen?"

Herr Greser: „Man kann das auch andersrum betrachten. Dieses überbordende Rentnerwesen …"

Herr Lenz: „Wir werden doch von der Gesellschaft, besonders deutlich in der Werbung zu betrachten, geradezu bedrängt, uns weiterhin jung zu fühlen. Alte Menschen, die am Stock gehen, werden ungern gezeigt."

G: „Zugleich werden Ältere immer häufiger Zielpublikum in der Fernseh-Reklame, gern unmittelbar vor der Tagesschau, die ja vermutlich auch vorwiegend von Rentnern angeschaut wird. Apotheken-Rundschau, Treppenlifte, Blähungen, schmerzende Knie …"

Herr Greser lenkt den Blick auf appetitlichere Welten: auf Spaziergänge durch die Weinberge, wo man sich am Ziel an einem Weinausschank niederlässt, den Frankenwein schlürft, eine Brotzeit wird konsumiert …. Da kommt doch niemand auf die Idee – jedenfalls nicht in unserem Alter – sich jetzt gegenseitig hinter die Reben zu zerren. Das ist eine wunderbare entsexualisierte Situation. Man redet vielleicht über seine erotischen Erinnerungen. Das Kopfkino läuft …" Herr Lenz ergänzt: „Wahrscheinlich Schwarzweiß-Filme." Herr Greser stellt die Frage aller Fragen: „Ist das schlimmer oder nicht? Ich sage für mich: Nein. Man ist ja auch vieler Pflichten entledigt, immer dieser Leistungsbeweis, schaffst du's, schaffst du's nicht. Es ist doch angenehm, kein Conquistador mehr sein zu müssen. Ich habe bei den Bundesjugendspielen um einen Punkt die Urkunde verpasst. Mein Sportlehrer hat dazu gesagt: Kurz vorm Klo die Hose runtergelassen. Riesengelächter. Genauso kommt es einem doch in Sachen Sexualität vor, heutzutage."

Im Grunde erweist sich der Herr Greser als Seelenbruder eines Herrn, der als berühmtester Liebhaber selbst in der stockseriösen Encyclopedia Britannica Erwähnung fand: Giacomo Casanova (1725 bis 1798). Der Mann „gilt bis heute als Inbegriff des Frauenhelden", schreibt Wikipedia. Zwei Päpste hat er gekannt (Benedikt XIV. und Clemens XIII.), mit Friedrich dem Großen und der Zarin Katharina II. sowie Voltaire, Winckelmann und Da Ponte geplaudert und all das in seinen Memoiren („Geschichte meines Lebens") aufgeschrieben. Das im Original 3.700 Seiten dicke Werk wird heute von manchen zur Weltliteratur gezählt, aber was die meisten Leser umtrieb, waren, wie es eine Bewunderin notierte, „seine Eroberungen auf dem Schlachtfeld der Liebe – Lucrezia, Teresa, Pauline, Marie Louise, Lia, Donna Emilia..." Und so weiter. 100 Eroberungen sind verbürgt, manche Forscher kommen auf 200. Der Schriftsteller Hermann Kesten schrieb, fast ein wenig erschrocken: „Das ganze 18. Jahrhundert tummelt sich in seinen Memoiren und lacht, und räsoniert, und hurt." „Ich flog vor Liebe glühend in ihre heißen Arme und gab ihr hierfür sieben Stunden lang die feurigsten Beweise", schrieb Casanova beispielsweise über seine Begegnung mit einer Nonne in Venedig. In späteren Jahren resümierte der Unersättliche: „Auch die schönste Frau ist an den Füßen zu Ende."

Er schlürfte begeistert Austern, als Lieblingsspeisen zählte er auf: Makkaroni à la Napolitaine (eine mit Kalbsbries, Champignons und Oliven gefüllte Nudel-Pastete), Olla Podrida (ein spanischer Eintopf) und Neufundländer Kabeljau. Als Casanova noch im Saft stand, wusste er schon um die Verbindung von Kulinarik und Sex: „Das Küssen ist ein Ausdruck der Fresslust, darauf gerichtet, das Objekt zu verschlingen." Mit 60 war seine Lust auf Liebe jählings erloschen, die letzten 13 Jahre seines bis dahin so turbulenten Lebens verbrachte der ausgebrannte Schwerenöter meistens schlecht gelaunt auf einem Schloss in Dux (heutiges Duchcov), einem Provinznest in Böhmen – der Schlossherr hatte dem berühmten Mann Exil angeboten, als Schloss-Bibliothekar. Der Zeitgenosse Fürst Charles Joseph de Ligne, Schriftsteller, Diplomat und Offizier, schrieb auf, wie er Casanova in Dux erlebte: „Er liebt, er begehrt alles, und nachdem er alles gehabt hat, weiß er alles zu entbehren. Besonders die Frauen und kleinen Mädchen hat er immer im Kopf; aber er hat sie immer nur noch im Kopf und nicht mehr anderswo. Das ärgert ihn, das bringt ihn in Zorn gegen das schöne Geschlecht, gegen sich selber, gegen den Himmel, gegen die Natur ... Für all diese Leiden rächt er sich an allem Eß- und Trinkbaren; da er nicht mehr ein Gott in den Gärten, nicht mehr ein Satyr in den Wäldern sein kann, so ist er ein Wolf bei Tisch." Casanova starb kurz nach seinem 73. Geburtstag.

G: „Was ist denn eigentlich erfolgversprechender, wenn man sich einer Frau nähern will – das offensive Vorgehen oder das Abwarten?"

Herr Greser: „Allem emanzipatorischen Gelärme zum Trotz bin ich sicher, dass die meisten Frauen nach wie vor erobert werden wollen."

Herr Lenz: „Ach, der stille Mann kann auch schon zum Erfolg kommen, am besten an der Theke."

Herr Greser: „Ich denke, viele Männer wären auch überfordert, wenn eine Frau einfach sagt: Komm, nimm mich. Da wären die meisten dermaßen erschrocken, dass gar nichts möglich wäre. Das wäre ja wie eine Viertausender-Besteigung."

D: „Ohne Sauerstoff!"

Herr Greser: „Ich könnte mir vorstellen, dass junge Frauen heute weniger scheu, weniger abwartend sind. Das gesamte Balzverhalten hat sich ja geändert, ist insgesamt offensiver geworden. Sex ist überall, im Fernsehen, in der Werbung, erst recht im Internet. Überall kann man lernen, wie man zeitgemäß anbandelt. Was hatten wir damals schon?"

Wir hatten die Jugendzeitschrift Bravo, 1956 gegründet, eine Erfindung des legendären Journalisten Peter Boenisch. Das anfänglich wöchentlich erscheinende Magazin versorgte Mädchen und Jungen nicht nur mit Klatsch und Fakten aus der Welt der

Popstars, sondern brachte den Jugendlichen auch bei, wie man Pickel ausdrückte und die Gefahren der Pubertät heile überstand. In ihrer Hochphase überstieg Bravo, in den sechziger Jahren, die Millionen-Auflage; „Dr. Sommer", in Wahrheit ein Psychologen-Team, beantwortete bis zu 5.000 Zuschriften pro Woche. Die meisten Fragen hatten die jungen Bravo-Fans zur Themen-Welt der Beziehungen – Wie wird man seinen Liebeskummer wieder los? Kann man vom Küssen schwanger werden? Wie weiß ich, ob mein Freund treu ist? Muss ich den Eltern alles verraten? Bravo war wahrscheinlich der wichtigste Beitrag zur Aufklärung jener Generationen, die heute die 60 überschritten haben.

Es ist Zeit, das Tonband auszustellen. Am Ende dieser sexual-therapeutischen Sitzung müssen wir unbedingt noch einem alten Zausel ein Denkmal setzen: Hubert, 78, verwitwet, ein Mann, der die Frauen liebt, vor allem die in seiner Altersklasse. Wenn Hubert – nach einem Likörchen vielleicht oder einem Glas Sekt – zusammen mit der jeweils Angebeteten in erotische Stimmung gelangen will, legt er erstmal eine Schallplatte auf. Kein Streaming, keine CD – eine gute alte Vinyl-Scheibe. In 45er Geschwindigkeit, denn es ist eine Original-Single aus dem Jahr 1967, exakt 3:04 Minuten lang und trotz des häufigen Gebrauchs vollkommen kratzfrei. Der großartige Udo Jürgens (1934 bis 2014) singt einen seiner zahllosen großen Schlager:

> „Denn immer, immer wieder geht die Sonne auf
> Und wieder bringt ein Tag für uns das Licht
> Ja, immer, immer wieder geht die Sonne auf
> Denn Dunkelheit für immer gibt es nicht
> Die gibt es nicht."

Das Lied, sagt Hubert, wirkt immer; so romantisch, so positiv, so voller Hoffnung. Glauben Sie nicht? Probieren Sie's doch einfach mal aus!

GESPRÄCHSPARTNER

Seit sich **Achim Greser**, geboren am 20. Mai 1961 in Lohr am Main, und **Heribert Lenz**, geboren am 26. Februar 1958 in Schweinfurt, beim Grafikstudium an der Fachhochschule Würzburg kennenlernten, verlief ihr beruflicher Werdegang parallel. Die gemeinsame Begeisterung für die Werke der Neuen Frankfurter Schule, einer Gruppe von Autoren und Zeichnern, die die bundesrepublikanische Nachkriegssatire maßgeblich bestimmt hatte, führte zu ersten gemeinsamen humorzeichnerischen Experimenten und schließlich 1986/1988 zur festen Mitarbeit in der Redaktion des Frankfurter Satiremagazins Titanic. Dort entstanden unter ihrer Mitarbeit unter anderem die politischen Comicserien „Genschman" und „Die roten Strolche". Seit 1996 zeichnen sie gemeinsam regelmäßig für die F.A.Z. Ihr Motto ist: Jeder Krieg hat seine Opfer, das Gleiche gilt für den guten Witz.

Früher haben wir Kinder gekriegt, heute ein neues Knie

Damenkränzchen – das riecht nach Kaffee, schmeckt nach Sahnekuchen und klingt nach Klatsch. Aber gibt es derartige Frauen-Treffs überhaupt noch? Und wie geht es da zu? Laut, das kann man schon mal sagen. Und aufsässig! Ortstermin im Club der etwas älteren Damen.

Im Damenkränzchen Tarantula
Da werden Witwenträume wahr
Im Damenkränzchen Tarantula
Ist immer eine Freundin da
Rainhard Fendrich (Jahrgang 1955)

Der Himmel gibt keine Ruhe. Das Wolkenwasser patscht aufs viel zu nasse Land, es ist wie gehabt in diesem Winter-Frühlings-Durcheinander des Jahres 2020. Hinter den Scheibenwischern glitschen die Dorfschönheiten der 2.200-Einwohner-Gemeinde Hergershausen schemenhaft vorbei. Vom Rücksitz duftet der Kuchen, Bestechungsmaterial für ein Dutzend unbestechliche Frauen. Als D und G vorfahren, ist das „Damenkränzchen Hergershausen" schon fast vollständig versammelt. Die beiden Männer sind neugierig, die Frauen sind es auch. Vorm Eingang zur „Alten Schule", einem liebevoll hergerichteten Versammlungsort für die Dorfbewohner, sind zwei Rollatoren ordnungsgemäß eingeparkt. Frauenstimmen sind unüberhörbar, dann steht man urplötzlich vor der Chefin. „Da sind Sie ja!", sagt Helga Billing, Jahrgang 1935, im ultrabreiten Südhessisch und zeigt den Weg: Gleich links durch die Tür, in einen zweckmäßig möblierten Versammlungsraum. Thermoskannen auf dem Tisch,

Kaffeegeschirr, die Ladies unterhalten sich in einer Lautstärke, die keinen Verstärker braucht.

Frau Billing übernimmt entschlossen das Kommando: „Hört mal, Ruhe!" sagt sie, dann ist G dran: „Verehrte Damen", fängt er salbungsvoll an, „nicht nur mein Freund D, sondern auch das Tonband wird narrisch, wenn alle auf einmal reden."
　　Frau Billing: „Wie beim Hörgerät!"
　　Dann werden alle an einen Tisch gebeten, die Youngster – das sind alle, die jünger sind als Jahrgang 1935 – schleppen ihre Stühle an die Seite der Seniorinnen. „Alle, die wir gebissen haben, die leben noch", sagt eine der Älteren. Das soll wohl zur Beruhigung dienen.

G: „Seit wann gibt es denn diesen Club?"
　　Frau Billing, wie aus der Menschenkanone geschossen: „1998! Schon bevor mein Mann gestorben ist, habe ich immer gesagt: Ich begreife nicht, wieso die Frauen als Witwen nur noch allein daheim herumhocken. Warum tut man sich nicht zusammen? Als er gestorben ist, hat die Nachbarin gesagt: Jetzt ist dein Mann tot, jetzt mach was. Mein Mann ist am 1. Oktober gestorben, und im Januar habe ich die Briefe verschickt."

Am Jahresanfang 1998 schrieb Helga Billing 52 alleinstehende Frauen in Hergershausen an, am 30. Januar trafen sie sich bereits zum ersten Mal – 19 Frauen in der Bürgerhaus-Gaststätte. Seitdem trifft sich das „Damenkränzchen Hergershausen" regelmäßig, jeden Mittwoch um 15 Uhr. Über die Jahre sind einige Damen gestorben, neue sind dazugekommen.

G: „Was machen Sie eigentlich bei diesen Treffen?"
　　Frau Billing: „Erst mal wird geredet. Die meisten von uns leben ja allein, da passiert doch ständig was. Der einen fällt die Decke auf den Kopf, die andere erhält einen seltsamen Anruf, und da muss man erst mal reden. Der Kaffee gehört immer dazu. Wenn eine Geburtstag hat, wird ma. gebacken; sonst gibt es Plätzchen.

Anschließend machen wir schon mal zusammen Gymnastik, aber nicht so oft. Oder wir machen mal Gedächtnistraining, aber das auch nicht so oft. Ich habe vieles versucht: Basteln, Mandala-Malen – aber da haben alle gesagt: ‚Nee, das wollen wir nicht. Das können wir alles alleine zu Hause machen, aber Kartenspielen nicht.‘ Also spielen wir Karten."

D: „Wird denn auch über die Abwesenden geredet, gibt's Tratsch?"

Renate Menkenhagen, Jahrgang 1933: „Ach nein, das nicht. Nur wenn mal eine krank ist, dann sagen wir: Da muss man mal anrufen, da müssen wir uns mal kümmern."

G: „Wie sind Sie eigentlich darauf gekommen, sich Damenkränzchen zu taufen? Das ist ja ein schönes Wort, aber es ist auch von vorgestern."

Frau Menkenhagen: „Wir sind ja auch von vorgestern."

Frau Billing: „Sollten wir uns etwa Single-Club nennen? Nee!"

Gelächter. G vermutet: „Dann würden vielleicht sämtliche jungen Kerle hier draußen stehen."

Damenkränzchen haben seit jeher die Spottlust und die Neugierde befeuert. Der Stern verbreitete sich 2009 über den „Sound von Kaffeekränzchen": „Alle machen es. Die Bayern, die Hessen, die Sachsen und auch die Ostfriesen. Zwar kaffeeklatscht jeder in einem anderen Sound, doch alle verbindet der ungefilterte Redefluss, der mal schnatterhaft, dann wieder in gleichförmigen Erregungswellen dahinfließt." Damenkränzchen sind eine Erfindung des deutschen Bürgertums, ein weibliches Gegenstück zum männlichen Stammtisch. Günter Grass verspottete die Kaffeekränzlerinnen in seinem Roman „Örtlich betäubt" als „kuchenfressende Pelztiere". Aber wohin sollten die Frauen denn im 18. und 19. Jahrhundert? In den Kaffeehäusern machten sich die Männer breit; Frauen, die sich ohne männliche Begleitung dorthinein begaben, galten als „gesellschaftliche Katastrophe" und waren unerwünscht. Es sei denn, sie waren von Berufs wegen dort und waren den Herren für „Leibesergötzlichkeiten" zu

Diensten. Den anständigen Bürgerfrauen blieb nur der geordnete Rückzug – zu sich selbst.

„Ohne die weltverändernde Kraft der philosophischen Aufklärung, ohne die Erfindung des Porzellans und des Rübenzuckers, ohne den Siegeszug des Kaffees oder die Wohnkultur des Biedermeier wäre das Kaffeekränzchen nicht möglich gewesen." So steht es im Klappentext zu einem Buch der besonderen Art: „Kaffeeklatsch – Die Stunde der Frauen" von Katja Muschelknaus. Das Kaffeekränzchen, lernen wir da, sei die „Königsdisziplin weiblicher Gastlichkeit" und „eine Wiege der weiblichen Emanzipation". In einem Interview mit dem Bayerischen Rundfunk räumte die Kaffeekränzchen-Forscherin auf mit den Vorurteilen über die Frauen-Zusammenkünfte. Den Männern war nicht ganz geheuer, was in den Damenzirkeln ausgeheckt wurde. „Frauen klatschen, Männer diskutieren" – schnell wurden die Weiber-Gespräche auf den Austausch von Banalitäten reduziert. Noch in den sechziger Jahren urteilte der Schauspieler Curt Goetz hochmütig: „Männer können sich stundenlang über ein Thema unterhalten. Frauen brauchen dazu kein Thema."

Mehr als 200 Jahre zuvor, 1732, hatte der Leipziger Postbeamte Henrici (1700 bis 1762), den die Musikwelt unter dem Namen Picander kennt, einen Text verfasst, den Johann Sebastian Bach zwei Jahre später für seine „Kaffeekantate" verwendete. Der wirkliche Titel des knapp halbstündigen Werkes klingt wie eine Breitseite gegen das unheimliche Treiben der Damenkränzchen: „Schweigt stille, plaudert nicht." Ein Textauszug:

Bass:
Du böses Mädchen, du loses Mädchen
Ach! Wenn erlang ich meinen Zweck:
Tu mir den Coffee weg!

Sopran:
Herr Vater, seid doch nicht so scharf!

Wenn ich des Tages nicht dreimal
Mein Schälchen Coffee trinken darf,
So werd ich ja zu meiner Qual
Wie ein verdorrtes Ziegenbrätchen.

Ei! Wie schmeckt der Coffee süße,
Lieblicher als tausend Küsse,
Milder als Muskatenwein.
Coffee, Coffee muss ich haben,
Und wenn jemand mich will laben,
Ach, so schenkt mir Coffee ein!

Nicht nur, dass der Kaffee als Droge im Verruf stand – er brachte die Frauen auch auf gefährliche Gedanken. „Das Kaffeekränzchen", sagt Frau Muschelknaus, „wurde schon sehr früh mit etwas Sündigem assoziiert." Das erleichterte es, die Frauen als „Klatschweiber" zu denunzieren. Die wahren Klatschweiber waren die Vorläuferinnen der Kaffeekränzlerinnen – Frauen, die beim Waschen im Fluss immer und immer wieder die Wäsche auf die Steine klatschten. Und dabei über Themen redeten, von denen die Männer nichts hören wollten (und sollten).

Und worüber redeten die Kaffeekränzchen? Katja Muschelknaus: „Ein sehr wichtiges Thema war immer schon das Thema Erziehung respektive Pädagogik. Gerade im aufkeimenden Bürgertum war die Frage, was die richtige Erziehung ist, eine wichtige Frage. Wie erzieht man seine Kinder und sich selbst zu einem edlen Charakter? Wie geht das mit der ‚Erziehung des Herzens'?" Obendrein war das Damenkränzchen in einer Zeit, als Frauen nicht studieren und nur unter größten Anstrengungen höhere Schulen besuchen durften, eine Brutstätte der Emanzipation. Frau Muschelknaus erläutert: „Wenn man sich vorstellt, dass sich da Frauen über Jahre und Jahrzehnte regelmäßig trafen und sich in diesem Rahmen auch eine große Vertraulichkeit und eine tiefe Freundschaft entwickelte, dann darf man sicher sein, dass die Frauen dort ein bestimmtes vertrauliches Sprechen untereinander eingeübt haben, bei dem Themen zur Sprache kamen, die eben nicht mit den Männern, nicht in der Öffentlichkeit besprochen werden konnten ... Dies trug dazu bei, dass sich in diesen Gesprächer eine eigene weibliche Identität entwickelte, ein frauliches Selbstverständnis."

Jetzt sitzen D und G also mitten unter den Nachfahrinnen dieser aufrührerischen Damenkränzlerinnen und werden bald schon in Erfahrung bringen, dass die Damen auch heute noch jederzeit zu Widerstandsaktionen fähig sind. Zum Beispiel, wenn sie im Dorf was auf die Palme bringt. „Na klar,", sagt Heidrun Pflüger (Jahrgang 1944), „wenn der Bäcker zumacht, dann regen wir uns hier schon auf. Oder wenn die Post weggeht."

G: „Aber das Dorf hat wieder einen Hausarzt, habe ich gehört." Das Thema bringt die Damen in Stimmung. „Das ist ein Segen für unser Dorf, eine große Erleichterung", sagt eine. „Waren Sie denn schon alle da?", fragt G. Sie antworten im Chor, auf dem Tonband zucken die Lautstärke-Pegel hoch: „Ja!" – „Wir müssen doch wissen, mit wem wir's zu tun haben", sagt eine. „Der Doktor muss doch auch lernen, was mit uns los ist", sagt eine andere. Frau Billing erzählt, dass sich zunehmend „irgendwelche Krankheiten" an sie klammern. Beim letzten Mal sagte der Doktor zu ihr: „Da sind Sie ja schon wieder." – „Wissen Sie", erläuterte sie dem neuen Arzt, „ich werde bestimmt keine Entzugserscheinungen kriegen, wenn ich Sie mal eine Weile nicht sehe."

D: „Gibt es in Hergershausen denn noch ein gesundes Dorfleben?"
    Frau Billing zählt auf: „Es gibt einen Gesangverein, einen Schützenverein, einen Angelverein, einen Turnverein und die Kickers." – „Und eine Pizzeria gibt es auch!" sagt Uta Fechner, Jahrgang 1944. „Das ist coch keine Pizzeria", sagt Nanny Klingenberger, Jahrgang 1932, „das ist doch eine ganz normale Kneipe!"

G: „Sind Sie wirklich alle alleinstehend?"
Frau Billing: „Bis auf die Erna."
Frau Menkenhagen: „Die ist an sich unrechtmäßig dabei. Die hat ja noch 'nen Mann. Aber die kann natürlich gerne dabeibleiben."
Wer fehlt? Christa, Irmgard, Tilly, Inge und Usch. Sechs sind heute nicht dabei. „Und was ist mit Ilse?", fragt eine. „Die war schon lange nicht mehr da." – „Ei ja", sagt Frau Billing, „die hat ein neues Knie gekriegt. Sowas gibt's immer wieder. Sie da hat eine neue Hüfte." Frau Billing zeigt auf eine der Frauen. Lautes Gelächter. „So ist das", erläutert Frau Menkenhagen mit erhobenem Zeigefinger, „früher haben wir Kinder gekriegt, heute gibt's ein neues Knie." Abermals Gelächter. Frau Billing: „So ändern sich die Zeiten. Jetzt muss man aufs Ersatzteillager zurückgreifen."

G: „Wird hier tatsächlich nur Kaffee getrunken?"
Frau Billing: „Was denken Sie denn! Allohol gibt's hier nicht."
Frau Menkenhagen: „Wir sind jetzt endlich trocken."
Frau Billing: „Als wir Fastnacht gefeiert haben, da hatten zwei Damen so kleine Schnapsfläschchen dabei, die hatten sie noch daheim." D studiert Fotos vom letzten Faschingsdienstag. „Die Schnäpschen sehe ich hier aber nicht", sagt der sachverständige Journalist. „Die waren ja auch so klein", sagt eine.

Früher, da war noch ein bisschen mehr los im Damenkränzchen. Da wurde regelmäßig verreist – Mallorca, Italien, Lanzarote, Gran Canaria, Dalmatien. Man kann sich vorstellen, wie da in den Gaststätten die Luft brannte, wenn die Hergershausener Frauen-Truppe einlief. „Ebe ist nichts mehr", beklagt Steffi Elster (Jahrgang 1933). „Nee", sagt Frau Billing, „es geht ja nicht mehr. Wir könne ja nicht mehr. Was nicht geht, das geht nicht." – „Ich könnt' noch", sagt eine. „Und wenn wir dich dann verlieren?" – „Verlieren? Wieso?" – „Ei, weil du abhandenkommst?" – „Na, dann müsst ihr mal suchen! Außerdem kann ich ja noch laufen!"

Wenn die Ladies nicht gerade Herrenbesuch haben, teilen sie sich in kleinere Gruppen auf und spielen Skip-Bo, ein Spiel mit 144 Zahlenkarten. Gewinner ist, wer seine Karten als erster loswird. „Man muss ein wenig mitdenken", weiß D, lobt aber auch: „Das ist ein gemütliches Spiel." Um Geld wird nicht gezockt. „Wenn ich andauernd verliere", verrät Frau Billing, „dann gehe ich hinterher heim und spiele am Computer. Da gewinne ich!"

G: „Sind Sie im Internet unterwegs?"

Frau Billing: „Nein! Wir sind die Generation, die abgehängt wird. Ich habe einen Laptop daheim und kann auch damit umgehen – habe ja jahrelang Reisen organisiert." Erhebt die Stimme: „Wer hat noch einen Computer zu Hause?" – „Brauch ich nicht", sagt eine bestimmt. Die meisten schütteln den Kopf.

Heute lagen Prospekte in den Briefkästen. „Alles auf Englisch. Wir haben doch gar kein Englisch gelernt in der Schule, was sollen wir damit?"

G: „Die Menschen auf den Dörfern leiden ja darunter, dass sie immer mehr Abbau erleben. Die Post geht weg, die Bank, die Geschäfte, der Bus fährt nur noch einmal am Tag. Und dann werden Sie damit getröstet, dass das Internet jetzt ganz toll ausgebaut wird, Breitband!"

Die Damen nicken. „Wem nützt das?", fragt eine. „Im Bus wirst du ja auch aufgefordert, mit deinem Handy zu zahlen – will ich nicht, kann ich nicht. Mein altes Mobiltelefon ist gerade kaputtgegangen, da habe ich meinen Sohn gefragt: Soll ich mir jetzt auch so ein modernes Ding mit ‚Touchscreen' kaufen? Hör auf, Mutter, hat er gesagt – da habe ich wieder eines genommen mit richtiger Tastatur. Das langt mir. Ich will telefonieren und SMS schicken, fertig."

Frau Fechner: „Ich brauche ein Smartphone, wegen meiner Kinder."

G: „Würden Sie's denn vermissen, wenn Sie das nicht hätten?"

Frau Fechner: „Doch, doch, ganz bestimmt. Hier sind ja auch ein paar Damen, da ist es doch gut, wenn man sich mal ein paar Bilder schicken kann oder verabreden."

Frau Elster: „Die sind ja auch zehn Jahre jünger als wir. Das macht was aus!"

Frau Fechner: „Wir sind die Jugend!"

D fragt listig, was denn wäre, wenn „ein älterer Mann wie ich" die Mitgliedschaft beantragen würde. „Das heißt nicht umsonst Damenkränzchen", weist ihn eine zurecht. „Außerdem braucht man ein gewisses Alter." Für einen Moment wirkt D geschmeichelt, bis eine der Damen darauf hinweist: „Der ist doch auch fast in Rente!" Frau Billing ahnt: „Wenn sich hier zu uns mal ein Mann verirren würde, wäre der schnell wieder fort. Der hätte Ohrenschmerzen von unseren Gesprächen."

G: „Es wird ja immer behauptet, dass Frauen mehr tratschen als Männer ..."

„Stimmt nicht", sagt eine sofort, „so ein Quatsch!" sagt eine weitere. „Wenn ich Männer beobachte, die hier auf der Dorfstraße zusammenstehen und sich was erzählen – das dauert oft eine Stunde, bis die wieder auseinandergehen," weiß Frau Menkenhagen. „Die haben halt auch was zu erzählen. Vielleicht haben Sie zu Hause nicht so viel zu sagen."

„Der Kaffee gehört immer dazu?", will G wissen. „Immer", sagt Frau Billing. „Aber meiner ist jetzt kalt. Kann mal eine neuen holen? Die Usch kommt ja gleich auch noch, die trinkt immer viel." – „Dann kann sie sich den selber holen."

Kaffee ist der Treibstoff der Damenkränzchen. Johann Wolfgang von Goethe (1749 bis 1832) zum Beispiel hätte schon deswegen keine Teilnahme-Erlaubnis erhalten, weil er dem starken Gebräu nicht gewachsen war: „Der Kaffee paralysierte meine Eingeweide und schien ihre Funktionen völlig aufzuheben, so daß ich deshalb große Beängstigungen empfand, ohne jedoch den Entschluß zu einer vernünftigeren Lebensart fassen zu können." Armer Dichterfürst! Sein französischer Kollege Honoré de Balzac (1799 bis 1850) war da stärker im Nehmen, er brauchte den Kaffee. Die Autorin Bettina Licht aus dem osthessischen Niederbieber beschrieb in einer Balzac-Biographie: Der Franzose ging frühabends zu Bett, stand gegen Mitternacht wieder auf und streifte sich seine Arbeitskleidung über, eine weiße Karmeliter-Mönchskutte mit Kapuze. Dann bereitete er sich „einen finsterschwarzen, sehr starken Kaffee" zu und trank von dem Gebräu zwei Tassen. Jetzt war er arbeitsfähig. Nach sechs Stunden musste er nachtanken von seinem „Herzraserei-Kaffee", insgesamt kam er auf mindestens zehn, manchmal 24 Stunden Schreibarbeit am Stück.

Und wer hat's erfunden? Die Afrikaner, soviel ist mal klar – wahrscheinlich stammt der Kaffee aus der Region Kaffa im Südwesten Äthiopiens. Viele Legenden gibt es zur Entstehung des „belebenden Heißgetränks", die schönste hat ein gewisser Antonius Faustus Naironus (1636 bis 1707) erzählt. Demnach fiel einem Hirten im Königreich Kaffa auf, dass einige seiner Ziegen nachts ordnungsgemäß schlafend umherhingen, während andere hüpfend und springend die Nacht zum Tage machten. Letztere hatte zuvor von einem Strauch mit weißen Blüten und roten Früchten gefuttert. Der Hirte hat's seinen verhaltensauffälligen Ziegen gleichgetan, von dem Strauch gefuttert und fand gleichfalls keinen Schlaf mehr. Schon war der Wachmacher Kaffee entdeckt, die Damenkränzchen dieser Welt mögen die Ziegen preisen.

In muslimischen Ländern, wo der Alkohol verboten war, war der Kaffee schon im 15. Jahrhundert Volksgetränk, in Konstantinopel öffneten bereits Mitte des 16. Jahrhunderts die ersten „Caffée-Häuser", die „zuerst von den Gelehrten, Poeten, Schach- und Trictrac-Spielern häuffig besuchet worden". Schnell wurde das heiße Gesöff als Trinkstoff von Aufrührern identifiziert, viele gefährliche Kaffeehäuser wurden „endlich wegen vieler eingeschlichenen Unordnung und sonderlich wegen ausgelassener Freyheit derer darin sich versammelnden Nouvellisten und Raisonneur" geschlossen. So schrieb es der Verleger und Schriftsteller Johann Heinrich Zedler 1733 in seinem berühmten Werk „Großes vollständiges Universal-Lexikon aller Wissenschaften und Künste, welche bißhero durch menschlichen Verstand und Witz erfunden und verbessert worden".

Europa wehrte sich dagegen, von dem muselmanischen Gebräu überflutet zu werden, vor 200 Jahren tobte eine Art Kulturkampf. Kaffee stand im Ruf, Schwermut oder Hyperaktivität gleichermaßen zu befördern und die Menschen in die Sucht zu locken. In einem Kinderlied wurde eindrucksvoll gewarnt:

„Ze-A-Eff-Eff-E-E,
trink nicht zuviel Kaffee,
nicht für Kinder ist der Türkentrank,
schwächt die Nerven,
macht dich blaß und krank.
Sei doch kein Muselman,
der das nicht lassen kann."

Der Verleger Zedler freilich muss ein Anhänger des schwarzen Wirkstoffs gewesen sein, er betrachtete den Kaffee als „Artzney": „Es hat dieses Geträncke, wenn es zu rechter Zeit mäßig und nicht überflüssig gebraucht wird, in vielerley Zuständen und Gebrechen des menschlichen Leibes herrliche Tugend und Würckung. Es thut demnach denen, so mit Schnupfen, Kopff-Schmertzen, Schwindel und vielfältiger Schläfrigkeit geplaget sind, merckliche Hülffe. Es stärcket die Fibern und Nerven, bewahret vor gefährlichen Schlag-Flüssen, ist auch ein gut Mittel vor die Trunckenheit, welche geschwind vertrieben wird ... Es dienet wider die Heiserkeit und Rauhigeit des Halses, Husten, Engbrüstigkeit und Keuchen ... Mit Milch getruncken kommt es zu Hülffe denen Lungen und Schwindsüchtigen; es mindert und lindert das Podagra und die lauffende Scharbockische Gicht, stillet den Durst und treibet den Schweiß ..."

Ist der Kaffee also, wie der Herr Zedler nahelegt, eher ein Wundermittel als eine zerstörerische Droge? Moderne Forscher finden kaum noch etwas auszusetzen an dem Getränk aus Afrika.

Bei einer Langzeit-Studie in den USA, an der mehr als 50.000 Frauen im Durchschnittsalter von 63 Jahren teilnahmen, wiesen die Wissenschaftler nach, dass Kaffee Depressionen eher vorbeugt. Leber und Nieren soll er wohltun, auf Parkinson und Alzheimer bremsend wirken, den Blutdruck keineswegs, wie vielfach behauptet, in die Höhe treiben. Nur bei der Libido sind die Wissenschaftler uneins: Manche meinen, Koffein – immerhin 80 bis 120 Milligramm pro Tasse – mache impotent. Andere halten dagegen: Kaffee wirke wie ein Aphrodisiakum, die Lust am Sex werde gesteigert. Na dann: Ran an den Kaffee!

Uta Fechner stammt aus Berlin und will mal die anderen Frauen loben: „Ich bin ja 2000 hierhergekommen und fühle mich sehr gut aufgenommen und integriert."
Frau Billing: „Wir kamen 1965 hierher und haben hier unser Haus gebaut. Für dasselbe Geld hätten wir in Neu-Isenburg, wo wir vorher gelebt haben, gerade mal eine Garage bekommen."
Unversehens beginnt eine Dame, über die hiesigen Friedhöfe zu sprechen. „Das ist doch hier kein Thema", unterbricht sie ihre Nachbarin. Frau Billing weiß: „Jedenfalls hat uns bei einem Friedhofs-Besuch noch keiner gefragt: ‚Weshalb wollen Sie denn wieder heimgehen?'"

G: „Sind Krankheiten oft Thema bei Ihnen?"
„Natürlich", sagt Uta Fechner, „wir haben ja von allem ein bisschen und manchmal auch ein bisschen mehr." Frau Menkenhagen zählt auf: „Knie, Ellenbogen, Hüfte, Linse ..." G fragt: „Jammern die Männer mehr als die Frauen?" – „Können wir nicht beurteilen", sagt eine und guckt listig, „wir haben ja keine mehr." – „Ich bin seit 23 Jahren verwitwet", rechnet Frau Billing vor, „für mich hat sich das Thema erledigt. Keine Zeit für Männer. Mein Mann ist im Urlaub gestorben, da war ich 62, und die Kinder waren sehr besorgt. Da habe ich gesagt: Macht euch keine Gedanken, ich werde jetzt alles machen, was mir in den Kopf kommt. Und das habe ich auch so gemacht." Man glaubt's ihr sofort.

Sie reden übers Aufstehen morgens. Ganz so früh wie früher kommen sie nicht mehr aus den Federn. „Heute Morgen", sagt Frau Billing, „hat mein Sohn sich gemeldet und gesagt: Bleib noch im Bett, das Wetter ist schlecht." Gegen 8 Uhr sind die Power-Frauen vom Damenkränzchen aber allesamt bereit für den Tag. „Ich muss mir ja immer meine Gummistrümpfe anziehen, das behagt mir nicht. Deshalb drehe ich mich manchmal nochmal um und schlafe lieber weiter."

G: „Gibt es eigentlich irgendwas, was Sie unbedingt nochmal machen wollen? Irgendwas, was Sie noch nicht geschafft haben – oder irgendwas, was Sie unbedingt nochmal erleben wollen? Ich zum Beispiel möchte nochmal nach Buenos Aires. Sowas macht man ja nicht jedes Jahr. Wie ist das bei Ihnen?"
Frau Billing: „Wichtig ist: Nutzen Sie Ihre Zeit, bevor Sie nicht mehr können. Ich habe im Moment keine Lust mehr zu verreisen, weil ich mir jedes Mal, wenn ich weg war, was eingefangen habe. Das ging bis zur Thrombose, und beim letzten Berlin-Besuch habe ich mir eine Lungenembolie zugezogen. Hab's noch nicht mal gemerkt, nur nach Luft gejapst. Die Berliner Luft bekommt mir nicht."
Kleine Wünsche haben die Frauen eher als große Träume. „Dass ich meinen Garten noch selbst machen kann", sagt eine. „Dass ich mit dem Haushalt noch alleine zurechtkomme", sagt eine andere. Und: „Dass ich noch länger Auto fahren kann." – „Ohne Auto", sagt noch eine, „bist du echt aufgeschmissen auf dem Land."

Eine Nachzüglerin betritt den Raum, im April 1949 geboren und damit das Nesthäkchen in der Frauenrunde: Ursula Bey, die schon erwähnte Usch. „Ich habe mir nur noch gründlich die Hände gewaschen und desinfiziert", sagt sie, nimmt sich einen Kaffee und sitzt bereits.

D stochert nochmal nach: „Wer hat denn nochmal einen richtig großen Traum. Eine Kreuzfahrt, ein Konzert von André Rieu..." –

„Haben wir alles schon gehabt", antwortet eine, „den Rieu, Neu-
seeland, Las Vegas, alles zusammen mit meinem Mann." – „Das
hast du uns ja verschwiegen", sagt eine andere mit einem leicht
vorwurfsvollen Unterton. „Hast du da etwa geheiratet, in Las Vegas?" – „Nein, nein, geheiratet wird zu Hause!" – „Der größte
Wunsch", sagt Frau Elster, „ist doch, dass man gesund bleibt.
Das ist das Wichtigste überhaupt." Allgemeine Zustimmung, mit
Kopfnicken und Gemurmel. Im Moment stornieren sie lieber als
zu verreisen, unter dem kalten Stern namens Corona „gehören
wir ja alle zur Risikogruppe". Auch eine Mosel-Kreuzfahrt und
ein Musical-Ausflug nach Stuttgart wurden abgesagt, „wegen
dem Virus". Frau Bey sagt das mit einem Ekel in der Stimme, als
hätte sie in eine nicht mehr ganz frische Sahnetorte gebissen.

Plötzlich hockt das Thema des Jahres mit im Zimmer, Corona
überall. „Nie und nimmer würde ich ein Kreuzfahrtschiff mit über
3.000 Leuten betreten," sagt die lauteste unter ihnen, natürlich
Frau Billing; „da täte ich ja meine Kabine gar nicht mehr finden."
Ja, selber schuld, wenn sich auf so einem Riesenkahn das Virus neben einen legt. „Eine Bootsfahrt über den Bodensee", sagt
eine, „das würde mir schon langen." Frau Bey erinnert sich lieber
an ihre Nil-Kreuzfahrt, an die Pyramiden, an Kairo... „Aber da",
wirft eine hin, „ist jetzt auch einer gestorben, in Ägypten."

„Ich bin ja Übungsleiterin beim Turnverein", erzählt Frau Billing,
„da gibt's nicht so viele mit 84. Aber die Warmwasser-Gymnas-
tik, die haben wir erstmal abgesagt." – „Die Corona hat abge-
wunken", bekräftigt Hanny Klingenberger (Jahrgang 1932). „Wer
von Ihnen hat denn schon Hamsterkäufe gemacht?" will G wissen. „Ach nee, gehen Sie weg", sagte eine. „Die haben sich ja
schon gegenseitig das Klopapier aus den Einkaufswagen ge-
klaut." Frau Billing empört sich: „Im Krankenhaus haben sie sogar schon Toilettenpapier gestohlen. Sind die Leute denn verrückt? Wir können uns ja noch daran erinnern, wie aus dem
Zeitungspapier Schnipsel gerissen wurden zum Abputzen. Das
ging auch!" Plötzlich ist wieder Stimmung in der Bude. „Früher

waren die Zeitungen auch weicher", sagt eine. „Wir hatten doch damals alle Plumpsklos", berichtet Frau Menkenhagen, „da hingen die Zeitungsblätter an einem Nagel. Heute würden doch die Rohre verstopfen!" – „Heute weiß gar keiner mehr, wie das war", sagt Frau Bey. Frau Billing hat keine gute Erinnerung an den Klobesuch im Winter. „Wenn man sich da keine Zeitung untergelegt hat, ist man festgefroren!" – „Das waren ja noch echte kalte Winter", bestätigt eine, „wer kennt sowas heute schon noch." Max Reger, der 1916 im Alter von nur 43 Jahren gestorbene Komponist, hat seine rückwärtige Körperpartie auch mit Zeitungspapier geputzt. Einem Kritiker schrieb er: „Ich sitze hier im kleinsten Raum des Hauses. Ich habe Ihre Kritik vor mir. Gleich werde ich sie hinter mir haben."

Wie aus dem Nichts ist die sprunghafte Frau Billing beim Thema Krieg. „Ich war zehn Jahre alt, als der Krieg zu Ende ging. Wir haben vieles mitbekommen. Wenn ich heute so gewisse Rechts-Spezialisten höre, die das leugnen, was da angestellt wurde, dann frage ich mich: Haben die sie noch alle? Wenn ich die Berichte zum Jahrestag der Befreiung von Auschwitz sehe, muss ich jedes Mal weinen." Frau Menkenhagen: „Ich war 12, als ich die Bilder gesehen habe von Auschwitz, diese verbrannten Menschen. Ein Grauen. Das vergisst man für den Rest seines Lebens nicht."

Frau Bey: „Und manche sagen, das stimmt alles nicht, diese Vernichtung der Juden gab es gar nicht."

Frau Menkenhagen: „Bescheuert. Wie können die sowas nur behaupten? Alles Lügenerzähler."

Frau Billing: „Das sind ja dieselben Leute, die behaupten, die Syrer kämen nur hierhin, weil sie ein gutes Leben führen wollen. Die müsste man alle dorthin schicken, damit sie mal wissen, wie das ist im Krieg. Ich weiß auch nicht, was dieser Herr Assad im Hirn hat, dass er seine eigenen Leute umbringen lässt. Warum schmeißt der Putin dem nicht mal eine Bombe auf seinen Palast, damit der Herr Assad weiß, wie das ist!"

Frau Menkenhagen: „Aber die beiden sind doch alte Kumpel!"

Die Flüchtlingskrise bewegt Deutschland

Frau Billing: „Der Putin hat doch bestimmt ganz viele alte Bomben, die schon am Rosten sind, und die schmeißt er auf die armen Syrer. Da muss er sie daheim nicht entsorgen. Ich denke manchmal, hoffentlich sind sie bald alle, seine alten Bomben."

Frau Bey: „Guckt mal nach Griechenland, auf diese Insel Lesbos. In welchem Dreck diese armen Kinner hocken müssen."

Frau Billing: „Ja, warum holen wir die nicht einfach? Wir haben doch genug Platz und genug Geld! Da muss erst noch der zustimmen und der seinen Senf dazu geben. Es wird geredet und geredet und getan wird nichts. Es geht doch um Kinder!"

Das Damenkränzchen ist vereint in seiner Wut. Manche Äußerungen über Politiker – über Erdogan zum Beispiel, über Trump

– sind kein bisschen damenhaft und würden vielleicht auf Beleidigungs-Verfahren spezialisierte Juristen auf den Plan rufen. Also tun wir mal so, als hätte das Tonband eine Aufnahme-Störung. Kann sich ja sowieso jeder denken, was da geäußert wurde ...

G: „Gerade haben wir mitbekommen, dass es hier manchmal ganz schön politisch wird."
Frau Billing: „Ja, dann kann's auch schon mal hoch hergehen. Aber am Ende sind wir uns immer alle einig: Die Welt spinnt."
D: „Politisch aktiv ist aber niemand von Ihnen?"
Vielstimmiges Nein.
Frau Elster: „Aber wir gehen alle zur Wahl. Und wir haben sogar schon protestiert, mit Schildern. Als sie hier die Sparkasse geschlossen haben." Im Frühjahr 2018 war das, da machten 60 unwirsche Hergershäuser ihrer Wut darüber Luft, dass Sparkasse und Volksbank sich aus dem Ort zurückzogen, unter Zurücklassung von Geldautomaten. Die sollten künftig im bisherigen Volksbank-Gebäude stehen – aber deren „Servicebereich" war nicht barrierefrei zu erreichen. Um an ihr Geld zu kommen, sollten die Kunden künftig sieben Stufen einer Treppe überwinden, für viele ein nicht zu bewältigendes Hindernis. Da sammelten die Wutbürger sich vor der Bank, etliche in Rollstühlen, manche mit Rollatoren, eine Frau mit Kinderwagen war auch dabei. „Wir machen den Weg frei", hatten sie höhnisch an den gläsernen Eingang geschrieben, und: „Wie kommen Gehbehinderte zu den Geldautomaten?" Die Offenbach Post berichtete, auf einem Foto vom Protest sind viele Frauen des Damenkränzchens zu erkennen. Die Frauen-Power zeigte Wirkung, ein Sparkassen-Sprecher gab sich zerknirscht: „Wir haben die Reaktionen unserer Kunden sehr ernst genommen." Ein paar Monate später standen die Geld-Maschinen wieder in der alten Sparkassen-Filiale, ebenerdig.

G: „Wer von Ihnen ist denn mit dem Rollator unterwegs?" Finger hoch, sagt eine, „vier", wird gezählt. Renate Heltzel ist eine von ihnen, „ich bin immer mit dem Rollator unterwegs, auch im Haus. Sogar beim Kochen. Ich koche nämlich jeden Tag für meine Leut. Kartoffeln schälen und Zwiebeln schneiden, das kann man ja auch im Sitzen." – „Wer sind denn Ihre Leut?" will G wissen. „Mann und Tochter. Die Enkeltochter kommt nur, wenn sie Hunger hat. Oder wenn sie Geld braucht. Die ist ja auch noch Veganerin, da muss man ja sowieso immer was extra zubereiten."

G: „Wie halten die übrigen das denn mit dem Essen?"
Frau Fechner: „Och, man sieht's doch!"
G: „Kochen Sie selbst?" Alle antworten mit Ja.

Das Gespräch hüpft jetzt hin und her und wieder zurück; es ist, als wollten die versammelten Frauen den beiden ahnungslosen Männern noch sämtliche Weisheiten auf dem Tonband hinterlassen. Die unermüdliche Frau Billing zum Beispiel: „Bei uns waren die Männer ja stolz darauf, dass sie ihre Familien ernähren konnten. Die wollten nicht, dass die Frauen arbeiten."

Frau Fechner: „Bei uns nicht, bei uns sollten ja alle arbeiten. Wegen der Gleichberechtigung."

Frau Billing: „Ihr seid ja auch von drüben. DDR."

„Läuft bei Ihnen daheim viel der Fernseher?" will G noch wissen. Vielstimmiges Ja. „Jeden Abend", sagt eine. Frau Billing: „Abends ab 6 Uhr." Frau Eey: „Viele lassen den Fernseher immer an. Das ist, als wenn noch jemand da wäre, wenn man allein ist."

Frau Berz: „Ich habe das Radio an. Den ganzen Vormittag. hr3" – „Bei mir läuft ab Nachmittag das TV," wirft eine andere ein. Frau Billing: „Ich höre hr4, da kann man mitsingen. Die alten Schlagertexte habe ich alle noch im Kopf. Und hr4 spielt meine alte Musik. Allerdings hören die meisten in Hergershausen hr3, weil der eine Moderator, Tobi Kämmerer, hier wohnt."

Frau Billing: „Wir haben hier mal Silvester gefeiert und sind gefragt worden, ob's uns was ausmacht, wenn in einem anderen Raum noch welche feiern. Nee, haben wir gesagt. Wir haben dann unsere Rippchen hier im Raum warmgemacht – und dann kamen die Nachbarn: lauter Schwarze."

Frau Menkenhagen: „Aber alle freundlich. Nette Menschen!"

Frau Billing: „Ja, sehr nette Leute – und wir haben gesagt: In diesem Jahr feiern wir in Afrika." Das einzige, was gestört hat: Die anderen Gäste haben Fisch gegrillt. „Das hat gestunken. 14 Tage danach noch."

Frau Billing muss sich nochmal aufregen. Im Gemeindeparlament haben sich die Machtverhältnisse verschoben, jetzt wird vieles abgeschafft, was die Vorgänger eingeführt haben. Auch die Unterstützung für die alte Schule. „Das ist halt Demokratie", sagt eine. „Das ist keine Demokratie", sagt Frau Billing, „das ist Blödheit. Ich darf nie einer Partei beitreten, weil bei mir immer der gesunde Menschenverstand regiert. Anders als bei denen."

G ist irgendwie erschöpft, aber D will immer noch was wissen: „Machen Sie eigentlich Sudoku?"

Frau Billing: „Nee, mit den Zahlen hab ich's nicht so. Beim Bezahlen bin ich zwar schneller als der Kellner, aber ansonsten – nein!"

Frau Fechner: „In den Gratisblättern gibt's ja immer Sudoku. Da läuft das so: Man blättert durch, bis das Sudoku da ist, der Rest geht ab in den Müll."

Frau Billing: „Ich mach lieber Kreuzworträtsel. Das tut gut, trainiert ein bisschen den Kopf. Und die Zeit geht rum!"

Bevor noch eine was sagen kann, erhebt G kurz die Stimme: „VIELEN DANK. Wir haben Stoff für zwei Bücher. Für uns war das wie eine Theatervorführung. Besser konnte es nicht laufen."

Nicht mal im Kino. Dort wurde im Frühjahr 2019 „Tea with Dames" gezeigt, eine Dokumentation über ein Damenkränzchen voller Berühmtheiten: Judi Dench, Jahrgang 1934, die als Shakespeare-Darstellerin und aus James-Bond-Filmen gleichermaßen berühmt ist. Maggie Smith, Jahrgang 1934, die nahezu jeder aus Harry-Potter-Verfilmungen kennt. Eileen Atkins, Jahrgang 1934, ein Star in vielen Kinofilmen und Fernsehserien. Joan Ann Plowright, Jahrgang 1929, Schauspielerin und Witwe von Laurence Olivier. Seit über 50 Jahren treffen sich die vier Britinnen zu Damenkränzchen, da geht es zu wie in Hergershausen. „Eines meiner Hörgeräte ist ausgefallen", sagt die Älteste der Ladies, Mrs. Plowright. „Soll ich dir eines von meinen ausleihen?" fragt Maggie Smith. Judi Dench sorgt sich, ob sie früher zu viel gefeiert hätten. „Ich glaube schon, wir haben uns ziemlich schlimm benommen Judi", bestätigt ihre Freundin Eileen Atkins. Und lacht. Ganz kurz grübeln die Frauen darüber, ob sie sich nicht inzwischen – allesamt als „Dames of the British Empire" geadelt – irgendwie vornehmer benehmen müssten. „Es macht keinen Unterschied", beruhigt Maggie Smith die anderen, „du kannst immer noch fluchen. Du kannst sogar mehr fluchen." Wer will schon einer Frau den Mund verbieten, die mit einem Ritterorden geehrt wurde. Allerdings: Dem südhessischen Damenkränzchen würde auch ohne Ritterorden niemand vorschreiben, was sie sagen dürfen. Die würden dem was husten. Verzeihung. Sowas schreibt man nicht in Zeiten von Corona.

GESPRÄCHSPARTNERINNEN:

Zwölf Frauen des „Damenkränzchen Hergershausen": Helga Billing, Jahrgang 1935; Doris Berz, Jahrgang 1945; Erna Heltzel, Jahrgang 1933; Uta Fechner, Jahrgang 1944; Heidrun Pflüger, Jahrgang 1944; Annerose Interthal, Jahrgang 1944; Renate Menkenhagen, Jahrgang 1933; Steffi Elser, Jahrgang 1933; Nanny Klingenberger, Jahrgang 1932 und Ursula Bey, Jahrgang 1949, alle aus Hergershausen. Außerdem: Elisabeth Butz, Groß-Umstadt, Jahrgang 1940 und Hedwig Reitz, Münster, Jahrgang 1939.

Jeden Mittwoch, pünktlich um 15 Uhr, trifft sich das Damenkränzchen im Gebäude der alten Dorfschule in Hergershausen (wenn gerade kein Lockdown herrscht). Fast 100 Jahre lang, von 1908 bis 2007, wurden in dem Bau in der Ortsmitte die Hergershäuser Kinder unterrichtet. Seitdem gibt es eine neue Schule, die alte wurde zum Dorfgemeinschaftshaus. Der gemeinnützige Verein „Herigar" kümmert sich darum, Ende 1911 lobte Gabi Coutandin, damals noch Bürgermeisterin in Babenhausen: „Hut ab vor einer vorbildlichen bürgerschaftlichen Initiative". Herigar schafft den Rahmen für vielfältige Aktivitäten, Yoga, Spieleabende, Selbsthilfegruppen. Und für das Damenkränzchen. Das ist ja auch eine besondere Art Selbsthilfegruppe.

Die wunderbare Welt
der Superoldies

Möchten Sie 100 Jahre alt werden? Natürlich, werden Sie antworten – wenn ich pumperlgesund bin und fit wie eine Gazelle. Wenn Hirnzellen, Augen und Ohren noch funktionieren. Wenn Leibspeisen und Lieblingsgetränke noch schmecken. Wenn ich nicht aussehe wie eine schrumpelige Kartoffel. Wenn ich noch Herrin oder Herr über meine Entscheidungen bin. Wenn ich noch Spaß habe am Leben... Na dann: Willkommen in der wunderbaren, mysteriösen Welt der Superoldies.

> „Sagen Sie, wie lange muss ich hier noch stehen?
> Man ist ja schließlich keine hundert mehr!"
> *Johannes Heesters im Alter von 105*
> *in seiner Rolle als Kaiser Franz Joseph*

Wie mag man sich fühlen, wenn man 100 Jahre alt wird? Vielleicht wie ein Bergsteiger, der den Gipfel erreicht hat? Ob dann alles, was man hinter sich gelassen hat, wie in einem Kurzfilm vorbeischnurrt? Kaiser Wilhelm, Hindenburg, Hitler, der Weltkrieg, Stalin, die ersten Schwarzweiß-Fernseher, Adenauer, Kennedy, Brandt, Kubakrise, Vietnamkrieg, Mondflug, Mao, die ersten Computer, Mobiltelefone, Kohl, Mauerfall, Corona und was die Weltgeschichte sonst noch so zu bieten hatte – alles in ein Leben gepackt und zu Erinnerungsschnipseln zerhackt. Oder glitscht man einfach so hinüber und lässt die Ansprachen der Geburtstagsgäste über sich ergehen, die sich alle herunterbeugen und mit einem reden, als hätte man nicht mehr alle Nadeln an der Tanne? Die Geschenke werden im Alter sowieso immer dürftiger, was soll man auch jemandem schenken, der doch alles schon hinter sich hat – nach landläufiger Meinung.

Wie wird man überhaupt so alt? Viele Gesundheits-Fachleute glauben die Antwort zu kennen: Wenn man sich immer gesund ernährt, rotes Fleisch, Zigaretten und Alkohol meidet und sich sportlich betätigt – dann, aber nur dann hat man sich die Eintrittskarte ins Methusalem-Paradies gesichert. Der Alzheimer-Forscher Dr. Yan Gu von der Columbia University in New York will in einer im Herbst 2015 veröffentlichten Studie ermittelt haben, dass eine „mediterrane Ernährung" (viel Obst, Gemüse, Fisch, Pflanzenöl, Knoblauch und Nüsse) zu besseren kognitiven Leistungen und einer geringeren Demenzrate im Alter führt. Dr. Gu unterzog dafür 674 „demenzfreie Senioren" (Durchschnittsalter: 80 Jahre) einer Magnetresonanztomographie. Seine Erkenntnis aus der MRT-Röhre: Bei den Mittelmeer-Orientierten sei das Hirnvolumen „um 13,1 ml größer" gewesen als bei den gleichaltrigen Hausmannskost-Freunden. „Im Schnitt", jubelte die Ärztezeitung, „scheinen die Gehirne dieser Menschen bei gleichem Alter deutlich jünger zu sein als die der Schweinefleisch- und Buttertorten-Fraktion." Allerdings bleibt auch das medizinische Fachblatt vorsichtig; dem Dr. Gu sei mit seiner Untersuchung keinesfalls ein als wissenschaftlich geltender Beweis gelungen. Vielleicht sollte man auch noch erwähnen, dass das Volumen eines Männer-Hirns durchschnittlich 1,27 Liter misst – Frauen bringen es nur auf 1,13 Liter. Stimmt es, Dr. Gu, dass Männer demnach durchschnittlich schlauer und weniger demenz-anfällig sind als Frauen? Und, ach ja: Gerade die Männer sind ja berühmt dafür, dass sie jede neue mediterrane Brigitte-Diät voll und ganz beherzigen.

Die Epidemiologin Antonia Trichopoulou von der Universität Athen hat 2005 die Ernährungsgewohnheiten von fast 75.000 Frauen und Männern in ganz Europa – alle über 60 Jahre alt – ausgewertet. Wer sich auf Art der Mittelmeer-Bewohner ernährte, blieb demnach länger körperlich und geistig fit – aber nur am Mittelmeer: Während Frau Trichopoulou in Griechenland und Spanien positive Effekte registrierte, blieb die übrigens von der Deutschen Gesellschaft für Ernährung empfohlene Mittelmeer-

Ernährung bei den deutschen Probanden praktisch folgenlos. Mag es sein, dass der germanische Körperbau für derlei gesunde Ernährung nicht geschaffen ist?

Genug gescherzt. Die entscheidende Frage ist ja, ob man wirklich hundert Jahre durchhalten will, wenn Tag für Tag auf dem Teller der Salat raschelt und frische Kräutersoßen einem die Geruchsnerven strapazieren. Haben die Super-Oldies wirklich mindestens zehn Jahrzehnte voller Selbstdisziplin und Askese hinter sich gebracht für den zweifelhaften Ruhm, im Ältestenrat der Welt Platz zu nehmen? „Ach", sagte eine 101-Jährige auf Ikaria einem US-Reporter, „ich glaube, wir vergessen einfach zu sterben". Auch Giovanni Antonio Carta aus dem sardischen Dorf Mores verriet Reportern anno 2006 sein Rezept zum Altwerden: „Das Geheimnis ist, einfach nicht zu sterben". Damals war Signor Carta 106 Jahre alt.

Die Briten lassen sich ihre Lust auf theatralische Inszenierungen auch in finsteren Zeiten nicht nehmen. Ort der Aufführung: das University Hospital Coventry. Am Dienstag, 8. Dezember 2020 (Mariä Empfängnis) um 6.31 Uhr in der Frühe wurde einer älteren Dame im grellen Scheinwerferlicht und vor einer Batterie von Fernsehkameras die Spitze einer Einweg-Spritze in den linken Oberarm gepikt. Das war's, das war der historische Auftritt von Margaret Keenan, wenige Tage vor ihrem 91. Geburtstag: Als „Patient One" war sie der erste Mensch in Europa, der gegen Covid-19 geimpft wurde. Gespürt hatte sie praktisch nichts. Man sah, wie sie hinter ihrer blauen Maske zufrieden lächelte, als ein Krankenpfleger sie im Rollstuhl durch ein Spalier von Beifall klatschenden Ärzten und Schwestern schob. Frau Keenan bewies bei der Wahl ihrer Garderobe britischen Humor: Unter einer grauen Joppe trug sie ein blaues „Merry Christmas"-T-Shirt samt einem lustigen Weihnachtspinguin. Der Süddeutschen Zeitung war der Auftritt sogar eine eigene Modekolumne wert. „Was zieht man an, wenn man Geschichte schreibt?" fragte die Autorin unter der wirklich lustigen Überschrift: „Der Pinguin der Impf-Oma."

Wer nach Margaret Keenan ein Rendezvous mit der Impf-Nadel hatte, erhielt weniger Aufmerksamkeit. Zum Beispiel die Nummer 2 auf der britischen Impfliste, ein zauselbärtiger 81-jähriger Mann im grünen Schlafanzug namens William Shakespeare, der wie sein berühmter Namensvetter aus der Grafschaft Warwickshire stammt. Oder die 101-jährige Edith Kwoizalla, die in einem Seniorenzentrum in Halberstadt (Harz) lebt und früher mal selbst Krankenschwester war. Sie war, am zweiten Weihnachtsfeiertag 2020, die erste Impf-Patientin in Deutschland. „Mutti, lass dich impfen", hatte ihr Sohn sie bedrängt – die alte Dame wollte eigentlich nicht. Sie habe doch genug erlebt und wolle ihr Dasein nicht künstlich durch eine Spritze verlängern.

Die meisten Alten allerdings holten sich gern den Schutz gegen das gruselige Virus, das spätestens seit dem Frühjahr 2020 weltweit das menschliche Dasein verseuchte und vor allem die Superalten in eine Isolation zwang, in der das Leben häufig nur noch mit Durchhalteparolen zu meistern war und die Bedrohung zum hartnäckigsten Lebenspartner wurde. Die Spritze ist ein Überlebens-Elixier; wer sie hat, kann wieder durchstarten. Das gilt vor allem für jene, die lange als besonders bedrohte Lebensform galten: die Superalten. Wer's bis zur Spritze geschafft hat, hat sich befreit. Das Leben geht weiter.

G: Will jemand von euch 100 Jahre alt werden. Wenn ja, warum? Wenn nein, warum nicht?

Hans-Dieter Hillmoth: „Ich glaube nicht, dass ich von meiner Familie her betrachtet 100 Jahre alt werde. Meine Mutter ist 92, mein Vater ist sehr früh gestorben. Ich denke, irgendwann ist es gut. Vieles von dem, was man in jüngeren Jahren erleben und machen konnte, geht im hohen Alter nicht mehr. Es gibt zwar dann andere Dinge, die einem wichtig sein können – aber das ist so weit weg von dem, was einem im bisherigen Leben etwas bedeutet hat, dass es dann reicht."

G: „Es gibt ja auch die Beobachtung, dass Einstellungen sich ändern. Das Leben rollt voran; Dinge, die man früher für sich kategorisch ausgeschlossen hat, werden anders bewertet. Viele fühlen sich im Alter auch besser, als man sich das in der Jugend vorstellen konnte. Allerdings gibt es eine Einschränkung: Meistens sind es Frauen, die so superalt werden."

Herr Hillmoth: „Ja, die kichernde Witwe …"

G: „100, das ist eine magische Zahl, ein solches Alter erschien den Menschen früher unerreichbar. Aber heute, mit der Unterstützung von Medikamenten, ist es plötzlich möglich."

Herr Hillmoth: „Was ist das denn dann für ein Leben? Mag sein, dass man sich damit arrangiert. Aber vielleicht täusche ich mich auch, und das Alter hält viel weniger Schrecken bereit als man fürchtet. Ändern kann man ja ohnehin nichts. Ich würde sicher nicht Hand an mich legen, um die Sache zu beenden. Das entspricht nicht meinem Weltverständnis."

D: „Ich will niemandem zur Last fallen. Aber die Vorstellung, man ist mit 100 noch einigermaßen in Schuss, geistig und körperlich, finde ich schon faszinierend."

Herr Hillmoth: „Eine Grenze ist für mich, wenn man sich nicht mehr selber helfen kann. Wenn man nicht mehr orientiert ist."

G: „Dann bist du aber bereits in einer Situation, in der du möglicherweise gar nicht mehr selbst über dich entscheidest."

Herr Hillmoth: „Ja, das sind Grenzbereiche, über die man aus der Ferne nicht gut urteilen kann. Aber wenn es dahin käme, dass ich nicht mehr urteilsfähig bin und nur noch defensiv herum liege, dann wäre mir ein Wegdämmern lieber. Ich hatte ja bereits solche Erfahrungen. In der Narkose, zum Beispiel. In jungen Jahren hatte ich eine Kohlenmonoxid-Vergiftung – da war ich etwa acht Jahre alt – da war man wie tot. Man merkt nichts mehr. Ich lag halt leblos in der Badewanne."

D: „Kam das vom Badeofen?"

Herr Hillmoth: „Ja, Gas! Die Fenster waren natürlich geschlossen, der Abzug funktionierte nicht so, wie er sollte …"

G: „Wenn ich zurückschaue – ziemlich weit, als ich ein junger Kerl war – da war mein Blick auf die Erwachsenen so: Die waren uralt, wenn sie 60 waren. Trugen nur noch schäbige verschlissene Klamotten, saßen auf Parkbänken und haben gewartet, dass irgendjemand sich erbarmt. Das hat sich massiv geändert. 100 ist immer noch eine magische Zahl – aber früher war das die 80. Heute werde ich von 85-Jährigen angerufen die mir, beinahe vorwurfsvoll, sagen: Du bist ja noch ein junger Kerl. Es ist doch interessant, wie sich die Einschätzungen ändern und auch das eigene Gefühl. Als mein einstiger Lieblings-Chef die 60 überschritten hatte, sagte er gern: ‚Wenn du morgens wach wirst und spürst nix, dann bist du tot.' Das heißt, beim Älterwerden waren Schmerzen gewissermaßen unvermeidbar. Auch das hat sich dank der chemischen Industrie massiv geändert."

Herr Hillmoth: „Egal, wie die Entwicklungen sind – auch im Alter will man das, was einem wichtig ist, noch machen können."

D: „Ehrlich gesagt, finde ich mein Leben nach wie vor ziemlich cool. So kann's gerne weitergehen. Habt ihr eigentlich schon mal darüber nachgedacht, welche Musik auf eurer Beerdigung gespielt werden soll?"

Herr Hillmoth: „Menschen, die lange unter Krankheiten leiden, bereiten ihre Beerdigung häufig sehr akribisch vor – bis hin zur Musik. Ein Kollege, der lange an Krebs gelitten hatte, wurde auf dem Heidelberger Friedhof zu Grabe getragen, der hatte das gesamte Programm minutiös vorbestimmt. Wer reden sollte und welche Lieder – meistens Popsongs – gespielt werden sollten. Als der Sarg versenkt wurde, schien die Sonne, ein Gospelchor hat gesummt; es war sehr ergreifend."

G: „Ich würde es passend finden, wenn sich Familie und Freunde von mir mit einer Party verabschieden würden. Viele gute Getränke, gutes Essen, die Musik würde ich in einer Playlist vorgeben. Das wäre ein bisschen so, als wäre ich noch dabei."

Herr Hillmoth: „Als Ingeborg Kuper, die Wirtin vom legendären ‚Bad Homburger Wasserweibchen', starb, hatte sie ver-

Ostermarsch 2017

fügt, dass ihr Nachfolger für die Stammgäste eine rauschende Abschiedsparty veranstalten sollte. Der Konzert-Manager Fritz Rau, der fast alle seine Künstler in dieses Wirtshaus geschleust hatte (Tina Turner, Diana Ross, Stevie Wonder, Peter Maffay), war natürlich auch dabei. Das war schön. Aber jetzt erzähl du mal, wie du's mit der 100 hältst."

G: „Das ist für mich erstmal eine erschreckende Stufe. Will man die wirklich erklimmen? Anstreben würde ich das nicht. Aber Altersforscher kommen ja sowieso zu der Erkenntnis, dass eine spezifische genetische Prägung notwendig ist, damit man ein dreistelliges Alter erreichen kann."

D: „Für 85 Dollar kannst du ja dein Genom analysieren lassen."

G: „Ach, nein danke, ich will das gar nicht wissen. Am besten ist's, man lässt das auf sich zukommen."

„Menschen und Familien, die ein extrem hohes Alter erreichen, werden in Zukunft keine Seltenheit mehr sein", sagt Michaela Grimm, die beim Lebensversicherer Allianz als Expertin für Altersangelegenheiten gilt. Die Lebensdauer ist essentiell für eine Versicherung – früher konnten die Rentenzahlungen überschaubarer kalkuliert werden als heute. In Deutschland lebten 2017 17.000 Menschen über 100, weltweit gab es 2019 nach Schätzungen der UN 533.000 Hundertjährige. 2050 soll es bereits 3,2 Millionen Hundertjährige geben, Tendenz immerzu steigend. „Heute", weiß Frau Grimm, „hat jedes zweite Neugeborene in Deutschland die Chance, seinen 100. Geburtstag zu erleben." Wer um 1900 geboren wurde, hatte nur zu einem Prozent die Aussicht, 100 Jahre lang am Leben zu bleiben. Laut einer Charité-Studie von 2015 sind 90 Prozent der über Hundertjährigen Frauen. 2013 zahlte die Allianz bereits an 105.000 Kunden über 85 Jahre eine private Altersrente; 635 Rentenempfänger waren über 100.

Versicherungen wie die Allianz wollen natürlich einschätzen können, was da an Kosten auf sie zukommt – und wohin der Altersgalopp noch führen mag. Deshalb unterstützen sie zum Beispiel die Untersuchungen der US-Forscherin Rochelle Buffenstein über das Leben der ostafrikanischen Nacktmulle (Heterocephalus glaber). Das grottenhässliche bleiche Tier kann über 30 Jahre alt werden – und damit zehnmal so alt wie eine herkömmliche Ratte. Warum? Während Ratten und andere Nagetiere meistens an Krebserkrankungen zugrunde gehen oder gefressen werden, überleben die grotesken Mulle mit den aberwitzig großen Nagezähnen krankheitsfrei in ihren Höhlen, schlagen ihre Hauer in Pflanzenknollen und kümmern sich um ihre Verwandtschaft. Das Blutprotein Alpha2-Makroglobulin, unter Kennern als A2M bekannt, unterbindet bei Menschen die Bildung von Krebszellen, schwindet aber leider mit zunehmendem Alter. Den Unterwelt-Nagern indes bleibt A2M gemäß Nachforschungen des Leipziger Biochemikers Gerd Birkenmeier lebenslang in hoher Konzentration erhalten. Außerdem fand der Biochemiker in der Darmflora der nackten Ratte Ähnlichkeiten mit der Darmflora hundertjähriger Japaner auf Okinawa. Der Nacktmulch hat wahrhaftig das Zeug, der beste Freund des Menschen zu werden.

Das gilt auch für C. elegans – mit vollem Namen Caenorhabditis elegans – ein Star der internationalen Laborforschung. Der Fadenwurm ist nur einen Millimeter lang und so dick wie ein durchschnittliches Menschenhaar: 65 Mikrometer. Der Zwerg ist bestens erforscht. Er lebt unter der Erde, ernährt sich von Mikroben und Bakterien, ist ein sich selbst befruchtender Zwitter und legt in seinem kurzen Leben (zwei bis maximal drei Wochen) rund 400 Eier. Bei 25 Grad entwickelt sich aus dem befruchteten Ei an nur einem Tag eine Larve, weitere 40 Stunden später ist C. elegans ausgewachsen. Die Forscher um den späteren Nobelpreisträger Sydney Brenner verbrachten Ende der sechziger Jahre Tage und Wochen am Mikroskop, um hunderten von Fadenwürmern beim Wachsen zuzuschauen. Damit begann sein Siegeszug durch die Labore – aber wofür ist das gut? C. Elegans hat alles, was Wissenschaftler lieben: Er passt prima unters Mikroskop, ist durchsichtig, vermehrt sich blitzartig und ist dem Menschen genetisch sehr ähnlich. Der Labor-Wurm wird mit Antidepressiva behandelt, von Nikotin abhängig gemacht, mit Hormonen torpediert und Diät-Kuren ausgesetzt. Er bringt die Krebs- und Alzheimer-Wissenschaft voran – und die Erforschung des Alters. Der Bioinformatiker Ralf Baumeister schrieb 2005 in dem Wissenschafts-Magazin Biospektrum: „Praktisch alle in den vergangenen fünf Jahren gefundenen Gene, für die ein ursächlicher Zusammenhang zur Alzheimerschen Krankheit (...) besteht, wurden zunächst in C. elegans identifiziert. Auch die Einflüsse auf die natürliche Alterung versteht man heute im Wesentlichen dank der sehr aussagekräftigen C. elegans-Forschung." „Alt werden wie ein Fadenwurm" schrieb der in Berlin erscheinende Tagesspiegel über die Forschungsarbeit des besagten Professors Baumeister an der Universität Freiburg. Baumeister hatte auf der Suche nach Schlüsselgenen für die Alterung in C. elegans ein Enzym namens SGK-1 entdeckt, das auch im Menschen seine trostlose Arbeit verrichtet – es verhindert die Aktivierung lebensverlängernder Gene. Den Forschern gelang es, SGK-1 im Laborversuch auszuschalten. Der Tagesspiegel jubelt: „Die Würmer waren auch im Alter von 14 Tagen noch munter und zeigten nicht die sonst üblichen Alterserscheinungen."

Im C. elegans kamen Forscher bereits 1993 dem „Methusalem-Gen" auf die Spur. Friederike Flachsbart von der medizinischen Fakultät in Kiel über das „altersrelevante" Gen FOXO3A: „Eine verstärkte Aktivierung dieses Gens sorgte für eine Verdopplung der Lebensspanne des Wurms. Von daher ist dieses Gen schon seit längerem auch in der Altersforschung von großem Interesse." Das „Forkhead-Box-Protein", in den letzten Jahren als „Greisen-Gen" populär geworden, hat viele Forscher auf den Plan gerufen. Eine Wissenschaftler-Gruppe um Friederike Flachsbart ermittelte beim DNA-Vergleich zwischen 388 Hundertjährigen und 731 jüngeren Probanden, dass ein bestimmtes Merkmal von FOXO3 bei den Uralt-Senioren besonders häufig vorkommt. Kollegen von der Christian-Albrechts-Universität in Kiel fanden heraus, dass das Greisen-Gen Süßwasserpolypen Unsterblichkeit ermöglichen soll. FOXO3 trägt übrigens jeder Mensch in sich – allerdings bedarf es einer bestimmten Ausprägung, um für eine extreme Langlebigkeit verantwortlich zu werden. Kann es also sein, dass die Dreifaltigkeit für Gesundheit und langes Leben – gesundes Essen, körperliche Aktivitäten und eine entspannte Lebensführung – ohne die richtige genetische Ausstattung gar nichts bringt, wenn man alt werden will?

Der „Fernsehkoch" Tim Mälzer („Kitchen impossible") hat in einem für die ARD aufbereiteten „Ernährungs-Check" die Verfechter der Mittelmeer-Diät ziemlich vor den Topf gestoßen. Vier Wochen lang verpflegte Mälzer 45 Testesser mit den Erzeugnissen seiner Studioküche. Eine Gruppe ernährte sich auf Mittelmeer-Art. Eine Gruppe verzehrte deftige Hausmannskost. Eine Gruppe futterte Fast Food – zum Beispiel die größte aller denkbaren Ernährungssünden: Hamburger in Weizenmehl-Brötchen. Die einzige Gemeinsamkeit: Alle nahmen die identische Kalorienmenge

Lance Armstrong, Schumi, Ballack: Die Alten können nicht abtreten

zu sich; die einen fetttriefend, die anderen vitamingeschwängert. Nach vier Wochen ergaben Medizin-Checks: Die Blutwerte aller Probanden zeigten kaum Abweichungen – egal, wie viele Vitamine, Ballaststoffe oder Fette sie vertilgt hatten. Auch die Fast-Food-Gruppe hatte die von der Deutschen Lebensmittel-Gesellschaft empfohlene Vitaminmenge geschafft. Test-Koch Mälzer registrierte verblüfft: „Es ist schon wichtig, beim Thema Ernährung gut informiert zu sein. Aber verrückt machen sollten wir uns nicht." Mit seinem Experiment wollte Mälzer die Theorie von Peter Nawroth, Wissenschaftler am Universitätsklinikum Heidelberg, überprüfen. Dessen These: Wenn die Mindestversorgung stimmt, ist die Art der Ernährung für die Gesundheit weniger wichtig als die Anzahl der Kalorien.

Das gilt für den Club der Hundertjährigen erst recht. Der Mediziner Nir Barzilai hat am Institut für Altersforschung des Albert Einstein College in New York den Lifestyle von einigen hundert 100-Jährigen erforscht. Wie sind die Lebensumstände – leben die Oldies daheim oder im Heim? Was essen sie? Wieviel Alkohol wird gebechert, wie viele Zigaretten werden geraucht? Schlafen die Oldtimer gut, treiben sie Sport, woran glauben sie? Das Übliche also, was man zur Ermittlung der Lebenswirklichkeit wissen muss. Der Israeli Barzilai war über das Ergebnis verblüfft. „Die Empfehlungen für ein gesundes Leben – nicht rauchen, nicht trinken, viel Sport, ausgewogene Ernährung, kein Übergewicht – die gelten für uns Durchschnittsmenschen, aber nicht für sie. Hundertjährige sind eine Klasse für sich." Offenbar schafft man es auch auf den Gipfel der Alterspyramide, wenn man ein fideles Leben hinter sich gebracht hat. Barzilai über seine greisen Test-Personen: „Mit 70 Jahren waren 37 Prozent unserer Probanden nach eigener Aussage übergewichtig, acht Prozent sogar fettleibig. 37 Prozent waren Raucher, im Schnitt 31 Jahre lang. 44 Prozent sagen, sie hätten sich in Maßen bewegt. 20 Prozent haben null Sport getrieben." Das Fazit des Altersforschers: „Diese Menschen altern anders. Langsamer. Am Ende sterben sie zwar an denselben Krankheiten wie wir – aber 30 Jahre später und meist schneller, ohne langes Dahinsiechen."

Wenn die Enthusiasten der gesunden Ernährung Kronzeugen für ihre Thesen vorführen, dann zum Beispiel Giovanni Antonio Carta. Der Mann lebte im Bergland von Sardinien. „Die Chance, älter als 100 Jahre zu werden, ist in dieser Region größer als irgendwo sonst in Europa", dozierte 2006 der Spiegel. Als der Schafhirte Antonio Todde dort am 3. Januar 2002 das Zeitliche segnete, stand er kurz vor seinem 113. Geburtstag und galt als ältester Mann der Welt. Noch zwei Monate vor seinem Ableben erzählte seine Tochter Laura einer Reporterin, der größte Stress seines Lebens seien die ständigen Besuche von Honoratioren und Altersforschern. Ansonsten hielt es Todde wie sein jüngerer Alterskollege Carta: wenig Anspannung, gesunde Ernährung, viel Arbeit. Der Spiegel berichtete: „Selbst die Hochbetagten unter den Hochland-Sarden sind noch von früh bis spät auf den Beinen: Sie melken Kühe, hacken Holz, wandern mit den Schafen. Und sie ernähren sich hauptsächlich von Obst und Gemüse aus ihrem Garten. Die pflanzliche Kost verringert das Risiko von Herzerkrankungen und Darmkrebs. Sie trinken Schafsmilch und essen Pecorinokäse, der Proteine und – wie Fisch – wertvolle Omega-3-Fettsäuren enthält."

Omega-3-Fettsäuren gelten vielen Medizinern als eine Art Allheil-Mittel: gegen Herzinfarkt, Zellgifte und zu viel Cholesterin, gegen Prostata-Krebs und altersbedingte Augenerkrankungen, gegen Schlaganfall, Alzheimer, Depression und Schizophrenie. Von anderen Medizinern freilich werden viele dieser Wunder-Wirkungen bestritten; sie seien in klinischen Studien nicht nachweisbar. Das hindert natürlich die Fabrikanten von Spezial-Tinkturen keineswegs, Omega-3-Fettsäuren zum Beispiel als „veganes Öl direkt aus Algen" feilzubieten; billig ist das nicht. Dabei findet man die Fettsäuren auch in Schell- und Thunfisch, Makrelen, Lachs und Sardinen sowie in Raps-, Hanf- und Chiaöl, um nur einige Beispiele zu nennen.

Eine internationale Gilde der Altersforscher hat, angeführt von dem Autoren Dan Buettner, fünf Regionen auf unserem Globus identifiziert, die einer „Blauen Zone" zugerechnet werden: Da lebt man nicht nur besonders gesund, sondern hat auch die größten Chancen, besonders alt zu werden. Außer dem Hochland auf Sardinien sind das die griechische Insel Ikaria, die Halbinsel Nicoya (Costa Rica), Okinawa (Japan) und Loma Linda in Kalifornien.

Die Tropensonne von Nicoya versorgt die Einheimischen mit Vitamin D im Übermaß, das Wasser hat einen außergewöhnlich hohen Calcium- und Magnesium-Gehalt, und dann ist da die traditionelle Ernährung: Täglich futtern die Nicoyaner schwarze Bohnen (Antioxidantien), Papaya (Vitaminbomben), Kochbananen (Kalium) sowie Yams – gesünder geht's wohl kaum. Viele Zivilisationskrankheiten sind den Bewohnern der Halbinsel fremd, sie altern gut gelaunt vor sich hin.

So ist es auch im kalifornischen Loma Linda, hundert Kilometer östlich von Los Angeles und nicht weit weg vom Pazifischen

Ozean. Das Städtchen im San-Bernardino-County ist umzingelt von gleich großen Gemeinden, in denen Fastfood-Ketten die landestypische Ernährungsform vorgeben – nicht so in Loma Linda (spanisch für Schöner Hügel). In Loma Linda leben die Menschen laut Bevölkerungsstatistik im Durchschnitt ein Jahrzehnt länger als im Rest der USA. Bewirkt hat das eine streng gläubige und äußerst hartnäckige Lady im 19. Jahrhundert: Ellen White, eine Mitbegründerin der Siebenten-Tags-Adventisten. Missis White beschloss um 1860, auf den lieblichen Hügeln von Loma Linda eine Gemeinde zu gründen. Die Mitglieder dieser protestantischen Freikirche betrachten den menschlichen Körper als „Haus Gottes", das es sauber zu halten gilt – kein Alkohol, keine Drogen, keine Zigaretten. Die bibelgläubigen Adventisten halten sich an biblische Speisegebote, Schweinefleisch, Pferdefleisch, Kaninchen sowie Schalentiere (Muscheln und Krabben) sind ihnen verboten. Viele Adventisten, weiß das allwissende Wikipedia, „ernähren sich vegetarisch". 1956 wurde in Loma Linda der zweite rein vegetarische Supermarkt der USA eröffnet. So kann man 100 werden, wenn man mag – Betty Streifling zum Beispiel hat es geschafft. Sie war 101, als sie einem BBC-Reporter ihr Rezept für ein langes Leben diktierte: „Ein einfaches Leben führen, ohne Alkohol, ohne Tabak, früh zu Bett gehen, Gott preisen für seine Güte und dafür, dass er mein Leben segnet".

Geht's vielleicht auch lustiger? Als erfolgreichste Senioren-Schmiede der Welt gilt Okinawa, „die Insel der Hundertjährigen". Nirgends soll es so viele Uralt-Frauen geben wie hier – vor allem in dem 3.000-Einwohner-Nest Ogimi. Auf einem Stein am Ortseingang hat die Gemeinde stolz eine Plakette anbringen lassen: „Nummer Eins für Langlebigkeit". Die einstige Fischersfrau Ushi, damals 106 Jahre alt, demonstriert einer Abgesandten des deutschen Ärzteblatts 2009 ihre kognitiven Fähigkeiten, indem sie das japanische Alphabet vor und rückwärts aufsagte und ihre Kopfrechen-Künste zum Besten gibt. „Du hast nur Tofu im Kopf", hatte ihr einst ein Lehrer vorgehalten – sie galt nicht als besonders helle. Dafür hat sie gewusst, wie man alt wird. Natürlich ernährt sie sich vorzugsweise von Fisch (Omega-3), frischem Obst, Gemüse, Ingwer, Tofu und Seetang. Als wahre Anti-Aging-Bombe gilt die genoppte Bittergurke, die hier Goya heißt. Aber das andernorts verpönte Schweinefleisch wird auch gern genommen. Es wird lange gegart, wobei das Kochwasser mehrfach gewechselt wird – das soll dem Schwein die Cholesterin-Gefahr austreiben. Am Abend genehmigt sich Frau Ushi gern noch das japanische Nationalgetränk. Nein, nicht den Tee, sondern den aus poliertem Reis gebrauten Sake. Ein Glas ist immer drin, manchmal auch zwei.

Das Wort „Ruhestand" gibt es in der Sprache der Okinawa-Japaner nicht. „80-Jährige klettern noch auf Bäume, um Früchte zu ernten", beobachtete verwundert die Reporterin der Ärztezeitung. Dem Kollegen aus der Schweiz gaben die alten Damen Tipps fürs Altwerden. Die 96-jährige Sumiko Taira: „Ich habe sechs Kinder, 16 Enkel und 28 Urenkel. Bei Ebbe gehe ich noch heute raus ins Meer und fange Tintenfische und Krebse." Sayo Miyagi (99): „Singen und die alten Lieder in Erinnerung behalten: das ist mein Geheimnis für ein langes Leben." Matsu Matsuda, 97 Jahre alt: „Um sechs Uhr stehe ich auf. Dann lege ich den Schalter meines Reiskochers um und bereite mir eine Misosuppe mit Knoblauch zu. Dazu gibt's Thunfisch, Seetang und Eier. Und täglich Honig und einen Apfel. Das ist mein Rezept. Solltest du auch probieren." Hatsu Yamakawa (100): „Das beste Rezept für ein langes Leben? Nicht daran denken!" Und schließlich die 101-jährige Uto Komesu: „Das Prinzip heißt: Hara hachi bu – hör auf zu essen, bevor dein Magen voll ist."

Bleibt noch das mehr als 9.000 Kilometer Luftlinie entfernte Ikaria, „die Insel, auf der die Menschen zu sterben vergessen", wie die New York Times 2012 schrieb. Der Anteil der 90-Jährigen, berichtet der Athener Kardiologe Christodoulos Stefanidis, sei auf diesem Eiland in der Ägäis zehnmal so hoch wie im europäischen Durchschnitt. Woran liegt's? Natürlich auch an der Ernährung: Hülsenfrüchte, Wildgemüse, Obst, Kräuter, Fisch, Oliven, Ziegenmilch und Schafskäse – was halt dort so auf den Tisch kommt.

Viel Bewegung braucht der alte Mensch außerdem, rechnet der Kardiologe vor, dazu wenig Stress und „viel Sex". Bei einer Befragung von 284 Männern über 65 gaben acht von zehn an, regelmäßig sexuell aktiv zu sein. Ob da vielleicht auch jemand geschwindelt haben könnte, hat der Herr Stefanidis nicht ermittelt.

1666 wurde Joseph Georgirenes, bis dahin Mönch auf dem Berg Athos, Erzbischof von Samos und Ikaria. Der Mann, der später die erste griechisch-orthodoxe Kirche in London (Soho) gründen sollte, schrieb schon vor über 350 Jahren, wie das Heilklima der Insel den Menschen das Sterben austrieb: „Besonders verdienstvoll auf dieser Insel sind die Luft und das Wasser, beide so gesund, dass die Menschen sehr langlebig sind. Hier ist es ganz normal, Menschen zu treffen, die 100 Jahre alt geworden sind." Bereits in der Antike lockte die Insel Medizin-Touristen aus dem ganzen Land an die äußerste Grenze ihres Staatswesens (Ikaria liegt 30 Kilometer vor der türkischen Küste). Sie suchten Linderung bei Lungenproblemen, Arthrose und Allergien und fanden sie in den heißen Thermalquellen im Süden, wo bis zu 60 Grad heißes Heilwasser, aufgeladen mit Schwefel, Natrium, Radium und Radon, aus dem Erdreich quillt. Die Thermen von Ikaria gelten als weltweit stärkste, radioaktive Solequellen.

Der amerikanische Autor Dan Buettner reiste im Auftrag der National Geographic Society auf Spurensuche nach Ikaria und traf Dr. Ilias Leriadis, einen der wenigen Ärzte auf der Insel. Leriadis wusste zu berichten, was die Einheimischen so lange am Leben hält und zählte auf: „Alte Menschen beginnen ihren Tag mit einem Löffel Honig. Sie nehmen ihn wie Medizin – ein Honig, wie es ihn sonst nirgends gibt auf der Welt. Sie nehmen ihn für alles, um Wunden und Hangover zu heilen oder Erkältungen zu bekämpfen." Vorm Schlafengehen gönnt sich der Ikarianer noch ein Tässchen Berg-Tee, zusammengebrüht aus getrockneten Kräutern – wildem Majoran, Salbei, Pfefferminze und Rosmarin. Der Gute-Nacht-Cocktail wird, wenn zur Hand, auch noch gern mit Löwenzahn-Blättern und einem Spritzer Zitrone aufgehübscht, schon ist einem ein störungsfreier Schlummer gewiss. Sofern man zuvor noch den unvermeidlichen Wein zu sich genommen hat.

Während des Gesprächs mit dem Amerikaner maufelte der Insel-Doktor Leriadis Kalamata-Oliven und Hummus, gönnte sich dazu ein paar Gläschen Wein und gab dem Gast eine kleine Lehrstunde, was wirklich zählt, wenn man in die Jahre kommen will: „Wir stehen spät auf und nehmen zwischendurch immer noch kleine Nickerchen. Ich öffne mein Büro nicht vor 11 Uhr am Morgen, weil vorher sowieso niemand kommt. Haben Sie schon bemerkt, dass hier niemand eine Uhr trägt? Wenn man hier jemanden zum Mittagessen einlädt, kann es sein, dass er um 10 Uhr morgens oder um 6 Uhr nachmittags kommt. Wir interessieren uns einfach nicht für die Uhrzeit."

Auf seiner Insel-Tour traf Dan Buettner ein Ehepaar, das in den zwanziger Jahren geheiratet hatte. Ihr Leben war wohl organisiert: Zum Frühstück gab es Ziegenmilch, Salbeitee oder Kaffee, Honig, Brot – und Wein. Mittagessen: Bohnen, Linsen, Kräuter, Kartoffeln, Gemüse. Abends Ziegenmilch und Brot. Vor Weihnachten wird das Familienschwein geschlachtet, das reicht dann, um für die nächsten Monate die Mahlzeiten mit ein paar Fleischhäppchen aufzupeppen. Vor Sonnenuntergang stehen allabendlich die Wein-Karaffen auf dem Tisch.

Irgendwie schade, dass wir nicht im milden Klima und unter gut gelaunten Mitbürgern die Zahl unserer Geburtstage maximieren. Aber wie ist das hier im unfreundlicheren Germanien? Möchten Sie 100 Jahre alt werden? Die Frage geht an Prinz Asfa-Wossen Asserate.

Herr Asfa-Wossen: „Ich kann Ihnen dazu eine deutliche Antwort geben: Auch wenn der liebe Gott mir diese Zeit und auch die entsprechende Gesundheit dazu geben würde, würde ich absolut Nein sagen. Wenn Sie niemanden mehr haben, mit dem Sie ein Gespräch führen können, und dieses Gespräch beginnt mit folgendem Satz: Kannst du dich erinnern? Wenn kein Mensch mehr da ist, dem du diese Frage stellen kannst – was willst du dann allein auf dieser Welt? Wenn alle Menschen um dich herum sich nicht erinnern können, weil sie zu jung sind – was willst du dann noch hier? Die Frage müsste also richtigerweise heißen: Möchtest du allein 100 Jahre alt werden – oder zusammen mit deiner Familie, deinen Freunden und Bekannten? Ach ja, wenn es diese paradiesische Situation geben sollte ... – dann würde die Antwort anders lauten."

G: „Viele Menschen sagen ja: Wenn ich noch bei Sinnen bin, wenn ich noch Genuss haben kann am Leben – dann könnte ich ein solch hohes Alter für erstrebenswert halten. Aber die meisten sind natürlich skeptisch, ob sich diese Bedingungen erfüllen lassen."

Herr Asfa-Wossen: „Ich bin auch sehr skeptisch. Ich bin fest überzeugt, dass wir das Wahre, Gute, Schöne schon hinter uns gebracht haben. Ich bin überzeugt, dass wir als Gesellschaft dabei sind, die Ethik, das Gute, das Schöne immer stärker zu verlieren. Wir werden zu einer Massengesellschaft herangezogen, die Individualität wird künftig immer weniger eine Rolle spielen – und in dieser Welt möchte ich einfach nicht leben! Andererseits ist es natürlich Quatsch, zu behaupten, dass früher alles besser gewesen sei. Generationen vor uns haben das auch schon immer behauptet. Aber ich begegne dem Verlust immerzu. Die Erdbeeren waren früher süßer, das Fleisch war geschmeidiger, die Würste waren schmackhafter. Es gab viel mehr Brotsorten und Kuchenarten ... Mag sein, dass das alles in meinem Kopf stattfindet – aber ich habe das Empfinden, dass die Lebensqualität immer mehr abnimmt."

G: „Sie träumen vom Geschmack von gestern."

Herr Asfa-Wossen: „Ja, Sie haben vollkommen recht. Es ist der Geschmack unserer Jugend, die Erinnerung an Freundschaften, an Hoffnungen, die man hatte, an die bunten Farben, die wir gesehen haben – all das schmeckt man mit. Und das ist das, was ich heute vermisse. Die Welt ist grauer geworden. Vielleicht ist das ein Zeichen des Alters. Vielleicht empfinden wir so wie Tal-

Apo-Opa erzählt

leyrand, der über die Zeit vor der Französischen Revolution gesagt hat: ‚Wer das Ancien Régime nicht kannte, wird niemals wissen können, wie süß das Leben war.'"

G: „Träumen Sie manchmal davon, nach Afrika zurückzukehren?"

Herr Asfa-Wossen: „Selten. Mein Afrika, mein Äthiopien gibt es nicht mehr. Das ist passé. Grundsätzlich aber ist es so, dass die Menschen in Afrika mehr Respekt vorm Alter haben als in Deutschland. Zwar fallen auch die afrikanischen Gesellschaften auseinander, aber bislang gibt es dort nur sehr wenige Heime für Senioren. Meistens leben die Menschen in Mehr-Generationen-Häusern – Großeltern, Eltern, Kinder, Enkel unter einem Dach. Es gibt also noch eine echte Gemeinsamkeit zwischen

Jungen und Alten. In Europa dagegen regiert die Jugend; die Alten versuchen, jugendlich zu wirken."

Die vermutlich bedeutendsten Untersuchungen zur Langlebigkeit in Deutschland sind zwei Heidelberger Hundertjährigen-Studien; die erste wurde zu Beginn des Jahrtausends, die zweite zehn Jahre später durchgeführt. Über 80 Prozent der Hundertjährigen äußerten sich in der zweiten Studie zufrieden mit dem eigenen Leben, fast die Hälfte (46 Prozent) sogar „sehr zufrieden". Von den rund 100 im Rhein-Neckar-Raum lebenden Hundertjährigen, die von den Wissenschaftlern ausgeforscht wurden, war nur eine einzige Person total unzufrieden mit dem als viel zu lang empfundenen Leben.

Hundertjährige, so die Erkenntnis aus den beiden Untersuchungen, sind genauso zufrieden mit ihrem Leben wie Vierzigjährige. Häufig allerdings, so ermittelten die Heidelberger Forscher, fällt es den Uralt-Bürgern schwer, im eigenen Leben noch einen Sinn zu finden – vor allem fehlt ihnen der „Austausch mit jüngeren Generationen". Haben die Super-Oldies noch Ziele? Durchaus – manche davon richten sich auf die Familie. „Am 1. September ist die Hochzeit des Enkels, da steuere ich drauf zu", sagt zum Beispiel einer. Manche bereiten ihren Abgang vor. Ein Befragter sagte den Forschern: „Ich sehe jetzt dem Ende entgegen und das ist mir wichtig, dass es in Ordnung verläuft. Kein Gedöns machen, wenn ein alter Mensch stirbt." Ein anderer hofft: „Ich will in meiner Wohnung bleiben. Nicht ins Heim." Und noch einer sagt: „Ich will meiner Frau nicht zur Last fallen. Sie wünscht sich ja immer, dass ich noch länger lebe. Da versuche ich auch noch vernünftig zu leben."

Der Gedanke an den Tod wird jenseits der 100 ein ständiger Begleiter. „Ich bin alt genug", sagt einer, „es reicht jetzt. Ich kann ja nichts mehr machen. Mit 90 war es noch schön." Als bedrohlich allerdings empfinden die meisten Hundertjährigen die Beschäftigung mit dem Ende nicht. Ein Befragter erklärt: „Wenn ich abends ins Bett gehe und mich zum Schlafen lege, dann ist das nicht Bedrohliches, und so stelle ich mir den Tod vor." Ein anderer erwartet: „Ich bin bereit, jeden Tag zu gehen – nur heute und morgen nicht."

Viele Hundertjährige, so ein Fazit der Heidelberger Untersuchungen, können „Tätigkeiten ausführen, die ein selbständiges Leben ermöglichen". Heutige Hundertjährige hätten „eine bessere Funktionstüchtigkeit" als frühere Uralt-Jahrgänge. Tendenziell leben heute mehr Hundertjährige im Privathaushalt als im Heim. „Auf der Ebene der geistigen Leistungsfähigkeit", bilanzieren die Forscher außerdem, „sind die heutigen Hundertjährigen sogar statistisch bedeutsam gesünder".

2015 veröffentlichte das Institut für Medizinische Soziologie und Rehabilitationswissenschaft an der Berliner Charité die Ergebnisse einer Studie, bei der 15 Frauen und vier Männer im Alter von 98 bis 105 zu ihrem Leben befragt wurden. Die meisten beschrieben sich selbst als weitgehend gesund. Bettina K., Jahrgang 1912, Berlinerin: „Ich war eigentlich die meiste Zeit jesund." Ludwig H., Jahrgang 1915, Sachse: „Von ernsthaften Krankheiten bin ich ja verschont geblieben. Außer Kinderkrankheiten wie die Masern, nicht wahr, habe ja keine ernsthafte Krankheit gehabt." Frederike M., Jahrgang 1912, Schlesierin: „Da hab ich eigentlich Glück, dass ich so lange lebe. Naja, nu tut mir ja auch weiter nischt weh. Und das bisschen, wenn dann mal was weh tut, das geht auch wieder vorüber." Die vier Männer klagen am meisten, zum Beispiel über „die komische Sache hier mit der Gallenblase" (Johann B., Jahrgang 1913, Westfale), darüber, dass das rechte Bein „halbtot" sei und er „ohne so einen Rollator nicht laufen kann, dann falle ich um" (Paul P., Jahrgang 1913, Berliner), über Hüftoperationen und Herzschrittmacher. Ohne Stock oder Rollator bewegt sich von den Berliner Hundertjährigen keiner mehr, viele klagen über trüb werdende Augen. „Mein Mann muss mir die Zeitung vorlesen. Ich sage: Das ist das einzige, was du für mich tun kannst."

Und wie ist das mit dem Sterben? Mathilda R., Jahrgang 1915, Oberschlesierin: „Ich sage immer, wenn der Sensenmann vor der Tür steht, dann muss ich eben gehen." Sophie C., Jahrgang 1912, geboren in Sachsen: „Ich meine, ich bin 102, da is mir der Tod schon ziemlich nah (lacht). Manchmal, wenn ich nachts zur Toilette gehe, habe ich das Gefühl, er steht draußen vor der Tür, aber rein kommt er noch nicht."

Wollen Sie 100 Jahre alt werden? Wir fragen Peter Splettstößer, den umtriebigen Chef des Edel-Supermarkts „Scheck-In Center" im Frankfurter Ostend: „Nein, ich will auf keinen Fall 100 Jahre alt werden. Ich verbinde das mit Bildern von entkräfteten Menschen, die nicht mehr über sich selbst bestimmen können. Von Einsamkeit. Ich möchte nicht nur noch daheim sitzen, an der Welt nicht mehr teilhaben … Am liebsten wäre es mir, wenn es so weit ist: ich kippe um und dann bin ich tot. Aber das kann man sich ja nicht aussuchen."

Rainer Wicke (Jahrgang 1950) ist ein Anwalt, Notar und Hobby-Rennfahrer, der in der Frankfurter Gesellschaft im Ruf steht, besonders unerschrocken zu sein. Gilt das auch für das existentielle Thema des Altwerdens? Wicke zwingt seine Zuhörer mit einer ungewohnt leisen Stimme zu gehobener Konzentration. Ob das Tonband dieser Phonarmut gewachsen ist? Die Frage muss sein, denn die Herren sitzen in der Gaststätte „Zum Bitburger". Die Trink- und Essstube steht bei manchen im Ruf, das frischeste Bier in ganz Frankfurt zu servieren; der Schaum bäumt sich über dem eigentlichen Getränk wie eine mittels Drei-Wetter-Taft fixierte Damenfrisur. Das Bitburger ist überfüllt mit schreienden Männern um die 30, allesamt Banker; einige wenige Frauen haben sich auch hereingetraut. Sie brüllen einander Aktienkurse, Immobilienpreise, Brexit-Klatsch sowie Neuigkeiten über gefeuerte Manager entgegen. Die Frauen werden auch angebrüllt; unter Bankern funktionieren die Anmach-Versuche offenkundig wie auf dem Börsenparkett. Und am Rande hocken die drei Männer und reden über Leben und Tod.

Was bleibt von Fidel Castro?

G: „Möchtest du 100 Jahre alt werden?"

Rainer Wicke: „Wenn ich dann noch alleine aus dem Fenster steigen kann, dann ja."

G: „Alle Achtung, der Herr hat das Buch gelesen."

Herr Wicke: „Ich habe das Buch durchgeblättert."

G: „Abgesehen von meinem Mitautoren sind bislang alle, die wir nach dem magischen Alter befragt haben, zurückgezuckt. Du stehst der Methusalem-Schwelle aufgeschlossener gegenüber."

D: „Ja, durchaus."

Herr Wicke: „Am letzten Wochenende habe ich mich mal wieder bei einer Rallye versucht. Ich bin Dreißigster geworden."

D: „Von wie vielen?"

Herr Wicke: „Insgesamt waren 58 oder 60 am Start."

D: „Oho, nicht schlecht."

Herr Wicke: „Ich muss allerdings dazu sagen, dass insgesamt nur 33 das Ziel erreicht haben. Viele schaffen es einfach nicht, nach einem Ausflug ins Gelände zurück auf die Strecke zu kommen. Ich muss zwar feststellen, dass ich langsamer geworden bin – aber ich hatte das Glück, von einer Wiese, auf die ich irgendwie geraten war, wieder die Strecke zu erreichen. Es war dunkel, hat geregnet, einer hat nach einem geraden Stück in der Kurve den Bremspunkt verpasst und rutschte hundert Meter weit über eine Rasenfläche, wo die Fahrt in einem Auto von Zuschauern endete. Das führte dazu, dass vier Menschen ins Krankenhaus gebracht werden mussten."

G: „Könntest du dir vorstellen, dass du irgendwann mal deinen Führerschein abgibst?"

Herr Wicke: „Freiwillig?!"

G: „Darum geht es ja."

Herr Wicke: „Ehrlich, ich würde die Fahrerlaubnis sofort abgeben, wenn ich den Eindruck hätte, dass die Allgemeinheit durch mein Fahrverhalten geschädigt wird. Da meine Frau allerdings immer anmerkt, wenn ich von einer Rallye heimkäme, sähe ich besonders frisch aus, werde ich mich bemühen, diese Situation immer wieder zu erleben."

G: „Vor kurzem traf ich den früheren Oberbürgermeister der Stadt Fulda, Dr. Wolfgang Hamberger…"

D: „Ein legendärer Mann."

G: „So ist es. Der Mann hat sich entschlossen, vor seinem 90. Geburtstag den Führerschein abzugeben. Er sagte, man könne das nicht beschönigen – damit verliere man ein Stück Eigenständigkeit und Selbstbestimmung. Also, noch einmal: Könnt ihr euch vorstellen, den Lappen abzugeben? Es gibt ja durchaus Druck in der Öffentlichkeit, dass Superalte hinterm Steuer nichts mehr verloren hätten."

D: „Dagegen steht allerdings die Verkehrsstatistik. Fahranfänger verursachen sehr viel mehr Unfälle als Senioren."

G: „Die Alten tauchen allerdings auch in der Verkehrsstatistik auf – aber meistens als Fußgänger. Sie schaffen es halt häufig nicht schnell genug zur anderen Straßenseite."

Für Biologen ist das Altern schlicht der Verlust der Fähigkeit, sich zu reparieren und zu erneuern. So hat es die Süddeutsche Zeitung aufgeschrieben in einem Artikel über den australischen Biologen und Genetiker David A. Sinclair. Sinclair hat ein Buch verfasst mit dem Titel „Das Ende des Alterns". Bei Versuchen mit Labortieren soll es ihm gelungen sein, den Altersprozess nicht nur zu verlangsamen, sondern umzukehren: Die Tiere seien jünger geworden. Jetzt soll das Rezept des Professors Sinclair auf die Menschen übertragen werden.

Der Biologe tritt gern als wandelnder Beweis für die Richtigkeit seiner Thesen auf. Er ist 50 (Jahrgang 1969), als er den Reporter der Süddeutschen trifft; sein Bluttest weist ihm ein Alter von 31,4 Jahren zu. „Ich bin mein eigenes Versuchskaninchen", erzählt er dem Reporter, „wenn es bei der Maus klappt, will ich sehen, wie es bei mir wirkt." Welche Wundermedizin schluckt er denn, um sich zu verjüngen? Sinclair zählt bereitwillig auf: Morgens ein Gramm Nicotinamid-Mononukleotid (NMN) in einer Kapsel, im eigenen Labor hergestellt. Dazu ein halbes Gramm Resveratrol, ein gleichfalls im eigenen Labor produziertes Pulver, in Joghurt aufgelöst. Abends nimmt er noch ein Gramm Metformin, ein Diabetes-Mittel, das auch gegen Demenz, Krebs und Herzerkrankungen helfen soll. „Ich wette", sagt der Australier, „ein Drittel meiner Kollegen nimmt es". Jedenfalls sollen Bodybuilder den vielseitigen Stoff zum Fettabbau einsetzen.

Wie jung könnte man wieder sein, wenn der australische Professor Erfolg haben sollte? Während Wissenschaftszirkel und Medien sich über praktische und moralische Gesichtspunkte der Verjüngungskur ereifern, geht Sinclair unverdrossen ans Werk. Seine Frau Sandra Luikenhuis, eine deutsche Genetikerin, und sein Vater beteiligen sich, und sein Pudelmischling Charlie muss auch mitmachen.

Ob das die Hundertjährigen überhaupt interessieren würde? Nochmal jünger sein, manches nochmal erleben? Die Stars unter den Superalten waren sowieso eine Klasse für sich – was zu beweisen wäre. Voilà:

Sarah Knauss, 1880 bis 1999, als zweitältester Mensch der Weltgeschichte anerkannt. Die nur 1,40 Meter große Schneiderin aus Allentown, Pennsylvania, wurde als Sarah DeRemer Clark in Hollywood, Pennsylvania, geboren und lebte 119 Jahre und 97 Tage (insgesamt 43.530 Tage), trank keinen Alkohol, rauchte nicht, war gläubiges Mitglied der Episcopal-Church of the Mediator. Sie aß gern Schokolade und Cashewnüsse. Nichts konnte sie aufregen, immer offenbarte sie ihr optimistisches Temperament; sie lächelte gern und ausgiebig – und ihr Leben wurde von Medien und Wissenschaftlern ausgiebig untersucht. 1901 heiratete sie Abraham Lincoln Knauss; ihr Hochzeitskleid schneiderte sie selbstverständlich selbst, aus französischem Leinen. Die Ehe hielt 64 Jahre, bis zum Tod des Ehemanns im Jahr 1965. Im Alter von 85, Sommer 1966, begann sie mit dem Auto durch die USA zu reisen. Im Alter von 104 zog sie zu ihrer Tochter. Mit 106 brauchte sie einen Rollstuhl. Sie sah gern Golf im Fernsehen, machte Gobelin-Stickerei, nahm an Bibelstunden teil, ging einmal die Woche zum Friseur. „Ich bin gerne alt, weil ich gesund bin und noch was machen kann", sagte sie, als sie 115 war. Mit 119 wurde sie beinahe vollständig taub, aber als ihr jemand zum Geburtstag gratulierte, sagte sie: „Einhundertundneunzehn? Das kann nicht stimmen." Die Los Angeles Times zählte auf, was während ihres Lebens so passierte: „Sarah Knauss hat sieben amerikanische Kriege überlebt, den Untergang der Titanic und den Alleinflug von Charles Lindbergh über den Atlantic. Sie ist älter als die Brooklyn Bridge und die Freiheitsstatue und war bereits 88, als Neil Armstrong im Juli 1969 über den Mond marschierte." Am 30. Dezember 1999, zwei Tage vor dem Jahrtausendwechsel, schlief sie auf ihrem Sessel ein und wachte nicht mehr auf. Ihre Toch-

ter Kathryn sagte: „Sie war ein sehr gelassener Mensch, nichts konnte sie aufregen. Deshalb ist sie so alt geworden."

Marie-Louise Meilleur, 1880 bis 1998, wurde 117 Jahre und 230 Tage alt. Geboren als Marie-Louise Febronie Chasse in Kamouraska, Quebec, Kanada, gilt sie noch immer als älteste Kanadierin. Sie war 20, als sie ihren ersten Ehemann heiratete, einen gewissen Etienne Leclerc (1900). Die beiden hatten im Geschwindgang sechs Kinder, von denen zwei schon früh an Diphterie starben. Etienne Leclerc starb nach elf Jahren Ehe, 1911. Vier Jahre später heiratete Marie-Louise erneut, einen gewissen Hector Meilleur, mit dem sie sechs weitere Kinder hatte. Sie liebte Musik, sang in einem Chor, ernährte sich vegetarisch, trank keinen Alkohol – paffte aber noch selbstgedrehte Zigaretten, als sie die 90 bereits überschritten hatte. Sie erzählte gern, Napoleon Bonaparte habe ihren Großvater auf den Knien geschaukelt. 1972 starb ihr zweiter Ehemann. 1986 (da war sie gerade 106 geworden) nannte sie als Geheimnis ihrer Langlebigkeit: „Harte Arbeit. Harte Arbeit hat noch nie einen Menschen umgebracht." Im Alter von 110 ging sie in ein Pflegeheim, aber sie konnte immer noch ohne Hilfe spazieren gehen, unterhielt sich blendend, schlief gut und aß mit großem Appetit. Im Alter von 112 wurde sie offiziell die älteste Kanadierin – „Armes Kanada", witzelte sie. Im Alter von 116 hörte und sah sie immer schlechter. Ihre jüngste Tochter Rita sagte: „Sie ist wie ein Baby. Alles, was sie will, ist essen und schlafen." Als Marie-Louise Meilleur im April 1998 starb, war ihre älteste Tochter Gabrielle 90 Jahre alt und einer ihrer Söhne lebte im selben Pflegeheim. Sie hinterließ 85 Enkel, 80 Ur-Enkel, 57 Ur-Ur-Enkel und vier Ur-Ur-Ur-Enkel.

Die südfranzösische Stadt Arles, am Rande der Camargue und 25 Kilometer vom Mittelmeer entfernt, ist vor allem für ihre Altertümer bekannt: das über 2.000 Jahre alte Antike Theater aus der Zeit des Kaiser Augustus zum Beispiel, die historische Altstadt, die mittelalterliche Kathedrale. Und Jeanne Calment, 1875 bis 1997. Die Frau aus Arles gilt immer noch als älteste Frau auf Erden und wurde 122 Jahre und 164 Tage alt – wenn da nicht geschummelt wurde. Schon zu Lebzeiten wurde Madame Calment als Wunderfrau vorgeführt. Noch kurz vor ihrem Tod notierte ihr Hausarzt Denis Méry: „Herz- und Kreislaufsystem, Atmung und Verdauung von Madame Calment funktionieren zufriedenstellend. Von einer fiebrigen Lungeninfektion hat sie sich Ende Januar nach einem kurzen Aufenthalt im Krankenhaus rasch erholt. Ihre intellektuellen Fähigkeiten müssen als erstaunlich bezeichnet werden." – „Der liebe Gott hat mich wohl vergessen", sagte sie einem Reporter als Grund für ihr langes Leben – außerdem zählte sie auf: Olivenöl, Knoblauch und Portwein. Mit 85 fing sie an zu fechten. Mit 100 fuhr sie noch Fahrrad, mit 120 nahm sie eine Techno-CD auf. Bis kurz vor ihrem Tod rauchte sie. Oder war das alles nur gelogen? 2018 versetzten der russische Mathematiker Nikolai Sak und sein Landsmann Waleri Nowoselow, ein

Die Kaufhauskette METHUSALEM jetzt auch in Ihrer Nähe!

Gerontologe, die Zunft der Altersforscher in Aufruhr. Über Monate, schreiben sie in einem Untersuchungsbericht, hätten sie Biographien, Interviews, Fotos, Zeitzeugenberichte und Behörden-Unterlagen durchforstet und seien zu dem Schluss gekommen, dass die 1997 gestorbene Frau „unmöglich" Jeanne Calment gewesen sei – sondern ihre Tochter, Yvonne Calment. Die beiden Russen behaupten: Jeanre Calment sei bereits 1934 an den Folgen einer Rippenfellentzündung gestorben. Tochter Yvonne habe kurzentschlossen die Identität der Mutter angenommen – wahrscheinlich, um keine Erbschaftssteuer zahlen zu müssen. Als sie unter dem Namen ihrer Mutter starb, sei sie in Wahrheit erst 99 Jahre alt gewesen, von einem Rekord also weit entfernt. Gern hatte die betagte Madame erzählt, als junges Mädchen sei sie im Geschäft ihres Vaters „diesem bescheuerten Maler" begegnet –

Vincent van Gogh. Lüge, sagen die beiden Russen – van Gogh sei damals längst tot gewesen.

Die Enthüllungs-Forscher listeten ihre Zweifel auf: die Frau sei viel zu jung gewesen für ihr Alter, Augenfarbe und Körpergröße hätten nicht mit der späteren Jeanne übereingestimmt, Familienfotos seien systematisch vernichtet worden, es gebe erstaunliche Wissenslücken. „Komplett unmöglich und lächerlich" findet Michel Vauzelle, der früherer Bürgermeister von Arles, die Enthüllungen aus Russland. Die älteste Bürgerin der Stadt sei über Jahrzehnte von verschiedenen Ärzten betreut und überwacht worden – und denen soll verborgen geblieben sein, dass sie eine Fake-Patientin in ihrer Praxis hatten? Kühl weist auch der französische Gerontologe Jean-Marie Robine, der die alte Dame mehrfach befragt hatte, im Interview mit Le Parisien die Betrugs-Vorwürfe der Russen zurück: „Können Sie sich vorstellen, wie viele Menschen da gelogen haben müssten? Über Nacht müsste Fernand Calment, Jeannes Ehemann, die Tochter als Frau angenommen haben – und alle haben stillgehalten? Die Behauptungen haben keinerlei Grundlage." So sieht es auch das Guinness-Buch der Rekorde: Da wird Jeanne Calment unverändert als ältester Mensch der Welt geführt.

Charlie Nelson, 1867 bis 1978, blieb den größten Teil seines 110 Jahre und 333 Tage langen Lebens gesund und neugierig. Früh zog er von seinem Geburtsort Canton, Ohio, nach Guthrie Center, Iowa, wo er sich an vielen Jobs versuchte: Lehrer, Betreiber eines Drogerie-Geschäfts, Versicherungsmakler, Uhrmacher. Im Alter von 80 wurde er zum Bürgermeister gewählt. Im Alter von über 90 flog er zum ersten Mal in einem Flugzeug, nach Miami. Im Alter von 99 fuhr er immer noch selbst sein Auto.

Sophia DeMuth, 1866 bis 1977, wurde 111 Jahre und 155 Tage alt und erinnerte sich noch im hohen Alter daran, dass sie als Kind in ihrem Geburtsort St. Joseph, Missouri, den berüchtigten Ban-

diten Jesse James getroffen haben will. Ihr Ehemann Oliver hielt es lange bei ihr aus: Er wurde 101 Jahre alt.

Henry Perignon, 1879 bis 1990, wurde in Sèvres, Ile-de-France, geboren, und lebte 110 Jahre und 247 Tage lang. Der größte Stolz seines Lebens war es, dass er dem französischen Kriegshelden Marschall Louis Hubert Lyautey – während des Ersten Weltkrieges Kriegsminister, der seinen letzten Ruheplatz im Pariser Invalidendom fand – als Chauffeur zu Diensten war. Der Job brachte ihm den Verlust eines Auges ein. Danach arbeitete er in einer Wäscherei und ging 1934, im Alter von 55, in Rente. Im Alter von 102 wurde ihm in der Uniklinik von Caen ein Herzschrittmacher eingesetzt – danach konnte er wieder seinem Lieblingshobby nachgehen: Fahrrad fahren.

Moses Hardy, 1894 bis 2006, war der am längsten überlebende schwarze US-Veteran des Ersten Weltkrieges. Der Sohn früherer Sklaven aus Aberdeen, Mississippi, erzählte später, er habe Todesangst ausgestanden, als er zu seinem Kriegseinsatz in Frankreich eintraf. Er war überzeugt, allein sein Glaube habe ihn überleben lassen – eine Senfgas-Attacke am Ufer der Meuse, die mörderischen Einsätze, bei denen viele Freunde ihr Leben ließen „und das Kantinenessen". Danach war er überzeugt, dass er die rauesten Lebensphasen meistern könnte – nach dem Krieg, zurück in Mississippi, arbeitete er als Schulbusfahrer, Farmarbeiter und Kosmetik-Verkäufer. Selbst mit 100 ging er noch von Haustür zu Haustür und verkaufte die Produkte von „Lucky Heart Cosmetics", die Schönheits- und Haar-Cremes „für alle Ethnien", also auch für Schwarze feilboten. Im Alter von 108, berichtete sein jüngster Sohn Jean Dukes, fuhr er noch täglich mit dem Auto in die Stadt. Er bereitete sich sein Essen – Kohl, Brot, Buttermilch und Kartoffeln – am liebsten selbst zu, hielt sich sein 112 Jahre und 335 Tage währendes Leben von Alkohol und Zigaretten fern. Bis zuletzt konnte er sich ohne Gehhilfe bewegen, sah gern die Oprah Winfrey Show im Fernsehen und kannte, außer ein wenig Vergesslichkeit, keine Krankheiten. Sein Geheimnis fürs lange Leben: „Glaubt an Gott und trinkt Dr. Pepper." Dr. Pepper ist ein 1885 erfundener Softdrink mit Koffein, Süßstoffen sowie Frucht- und Gewürzaromen.

An ihrem 100. Geburtstag stand Fannie Thomas (1867 bis 1981) mit einem gelangweilten Gesichtsausdruck, einem extravaganten Hut auf dem Kopf und einem Tortenmesser in der Rechten vor einer Buttercreme-Torte, die aussah wie ein festlich dekorierter Sarg. „Was soll daran schon so großartig sein?" pflegte sie Reporter anzuherrschen, die sie nach ihrem langen Leben ausfragen wollten. Die zähe Lady, in jüngeren Jahren eine kämpferische Sufragette, war eine umtriebige Unternehmerin: Hutmacherin mit Geschäften in Colorado Springs und Twin Falls, Betreiberin einer Obst-Ranch und schließlich Immobilien-Maklerin in Los Angeles. Sie war 98, als sie zum Ruhestand gezwungen werden musste – sie hatte sich eine Hüfte gebrochen. Als Geheimnis ihrer Langlebigkeit nannte sie: dreimal am Tag Apfelsoße essen und den Verzicht auf eine Heirat – dadurch hatte sie keinen Ehemann, der sie belästigen konnte. Fannie Thomas wurde 113 Jahre und 283 Tage alt; zwei ihrer Schwestern wurden auch über 100 Jahre alt.

Und dann war da noch Johannes „Jopie" Heesters, 1903 bis 2011. Neunzig Jahre lang hat er auf der Bühne gestanden, 87 Jahre vor den Kameras. Der Holländer war der Heldentenor der leichten Muse für die Deutschen. n 3.000 Aufführungen hat Heesters in Lehars berühmtester Operette „Die lustige Witwe" den Grafen Danilo gegeben; auch in unzähligen weiteren Aufführungen, in denen er seinem überaus treuen Publikum ein Potpourri seiner Schaffenswelt aufleben ließ, sang er mit unnachahmlichem Schmelz die Zeilen, die beinahe jeder Ü-50-Jährige mitsingen kann: „Heut geh ich ins Maxim, da bin ich sehr intim, ich duze alle Damen, ruf sie beim Kosenamen." Er sang das auch noch, als er die 100 längst überschritten hatte, in Konzertsälen überall in der Republik, eine immer noch elegante Erscheinung, den unvermeidlichen weißen Seidenschal um den Hals geschlungen. Freilich brauchte er da schon Hilfe, um den Weg zum Klavier zu finden, häufig führte ihn Simone Rethel, seine 46 Jahre jüngere Ehefrau. „Jopie" war blind, von grünem Star und Makuladegeneration heimgesucht, „ich sitze im Dunkeln, das ist manchmal schlimm". Auf der Bühne freilich spürte man nichts davon. Der Greis stützte sich auf den Konzertflügel und sang los. „Geht der Vorhang auf, erblüht Heesters wie ein im Zeitraffer gefilmter Kaktus", höhnte der Spiegel 2010 in einem bösen Gruß-Artikel zu Jopies 107. Geburtstag – Titel: „Betreutes Singen". Gerne haben sich nicht nur die Hamburger Magazin-Journalisten an ihm abgewetzt. Die Münchner Boulevardzeitung TZ heuchelte nach einem Auftritt, ob man nicht Mitleid haben müsste mit ihm. Karl Dall lästerte, Heesters werde regelmäßig auf der Bühne ans Klavier gedübelt, damit er nicht umfalle ...

In seiner Heimat Holland war Heesters eher verhasst, er galt als Nazi-Kollaborateur; einmal soll er sogar in einem KZ gesungen haben. Und betrachteten die Nazis den Mann, der so elegant auftrat wie sie selbst niemals auftreten könnten, als eine Art Maskottchen? Hitler persönlich soll sich viermal den Danilo gegönnt haben. Heesters war empört und verbittert über die Verdächtigungen, ausräumen konnte er sie freilich nicht. Über manches sang er einfach hinweg.

Als er 105 war, ließ Heesters sich den Cappuccino noch gern ans Bett bringen, morgens um zehn. Danach Atemübungen, Tonleiterübungen, Fitnessstudio. Der Mann hielt sich fit für sein Publikum – und zwischendurch nippte er am Champagner oder am Weißwein und rauchte Zigaretten, wenn gerade kein Fernsehteam in der Nähe war. Dem Spiegel-Reporter, der ihn mit der Frage bedrängte, ob er nicht mal langsam zum Schluss kommen wolle, gab er zu bedenken: „Jetzt ist es auch zu spät, um aufzuhören". Was er tatsächlich empfand, hat er dem Tagesspiegel verraten: „Dann singe ich und die Leute hören nicht auf zu klatschen und ich denke: Wie wunderschön, sie mögen dich noch, immer noch."

GESPRÄCHSPARTNER

Die Herren **Hans-Dieter Hillmoth** und **Asfa-Wossen Asserate**, die wir hier nach der Reihenfolge ihres Auftretens nennen, sind schon weiter vorn im Buch in aller notwendigen Kürze vorgestellt worden. **Rainer Wicke**, gebürtiger Frankfurter, Rechtsanwalt und Notar, leitet seit 1991 die Sozietät Wicke Rechtsanwälte und ist am Main berühmt (und berüchtigt!) wegen seiner Allgegenwart. Nicht nur, dass er seiner Kanzlei mit Tatkraft vorsteht und Begegnungen der Frankfurter Gesellschaft mit seinen diskret vorgetragenen Hinweisen und Einschätzungen schmückt – er ist überdies ehrenamtlich unter anderem Vorsitzender am Berufungsgericht des Deutschen Motorsport-Bundes e.V., eine Funktion, in die er seine reiche Erfahrung als Rallyefahrer einbringt. Zudem steht er dem Automobilclub Taunus e.V. (ACT) vor, einem Kreis von Autointeressierten, die aber auch Kunst und Kultur zugetan sind. Für den ACT richtet Wicke regelmäßig Abende mit klassischer Musik aus, und auf den jährlichen Auslandsreisen des Vereins führt er die Teilnehmer an einem Abend in das exquisiteste Restaurant am Platze aus, am nächsten in eine einfache, ortsübliche Kneipe – so wie das „Baseler Eck" in Frankfurt, in das der gastfreundliche Wicke gerne einlädt.

Das Allerletzte:

Falscher Hase
im Afri-Cola-Rausch

Wie hat's uns eigentlich geschmeckt im letzten Jahrhundert? Damals, als der Zucker noch kein diskriminierter Unhold war und kein Kontaktverbot bestand zu Majonäsen (ja, mit A-Umlaut) und anderen Fetten. Als der Alkohol vor allem eines sein musste: stark und wirkungsvoll ... Gell, da war auch nicht alles schlecht? Zur Auffrischung der Erinnerung: ein ABC der kulinarischen Köstlichkeiten aus den sechziger und siebziger Jahren.

> Ich altere nicht, ich mariniere.
> No Atomkraft in my Apfelsaft.
> Hast du mal ne Zigarette?
> Meine ist noch im Automaten.
> Darf ich auf eine Ohrfeige mit raufkommen?
>
> *Sprüche aus den siebziger Jahren*

Afri-Cola

Gegen Afri-Cola, soviel ist mal klar, konnte das amerikanische Imperialisten-Getränk ähnlichen Namens echt den Rinnstein entlang fließen – damals, in den sechziger Jahren jedenfalls. Afri-Cola hatte einfach mehr Rumms als die große Schwester aus USA: 25 statt zehn Milligramm Koffein pro 100 Milliliter. 1968 brachte es die Kölsche Cola auf dem Heimatmarkt auf einen Anteil von 30 Prozent; das kam einer Revolte gegen die dunkle Limo aus Übersee gleich. Zu danken war das auch den Anstrengungen eines gewissen Charles Wilp aus Düsseldorf, der mal als Künstler, mal als Werbefachmann bezeichnet wurde. Die Deutschen rieben sich die Augen, als auf ihren Mattscheiben Unerhörtes zu sehen war: Hinter gewässerten Glasscheiben tänzelten glatzköpfige Frauen, ein US-Soldat mit Friedenstaube, Rocker, halb entblößte Stewardessen – und sinnlich dreinblickende Nonnen, die Afri-Cola durch Strohhalme nuckelten (was erwartungsgemäß eine Protestnote der Katholischen Kirche provozierte). Dazu ließ Charles Wilp den Werbeslogan verkünden: „Sexy-mini-super-flower-pop-op-cola – alles ist in Afri-Cola." Rätselhafte Textbotschaften, die man nur nach dem Genuss einer Prise Koks verstehen konnte, garnierter die psychedelische Reklame: „Die Frau wird Frau und frei. Heirat oder nicht Heirat, das ist nicht mehr die Frage. Afri-Cola." – „Der permanente Traum vom Heilmittel. Ein Gleiten. Ein Schweben mit Afri-Cola." – „Coffee, Tea of Afri. Trink mich. Flieg mit Afri."

Die Wandlung der Afri- zur Kult-Brause verschlug manchem Zeitgenossen die Sprache. Im Frühsommer 1931 als Warenzeichen eingetragen – der Name basierte auf der „Afrikanischen Cola-Nuß" – brachten die Kölner Eigentümer die dunkelbraune Aufputsch-Limo während der Nazizeit als anti-amerikanische und anti-jüdische deutsche Cola in Stellung. Das wirkte auch nach dem Krieg noch, als Coca-Cola in vielen deutschen Regionen als Besatzerbrause in Verruf geriet. Zum In-Drink wurde Afri aber erst in den sechziger Jahren. Danach ging's wieder flüssig bergab, heute gilt Afri-Cola immerhin in Szenekneipen wieder als Kultgetränk.

Ahoj Brause

Ach, war das aufregend – dieses Zischen, dieses Prickeln! Man schütte eine Portion Brausepulver in die Handfläche, Spucke drauf – schon ging's los, es sprudelte und kitzelte. Man konnte gar nicht anders als diesen körnigen Genuss herunterzulecken, so schnell es ging. An diese Art des Umgangs mit seiner Ahoj Brause hatte der Kaufmann Theodor Beltle freilich nicht gedacht, als er 1925 in Stuttgart erst die Ahoj-Brausetabletten und ein paar Jahre später das Pulver erfand. In Sekundenschnelle ließ sich daraus ein unschuldiges Fruchtwasser herstellen, Ahoj (Geschmacksrichtungen: Zitrone und Orange, später auch Himbeere und Waldmeister) war die Volkslimonade der Kriegsgeneration. Aber es ging noch besser, in den sechziger Jahren, als das Pulver-Erlebnis aus den knallbunten Tütchen die Geschmacksnerven der Schülerinnen und Schüler vibrieren ließ.

Dabei wollen wir mal fest davon ausgehen, dass die meisten Kids von damals die Chance nicht genutzt haben, dem banalen Brausepulver-Konsum literarische Weihen zu verleihen; möglich gewesen wär's. Denn Günter Grass hatte seinen grandiosen Roman-Wälzer „Die Blechtrommel" bereits 1959 unter das Volk gebracht. Darin rückte der ebenso kleinwüchsige wie pfiffige Oskar Matzerath seiner ersten Liebe Maria Truczinski auf unwiderstehliche Weise mit Hilfe von Brausepulver zu Leibe. Erst streute er ihr's auf die Handfläche, später dann in den Bauchnabel. Spucke drauf, und dann ging's los: „Da spielte sich etwas ab, was Maria noch nicht gesehen und noch nie gefühlt hatte, denn ihre Hand zuckte, zitterte, wollte wegfliegen, weil Waldmeister sie biß, weil Waldmeister durch ihre Haut fand, weil Waldmeister sie aufregte, ihr ein Gefühl gab, ein Gefühl, ein Gefühl…"

„Wir wenden uns vor allem an Kinder zwischen drei und zwölf", berichtete Anno 2005 nüchtern ein Marketingmann des Ahoj-Unternehmens dem Berliner Tagesspiegel. Dessen Reporter hatte wissen wollen, wie sich die Brausepulver-Fabrikanten denn zu Ahoj-Parties stellen, bei denen das Pulver in der Mundhöhle mit Wodka oder, besser noch, Absinth aufgelöst und sodann zügig heruntergespült wird. Ach ja, auch Kindheitserinnerungen werden irgendwann erwachsen…

Apfelkorn

Mitte der sechziger Jahre, irgendwo in Ostwestfalen. „Mach mir mal 'nen Appel", sagt der eine. „Okidoki", sagt der andere und langt unter seinen Stuhl. Links die Flasche Weizenkorn (32-prozentiger), rechts der auch sehr billige Apfelsaft. Ein Teil Schnaps, ein Teil Saft ins Glas – fertig war der Apfelkorn. Das Getränk für's kleine Budget und die große Dröhnung. Apfelkorn war in den sechziger und siebziger Jahren der angesagte Wirkungsverstärker unter den Alkoholika. Manchmal, wenn einer seiner Oma ein Extra-Taschengeld abknöpfen konnte, kam auch die Deluxe-

Version auf den Tisch: „Berentzen Apfel". Als die Kornbrenne-
rei aus Haselünne im Emsland, von Kennern gern „Fusellünne"
genannt, 1976 ihren ersten professionell gefertigten „Berentzen
Apfel" in die Geschäfte lieferte, waren die Liebhaber knacktro-
ckenen Korns skeptisch – nicht aber jene, die das Trinken erst
lernten: „Generationen von Heranwachsenden trinken sich mit
dem süßen Schnaps ihren ersten Rausch an", schwärmte der
NDR. Der echte Berentzen war gewissermaßen der Urknall für
alle viel später erfunden Alccpops.

Bluna
Heutzutage ziehen sich Werbefuzzis werweißwas rein, um sich
möglichst hippe Kunstnamen für Produkte oder Start-Ups einfallen zu lassen: Taycan, Äpplarö, Lascana. Und Bluna? Soll wohl
Assoziationen an Blue Nights stimulieren? Nix da, Bluna steht
einfach für F. Blumhoffer Nachfolger GmbH. Das Kölner Unternehmen, das auch Afri-Ccla (siehe dort) erfunden hatte, brachte
1952 eine Orangenlimonade auf den Getränkemarkt, die abging
wie ein Taycan – oder Taifun? Orange war das „Blunikat" (Werbeslogan), später kamen die Geschmacksrichtungen Zitrone, Limette und Mandarine sowie Bluna Mix (Orange und Cola) dazu.
In den Sechzigern und Siebzigern hatten Kinder auf Familien-
ausflügen nur zwei Fragen: „ sses noch weit?" und „Krieg ich 'ne
Bluna?"

Später ging der Brause angesichts größer werdender Konkurrenz etwas die Spritzigkeit aus, was sich 1995 schlagartig änderte, als die Agentur Jung von Matt den Werbeslogan „Sind wir
nicht alle ein bisschen Bluna?" aus der Flasche ließ. Dialog zwei-
er Männer im Irrenhaus – pardon: in einer Klinik zur Behandlung
psychischer Störungen und psychiatrischer Erkrankungen:

„Warum sind Sie hier?"
„Ich bin verrückt nach Bluna Orange, und Sie?"
„Ich bin verrückt nach Bluna Zitrone."
„Aber ich werde bald entlassen" (nuckelt Bluna mit
einem Strohhalm).

„Sind Sie denn geheilt?"

„Ja, ich trinke jetzt nur noch Bluna Limette."

Beide: „Eins, zwei – sind wir nicht alle ein bisschen Bluna?"

Buttercremetorte

Als die Kalorienzähler noch nicht die Macht ergriffen hatten in Deutschland, war die Buttercremetorte die Königin der Landfeierlichkeiten. Bei Geburtstagen, Kommunionsfeiern und Hochzeiten kam sie unerbittlich auf den Tisch, wenn die Feiergemeinde sich selbst schon längst wegen Übersättigung geschlossen hatte. Wenn der Sekt seine Perlung verloren hatte, die Braten vertilgt und das letzte Bier getrunken oder schal oder beides waren, kündigte unweigerlich eine resolute Tante den Höhepunkt an: Jetzt kommt die Torte.

Und dann kommt sie aus der Kühlung: Obendrauf liegt die ebenso überflüssige wie unansehnliche zerhackte „Belegkirsche", darunter ergießt sich eine fetttriefende Ummantelung über der eigentlichen Tortenbombe, einem in Schichten aus Biskuit, Marmelade und Buttercreme aufgehäuften Zuckerschock. Für vier Portionen sollte man schon mal ein Pfund weiche Butter, 400 Gramm Zucker für den Biskuitboden sowie weitere zwölf gehäufte Esslöffel für die Creme einkalkulieren. Außerdem ordentlich Vanillepudding und einen Liter Milch – für den Fall, dass die massige Köstlichkeit nicht hinreichend süß sein sollte, konnte man noch eine Handvoll Schokoraspel und Krokant drüberstreuen. Wer sowas isst, muss schon was wegstecken können. Im Internet jedenfalls überschlagen sich die Kalorienzähler, um einander zu übertreffen. Mal haben 100 Gramm Buttercremetorte „aus Biskuitmasse" 317 Kalorien (auf der vor Kundigkeit strotzenden Webseite desired.de), mal sind es 394 Kalorien (bei Fatsecret Deutschland) und einmal sogar 520 Kalorien (in der angeblich 230.000 Lebensmittel umfassenden und deshalb von uns nicht nachzählbaren FDDB-Lebensmittel-Datenbank).

Wenn die „Tortenschlacht" geschlagen war, deklamierte irgendein Gast mit tödlicher Gewissheit einen damals angesagten Zweizeiler: „Nötig wie d e Braut zur Trauung ist Bullrich-salz für die Verdauung". Bullrichsalz stand in dem Ruf, binnen weniger Minuten nebenwirkungsfrei Übelkeit und Völlegefühl aus dem Körper zu treiben. Danach war wieder Platz für Neu-es! Die wahre Bedeutung der Tortenwucht allerdings definierte der US-Schriftsteller Kurt Vonnegut (1922 bis 2007). Um die Wir-kung der Literatur zu beschreiben, fand er das folgende schöne Bild: „Stellen Sie sich eine Buttercremetorte vor von einem Me-ter Durchmesser, die Sie aus einer Höhe von einem Meter auf die Erde fallen lassen."

Caro-Kaffee

Wie Bluna (siehe dort) ist Caro kein Kunstname, sondern ein Ak-ronym. Weil niemand im Laden nach Caffeesurrogatextrakt fra-gen würde und „Muckefuck" zu sehr nach den gerade überstan-denen Nachkriegsjahren klang, kam es 1954 zu dem bis heute gepflegten Markennamen Caro. Kaffee aus Getreide trank man allerdings schon im 19. Jahrhundert. Johann Heinrich Franck, ein Kaufmann und Zuckerbäcker aus Vaihingen an der Enz, be-obachtete als Soldat während der Befreiungskriege in Reims, dass Franzosen Bohnenkaffee mit Zichorien streckten, das sind die Wurzeln der Chicorée-ähnlichen Gemeinen Wegwarte. „War-te", dachte sich auch Franck, ganz Schwabe, „warum nur stre-cken? Das geht doch auch ganz ohne teuren Bohnenkaffee und ohne Koffein". Er tüftelte, mischte Zichorie mit Getreide und 1828 ging der lösliche Ersatzkaffee in Produktion. Heute wird das Ca-ro-Pulver unter der Regie von Nestlé in Portugal produziert.

Für den getürkten Türkentrank, der laut Verpackung Gerste, Gerstenmalz, Zichorie und Roggen, aber pro Portion nur acht Kalorien enthält, schrieb Volker Lechtenbrink Anfang der acht-ziger Jahre ein Lied einfühlsam in „Caro, ich mag dich" um. Die „Lebensmittel-Warenkunde für Einsteiger" aus dem Jahr 2010 unterscheidet Malz-, Getreide- und Zichorienkaffee sowie Mu-ckefuck, doch hier steigen wir aus, erwähnen allerdings neben Caro noch die Traditionsmarken Linde's Kornkaffee und Kathrei-ner-Malzkaffee.

Dolomiti-Eis

Wer schon Bilder von den Dolomiten gesehen hatte, wusste gleich, warum diese Köstlichkeit so hieß wie sie hieß: Dolomiti. Ein Klang von Schmelz und Kühle. Wie die Gipfel der Südtiroler Alpen ragten die drei Zacken dieser einzigartigen Eis-Spezialität auf, die 1973 plötzlich in den Kühltruhen lag, für 50 Pfennig das Stück. Die Eis-Zinnen waren in den Farben der italienischen Nation gehalten: weiß für Zitronengeschmack, rot für Himbeere, grün für Waldmeister. 14 Jahre lang war das Dolomiti-Eis ein wahrer Kinder-Hit, aber dann war Schluss: „1987 nahm Langnese das Eis vom Markt, ohne einen Grund dafür zu nennen", mokierte sich die Süddeutsche Zeitung. Es hagelte Proteste, 1994 war Dolomiti wieder da – aber anders: Rot schmeckte nach Erdbeere, Grün nach Stachelbeere. Das schmeckte offenbar niemandem, 1995 wurde das Dolomiti-Eis endgültig eingeschmolzen.

Eiersalat

Eiersalat – was ist das eigentlich? Ein „echtes DDR-Rezept"? Ein „Klassiker der US-Küche"? Ein „Überbleibsel aus Muttis Küche"? Das mag ja alles irgendwie stimmen; die Wahrheit jedenfalls ist, dass damals, in den späten Fünfzigern und Sechzigern, der Eiersalat immer irgendwo rumzustehen schien, aufgehäuft in einer mit Blümchen verzierten Porzellan-Schüssel; gegen Abend bisweilen etwas angegraut. 218 Eier vertilgt der durchschnittliche Deutsche Jahr für Jahr, das sind 13,5 Kilogramm. Wir können getrost davon ausgehen, dass ein massiver Anteil davon in einem würzigen Brei aus Mayonnaise und Senf ihrer Bestimmung entgegengehen – halbiert, scheibliert oder gestückelt, in jedem Fall aber hartgekocht. Mancher mischt Joghurt hinzu und tröpfelt Zitrone in das Gemisch. Gewürzgurken, Sardellen, Krabben, Lachs, Erbsen, Kapern – alles, alles kann hinein, was im Kühlschrank dem Verfallsdatum entgegenschlummert. Eiersalat kann man im Thermomix fertigen, mit Schmand und Schnittlauch servieren sowie „russisch" (mit Pellkartoffeln und Wodka) oder „fruchtig" (mit Äpfeln oder Ananas). „Wie wird der weltbeste Eiersalat gemacht", fragt scheinheilig eine Veganer-Webseite und hat natürlich auch die Antwort parat: „Ganz klar: Ohne Eier!" Stattdessen nehme man Nudeln, immerhin gekocht, Kichererbsen...

Eisbombe
Eigentlich gibt es nichts Pazifistischeres als Essen, denn wer spachtelt, schießt nicht. Merkwürdig, dass die Kochbücher dennoch voll Kriegsvokabular sind: Gulaschkanone, Granatapfel, Panzerotti, Berliner Weiße mit Schuss, Mozartkugel – und eben Eisbombe. Obwohl: Rein assoziativ ergibt der Name sogar Sinn, denn wer hat nach dem Verzehr einer Eisbombe noch nie lustvoll aufgestöhnt: „Noch eine Zierkirsche, und ich platze"?

Die A-la-maison-Fertigung eines solchen Geschosses aus Hülle und Füllung macht Arbeit, aber die meisten Eisbomben aus der Munitionsfabrik taugen nichts. Klassischerweise haben wir es mit einer Legierung zu tun, außen Speiseeis und innen ein Kern, ach was: ein Herz, eine Seele aus Eigelb, Zucker, Fruchtpüree, Likör.

Die dicke Berta unter den Eisbomben ist nach Karl Robert Reichsgraf von Nesselrode-Ehreshoven benannt, einem russischen Diplomaten und Außenminister des 19. Jahrhunderts. Die Eisbombe Nesselrode enthält nämlich glasierte Maronen, ein echtes Dum-Dum-Geschoss, und, wahrscheinlich zur besseren Verdauung, einen Schuss (!) Maraschino.

Falscher Hase
Klingt wie falscher Fuffziger, riecht nach Arme-Leute-Essen und schmeckt doch herrlich. Niemand kann genau sagen, wie es zu dem Begriff kam, schon 1899 hält „Blühers Rechtschreibung der Speisen und Getränke" fest, falscher Hase sei „ein gespickter Hacke-Braten von der Form eines Hasens". Dass ursprünglich echter Hase im Spiel und im Bräter gewesen sein muss, ergibt sich aus der Rezeptsammlung „Die wahre Kochkunst, oder neuestes, geprüftes und vollständiges Pester Kochbuch" aus der Feder von Josefine Saint-Hilaire. Dort heißt es 1835: „Man nimmt

ein Stück von einem kalten Hasen, ein Stück Rehfleisch, etwas Zwiebel, die Hälfte von einer gebratenen Gansleber, eine in Rindsuppe geweichte Semmel, und schneidet dieses alles recht klein zusammen, gibt zwei Eyerdötter, zwei Löffelvoll Milchrahm dazu, und rührt alles gut durcheinander." Heute nimmt man statt des echten Hasens, des Rehs und der Gänseleber einfach Hackfleisch und knetet es mit Zwiebel, Ei, Brötchen und Gewürzen zu einer Hackbraten-Masse, die man am liebsten schon roh verputzen möchte. Die besten aller Mütter, also unsere, verbargen im Inneren des Fleischlaibs hartgekochte ganze Eier, und es gab jedes Mal ein „Ah!" und ein „Oh!", wenn der Braten aufgeschnitten wurde und jede Tranche in ihrem Zentrum tatsächlich eine Scheibe Ei enthielt.

Götterspeise
Enthält alles, was eine gesunde Mischkost ausmacht: Gelatine, Zucker, Aroma- und Farbstoffe, die ganze Palette von E 104 (Chinolingelb) bis E 131 (Patentblau). Wer für diese chemische Keule den Ausdruck „Götterspeise" erfand, muss ein Marketing-Gott gewesen sein. Aber der Traum unserer Kindheit war die Glibbermasse mit dem lustigen Beinamen Wackelpudding definitiv – ganz egal, ob grün, rot oder gelb. Besser kann auch die Götterspeise Ambrosia aus der altgriechischen Mythologie nicht geschmeckt haben, die laut Athenaios aus reinem Wasser, Olivenöl und Früchten zusammengerührt wurde. Allerdings kam Ambrosia (αμβροσία) nur bei Göttern auf den Tisch des Hauses. Dem Mythos zufolge bekam Zeus sie von wilden Tauben gebracht, wahrscheinlich hatte sein Chefgott-Vorzimmer sie bei lieferando.gr bestellt. Gut zwei Jahrtausende später ist Götterspeise ein himmlisches Vergnügen auch für das einfache Volk – danke, Herr Doktor Oetker!

Gothano
Bei gelegentlichen Familienzusammenführungen in der DDR lernte der Wessi mindestens zweierlei. Erstens: Die Ossis waren keineswegs von Trübsal niedergedrückte Gute-Laune-Ver-

ächter – jedenfalls war davon nichts zu bemerken, wenn hinreichend Nordhäuser Doppelkorn oder Gothano auf den Tisch kam. Zweitens: Die Ossis konnten besser trinken. Oder jedenfalls mehr. „Mag die DDR-Wirtschaft oft ein einziger Mangel gewesen sein", schrieb die Ostthüringer Zeitung: „An Alkohol mangelte es nie." 1989, kurz vor dem Zusammenbruch der Ost-Republik, verkündete Kurt Hager, Chef deologe der SED, 250.000 seiner DDR-Bürger seien Alkoholiker, das entsprach damals ungefähr der Einwohnerzahl von Rostock. 1987 trank jeder Ossi im Schnitt 16 Liter (23 Flaschen) Weinbrand, Klaren oder Likör. 143 Liter Bier pro Jahr mussten natürlich noch hinzugerechnet werden. „Damit", schrieb die Welt halb anerkennend, halb angeekelt, „übertrumpfte der deutsche Arbeiter- und Bauern-Staat sogar Ungarn und Polen." Beim „Herrengedeck" herrschte im Osten eine Art Arbeitsteilung: Er trank das Bier, sie den Sekt. Für Bergleute gab es den „Kumpeltod" genannten „Trink-Branntwein" als Bestandteil des Lohns: Kumpeln, die unter Tage arbeiteten, standen in der Regel zwei Liter monatlich zu, auf Bezugschein und garantiert steuerfrei. In der „Sowjetisch-deutschen Aktiengesellschaft Wismut" wurde das Deputat später sogar auf sechs Liter 32-Prozentigem pro Monat aufgestockt, zum Vorzugspreis von 1,60 Euro pro Liter. Gerne wurde in der DDR folgender Witz erzählt: Wenn man 100 blaue Etiketten der Billig-Spirituose „Kristall Wodka" an die Krankenkasse schickte, erhalte man kostenlos einen Blindenhund. Der ostdeutsche Wodka wurde zärtlich „Blauer Würger" genannt. Von untadeligem Ruf hingegen war auch im Westen der „Nordhäuser Korn", Ende der achtziger Jahre war die „VEB Nordbrand Nordhausen" einer der größten Spirituosenhersteller Europas. Der Gothano hingegen verdankte seine Existenz nicht nur der Pfiffigkeit ostdeutscher Schnapsbrenner, sondern auch den Nazis. Die Schreckensherrschaft schreckte auch nicht davor zurück, den Import von Genussmitteln aus dem Ausland zu verbieten. Das brachte den Weinimporteur Fritz Köllner in Gotha dazu, sich mit dem Italiener Dr. Italo Brosio zusammenzutun – und schon wurden in Thüringen italienisch anmutende Edelspirituosen jedweder Art gebrannt, vor allem Wacholder und Liköre.

Das Glanzstück der späteren VEB Vereinigte Thüringer Wein-kellereien war ab 1962 ein Vermouth mit dem schönen Namen Gothano. Irgendein längst vergessener DDR-Beamter, wahr-scheinlich ein Fan dieser italo-thüringischen Spezialität, witter-te Chancen auf dem Weltmarkt, fand aber das h störend. Er ver-fügte die Umtaufung in Gotano. Das war aber vielleicht schon der Anfang vom Ende.

Gulaschsuppe

Wer hat sie erfunden? Die Ungarn und kein anderer – einerlei, wer sich da noch alle vordrängeln mag, zum Beispiel von südlich des Bosporus. „In der Puszta", schrieb die Siebenbürgische Zei-tung, „herrscht der sogenannte Gulyás" – auf Deutsch: Viehhirt. Er war und ist der rechtmäßige Namensgeber für das, was dort-zulande als Hirten- oder Zigeunergulasch auf den Tisch kam. Hierzulande war das mit Wasser und Kartoffeln gestreckte Leib-gericht der Magyaren als Gulaschsuppe bis weit in die achtziger Jahre geradezu omnipräsent. Als Vorsuppe oder Hauptgericht und vor allem als Durstmacher auf Parties – dann mit ordentlich scharfem Paprika aufgepeppt – wurde die Suppe hineingelöffelt, egal was drin war. Hinein gehörte vor allem Fleisch: Rinder- oder Kalbsgeschmortes, sowie Hammel- oder Schweinefleisch. Nicht hinein gehörte, was in den achtziger Jahren mitunter auf dem Etikett von Dosengulasch ausgewiesen wurde: „Kann Känguru-fleisch enthalten."

Die ungarischen Viehhirten waren, wie die Siebenbürgische Zeitung uns berichtet, „wilde Burschen". Die Herren der Pusz-ta trieben riesige Herden von Graurindern und Schafen landauf, landab. Von Wölfen und Unwettern bedroht, ergab sich wenig Ge-legenheit, kulinarischen Feinheiten besondere Aufmerksamkeit zu schenken. Also gab's alldieweil Gulasch, dem man nur hinrei-chend Zeit zum Weichkochen lassen musste. 1787 soll die Pusz-ta-Delikatesse erstmals in Schriftform erwähnt worden sein. Danach regnete es Huldigungen, ein gewisser Johann Centuri-us Graf Hoffmannsegg aus Sachsen schwärmte 1800 von dem „ungarischen National-Gericht von Fleisch mit türkischem Pfeffer, das mir ganz herrlich schmeckt und sehr gesund seyn muß". Bohumil Hrabal, einer der bedeutendsten tschechischen Schriftsteller, dichtete ganz außer sich: „Oh, ungarischer Gulasch! Noch dazu aus Lendenbraten! Magnaten-Speise!" 1793 bereits gaben ungarische Soldaten in einem Frontbericht vom 21. August zu Protokoll, warum sie den Franzosen keinerlei Sympathien entgegenbrachten: Irgendwo am Rhein seien sie, „als sie sich gerade einen Gulyas kochten, von den Franzosen überfallen worden."

Hut & Hütchen

Wer hinterm Tresen steht, weiß schon, was ins Glas gehört, wenn jemand „Hut" oder „Hütchen" bestellt. Bei der deutschen Antwort auf den Cuba Libre wird der Rum durch Asbach und die Limette durch Zitrone ersetzt. Für die richtige Mischung nehme man zwischen 2 und 4 cl Asbach Uralt, jede Menge Eiswürfel und Cola sowie besagte Zitronenscheibe – fertig. Mag sein, dass einige Banausen unter Hut auch den ordinäreren Jacky-Cola verstehen (auf deutsch: Jack Daniels Whisky plus Cola) – aber das ist Etikettenschwindel. In der Mitte des vergangenen Jahrhunderts jedenfalls war ein Hut nur echt mit dem Weinbrand aus Rüdesheim, schon aus Gründen der Heimatliebe. Denn Hugo Asbach, der die feine Spirituose 1892 erfand, wurde von Advokaten gezwungen, sein frankophiles Lebensgefühl zu verleugnen. Eigentlich sollte sein Asbach ein deutschstämmiger Cognac sein, der den französischen Edeltropfen die Promille reichen konnte. Damit war Schluss nach dem Ende des Ersten Weltkrieges; im Versailler Friedensvertrag wurde sogar verfügt, dass deutschen Herstellern die Bezeichnung Cognac verboten wurde. Wutschnaubend inserierte Meister Hugo: „Die französische Cognac-Industrie mag sich der Hoffnung hingeben, dass hierdurch der Wettbewerb der deutschen Weinbrennerei beseitigt werde. Diese Hoffnung wird enttäuschen. Dadurch werden Millionenwerte der deutschen Volkswirtschaft erhalten bleiben, die andernfalls nutzlos ins Ausland gehen würden."

Wer Asbach trank, erfüllte künftig also einen nationalen Auftrag. Das gilt für den Hut natürlich auch. Fast 90 Prozent des bernsteinfarbenen Brands wurden in Deutschland getrunken. Die Welt doziert: „Asbach Uralt war die Spirituose der Bonner Republik. Pur getrunken, wenn sich die Eltern Gäste ins Wohnzimmer luden und ihnen etwas Gutes gönnen wollten. Und mit Cola zu ‚Asbach Cola' gemixt von den halbstarken Kindern, wenn ihre Party langweilig zu werden drohte. Asbach war Kult."

Die Bonner Republik fand 1990 ihr Ende, der mit Asbach angefixte Hut hat's auch schwer gegen die buntere und süßere Mix-Konkurrenz. Wenigstens wollen die Rüdesheimer es den Faulenzern unter den Trinkern jetzt so leicht wie möglich machen: Den „Asbach & Cola Longdrink" gibt es jetzt auch fertig gemixt in der 0,33-Liter-Büchse, für 2,69 Euro.

Irish Coffee

Da wollte sich der alte Ire gar nicht mehr einkriegen vor Lachen – keine Zähne mehr im Mund, aber für einen guten Witz weiß Gott zu haben. „Irish Coffee" hatten die beiden Grünschnäbel aus Germany in seinem Pub in der Nähe von Galway bestellt, 1973 war das. „Zum Aufwärmen" hatten sie gesagt, denn an der Westküste goss es wieder einmal wie aus Whiskyfässern, und ganz dicht war ihr 2CV nicht. Was das denn sei, wollte der Alte wissen, und fassungslos hörte er, dass sie in Deutschland Whisky durch Zugabe von gesüßtem Kaffee entehren und dann noch einen Schlag Sahne obendrauf geben – wohl damit das Getränk entfernt so aussieht wie Guinness. Das habe er noch nie gehört, sagte er in einem Ton, in dem mitschwang: Und das kommt mir auch nicht über den Tresen.

Dabei ist durchaus ungeklärt, ob Irish Coffee nicht doch in Irland kreiert wurde, als nämlich Flugzeuge mit Ziel Amerika noch an der irischen Westküste zwischenlanden und den Passagieren ein Zeitvertreib geboten werden musste. Richtig berühmt wurde Irish Coffee jedenfalls 1952 im Café „Buena Vista" in San Francisco, von dort kam die Zweitaktmischung nach Deutschland.

1957 ließ sich das Haus Asbach davon inspirieren und entzückte Nachmittagskränzchen fortan mit „Rüdesheimer Kaffee".

John Player & Co

In den sechziger und siebziger Jahren war das Zigaretten-Rauchen so etwas wie Volkssport; wahrscheinlich hat damals das Ozonloch seine erste Blütezeit erlebt, unbemerkt von den Umweltschützern. Wer auf sich hielt, paffte; Gesundheitsrisiken waren nicht bekannt. Peter Stuyvesant verhieß ja auch den „Duft der großen weiten Welt", harte Kerle inhalierten Reval, Orienta oder Roth Händle, die Schachtel kostete eine Mark. Motorsportfans und modebewusste Frauen bevorzugten eine Zigarette aus dem britischen Nottingham: John Players Special wurde berühmt durch die schwarz lackierten Lotus-Rennwagen der Formel 1; Frauen genossen den leicht verruchten Auftritt mit den schlanken pechschwarzen Stängeln aus Britannien. In den gepflegten deutschen Wohnzimmern übrigens waren Raucher willkommen: Überall waren riesige Standaschenbecher ständig bereit, die Kippen aufzunehmen.

Vielleicht waren die Nikotin-Exzesse der Nachkriegs-Jahrzehnte auch eine Art Befreiungsschlag von der „dunklen Zeit", wie verschämte Zeitgenossen die Nazi-Ära nannten. Den Nationalsozialisten jedenfalls war das Rauchen suspekt. Adolf Hitler höchstselbst befand, Tabak sei die „Rache des roten Mannes" – Indianer, die Verlierer der Weltgeschichte, wollten die weiße Rasse schwächen, indem sie in Abhängigkeit geführt wurde. Schön, dass es jetzt andere Vorbilder gab: Humphrey Bogart war ohne Glimmstängel im Mundwinkel schwerlich vorstellbar. Frank Sinatra paffte sogar während seiner Auftritte. Gary Cooper, Steve McQueen, Yul Brynner, der Fernseh-Kommissar Erik Ode – sie alle hingen an der Zigarette. Niemand nahm Anstand, dass der populäre Comic-Held Lucky Luke sich auf dem Rücken seines Pferdes gern Selbstgedrehte in den Mund steckte. Erst 1983 stellte der skurrile Cowboy das Rauchen ein und kaute fortan Grashalme. Von 1952 bis 1987 moderierte der legendäre Werner Höfer jeden Sonntagmittag den „Internationalen Frühschoppen", eine als „Mutter aller Talkshows" gepriesene Plauderrunde. Deren Teilnehmer bliesen derart ungeniert Qualmwolken ins Aufnahmestudio, dass die Kameras bisweilen Mühe hatten, den Durchblick zu bewahren. Unentwegt kam zudem eine „Assistentin" ins Bild, die die schnell geleerten Gläser mit Weißwein auffüllte. „Öffentliches Suchtverhalten in der ARD" nannte das Hamburger Abendblatt 2018 die einstmalige Polit-Talkshow. Schwang da ein wenig Neid in dieser Beschreibung?

Käse-Igel
Wer hat sich diesen Party-Gag nur einfallen lassen? Ab den fünfziger Jahren vermehrte sich der Käse-Igel karnickelartig auf sämtlichen deutschen Buffets (siehe auch Mett-Igel). Zahnstocher waren des Igels Stachel; auf den Holzstäbchen wurden Weintrauben und Käse, manchmal auch noch andere Fruchtstücke aufgespießt und mehr grob als ansehnlich in eine gerade passende Unterlage gebohrt: halbierte Pampelmusen, Weißkohl, oder auch ein altbackenes Brot. Dekoriert wurde zu allem Überfluss mit einer Art putzigem Gesicht, mit Nase und Augen aus Weintrauben ...

Immerhin war der Käse-Igel gesamtdeutsch. Die Zeit hat mal einen Musik-Entertainer aus dem deutschen Osten porträtiert: „DJ Schwani", im wirklichen Leben Andreas Schwanbeck: „Schwani kann nicht mehr zählen, wie viele Dorffeste er beschallt hat, wie viele öffentliche Veranstaltungen, Geburtstage, Hochzeiten, Jugendweihen. Er hat Tausende von Reden gehört und Käseigel für ein ganzes Leben gegessen, in der DDR ohne Weintrauben, nach der Wende mit."

Der berühmte Kulinar-Geist Jean Anthelme Brillat-Savarin hat vor über 200 Jahren gefachsimpelt: „Ein Nachtisch ohne Käse gleicht einer Schönen, der ein Auge fehlt." Da war ihm sicher noch kein Käse-Igel über den Weg getrippelt.

Kalte Muschi
Hier wird zusammengeschüttet, was definitiv nicht zusammengehört: Rotwein und Cola, halb und halb. Erfunden haben soll es

der Baske, der der Welt außerdem die Mütze und den Spreng-
stoff geschenkt hat. Ein Reporter des Stern hat recherchiert,
dass 1972 in Getxo am Golf von Biscaya der Begriff „Kalimot-
xo" für die trübe Brühe aufkam, woraus die Spanier Calimocho
machten. Deutsche Touristen tranken das Zeug wie Sangria und
verballhornten den Namen zu „Kalte Muschi". So schmeckt es
auch. Die Fans des FC St. Pauli sind dafür zu loben, dass sie gegen den Sponsor rebellierten, als die Plörre 2009 zum offiziellen
Kaltgetränk des Bundesligaklubs erklärt wurde.

Kalter Hund

Für Faule gab's Oma Hartmanns Kalten Hund, eine Création aus
Keks und Zartbitter-Schokolade. Das splitternde Gebäck wurde
auch als Kalte Pracht, Kalte Schnauze oder Schwarzer Peter angeboten. Wer auf sich hielt, fertigte die Arme-Leute-Torte selbst
– eine Lage Bahlsen-Keks, heiße flüssige Schokolade; noch eine
Lage Bahlsen-Keks, heiße flüssige Schokolade; noch eine Lage
Bahlsen-Keks, heiße flüssige Schokolade. Und so weiter, bis der
Kalte Hund backsteinhoch vor uns stand. Erkalten lassen, an-
schneiden, losfuttern…

Kullerpfirsich

Hach, war das ein Spektakel! Wie von Geisterhand wurden in
Sekt schwimmende Pfirsiche in zunächst wie betrunken wirkende, später aber einwandfrei rotierende Bewegungen versetzt.
Zwischen den fünfziger und siebziger Jahren war der Kullerpfir-
sich ein gern eingesetzter Party-Gag. 1991 dozierte der Physiker Prof. Hans-Joachim Schlichting in einem Traktat für die Universität Münster über „Lastentransport im Limonadenglas". Er
begann ganz harmlos mit einer Rosine: „Ich werfe eine Rosine
ins Limonadenglas. Sie sinkt auf den Boden. Sie bleibt dort aber
nicht inaktiv, sondern umgibt sich mit kleinen durchsichtig weiß,
fast silbern schimmernden Bläschen, beginnt ein wenig hin und
herzutorkeln um schließlich in Bläschen gekleidet, viel impo-
santer, größer als beim Abstieg mit majestätischer Behäbigkeit
an die Oberfläche des Getränks aufzusteigen. Hier verweilt sie

eine Weile, sich hin und her wälzend, wie um die Bläschen abzu-schütteln." In aller Ausführlichkeit begeistert sich der Physiker über die „auffallende Ruhelosigkeit" der Rosine in ihrem Limo-naden-Aufzug, bis er endlich (viel zu kurz) das Thema streift, das uns hier interessiert: „Erwähnt sei hier noch, dass ein im Limo-nadenglas schwimmender Pfirsich durch die anhaftenden Bla-sen in eine dauernde Drehbewegung versetzt werden kann." Das wäre aber auch etwas genauer gegangen, Herr Professor! Jeder halbwegs kundige Gastgeber wusste schließlich bereits vor eini-gen Jahrzehnten, dass man den möglichst reifen Pfirsich einige Dutzendmal mit einer Nadel oder einem spitzen Messer anste-chen musste, bevor er sein Sekt-Bad nahm – in einem bauchigen Glas, damit genug Raum für die Bewegung blieb. Alsbald konn-te man ihm eine Weile beim Kullern zuschauen, dann ging's ihm ans Fruchtfleisch. Wenn's gut lief, hatte der Pfirsich auch ein we-nig von dem Sekt aufgesaugt.

Leckmuschel
Kinderträume können so leicht in Erfüllung gehen. Zum Bei-spiel dieser: Außen eine grellbunte Kunststoff-Muschel, drinnen eine nicht weniger grelle Bonbonmasse. Die Leck- oder Schleck-muschel gibt es seit den sechziger Jahren in allen Kiosken und Trinkhallen, die auf sich halten und sind ihren Brüdern, den Dau-erlutschern, bei weitem überlegen, weiß zum Beispiel der Au-tor Norbert Golluch: „Wann hast du zuletzt jemanden ‚Leckmu-schel' sagen hören? Und hat das Wort nicht im Pornoumfeld der 2010er-Jahre seine Unschuld verloren? Leckmuscheln waren sehr praktische Süßigkeiten, die man, anders als zum Beispiel Bonbons oder Dauerlutscher, in Etappen essen konnte. Nichts klebte auf der Unterlage fest, wenn man irgendwo seine Leck-muschel bis zur nächsten Leck-Session ablegte."

Maggi
Im Sommer 2011 wurde die Taunus-Gemeinde Kronberg drei Mo-nate lang von einem neuen Wahrzeichen überragt: der 40 Meter hohen Abbildung einer Maggi-Flasche. Der Turm der Kronber-

ger Burg versteckte sich hinter dem Riesen-Plakat, mit dem eine Ausstellung aus Anlass der 125-jährigen Existenz dieser einzigartigen Würz-Pulle gefeiert wurde. Die Maggi-Flasche – knallgelbes Etikett auf einer eckigen, dunkelbraunen Flasche, rote Kappe – war Mitte des vergangenen Jahrhunderts die ständige Begleiterin aller Mahlzeiten in Deutschland, in besseren Restaurants wurden sie in Flaschenständern aus Edelstahl bereitgehalten. Nicht nur Suppen, sondern auch Soßen jedweder Art kamen ohne einen Schuss Maggi selten zum Verzehr. Nahezu jeder Deutsche hielt Maggi für eine urdeutsche Würz-Granate – sie war's aber nicht. Ein Schweizer hatte es erfunden, Julius Maggi. 1886 hatte er die nach ihm benannte Würzsauce ersonnen, als günstigen Ersatz für den Fleischextrakt. Die grellgelbe Maggi, inzwischen im Besitz von Nestlé, erfüllt auch heute noch ihren Zweck, ist aber nicht mehr die würzige Alleinherrscherin auf Deutschlands Tischen. Dabei passt sie doch eigentlich zum Zeitgeist: schmeckt nach Fleisch, ist aber vegan – dank der Pflanzenproteine, die ihre Grundlage bilden. Wir wissen Bescheid, wird jetzt mancher sagen – Maggikraut ist drin. Das stimmt leider nicht. Liebstöckel (Levisticum officinale) wird zwar allgemein Maggikraut genannt – im Maggi ist das wohlriechende Krautgewächs allerdings nicht enthalten. Es schmeckt nur so ähnlich.

Mampe Halb und Halb

„Sind's die Augen, geh' zu Mampe,
gieß' Dir einen auf die Lampe –
kannste allet doppelt sehn,
brauchste nich zu Ruhnke (einem Berliner Optikgeschäft) gehn",
reimte der Volksmund. Ursprünglich sollte der Magenbitter, erstmals 1831 vom Königlich Preußischen Geheimen Sanitätsrat Carl Mampe aus Bitterorange und Kräutern angerührt, die Cholera bezwingen, aber der Gallenbrechdurchfall war stärker. Seinen eigentlichen Siegeszug trat der Kräuterlikör in den siebziger Jahren an, als Mampe Trikotsponsor von Hertha BSC war und der Fußball-Bundesligist zweimal das deutsche Pokalendspiel erreichte. Tempi passati, heute macht die Hertha nur noch mit

den Eskapaden des Trollinger-Trainers Jürgen Klinsmann von sich reden, als hätten die Schwaben im Prenzlauer Berg nicht schon genug Schaden angerichtet. Schwelgen wir lieber vom jungen David Bowie, der im Film „Schöner Gigolo, armer Gigolo" (mit Marlene Dietrich und Curd Jürgens) als Mampe-Litfasssäule durch das Berlin der zwanziger Jahre wandelt.

Maoam

Im Sommer 1930 war Mao am Kämpfen, seine Rote Armee erlitt fürchterliche Verluste. In Düsseldorf begann zu jener Zeit eine ganz andere Kulturrevolution, denn ein gewisser Eduard Münster beantragte beim Amtsgericht Musterschutz „für das Erzeugnis Maoam, Kaubonbon ohne Gummi, aus Zucker, Syrup und anderen Zutaten". In gewisser Weise war das die deutsche Antwort auf den amerikanischen Chewing Gum, denn William Wrigley jr. hatte 1925 in der Mousonstraße in Frankfurt seine erste deutsche Kaugummi-Fabrik eröffnet. Münster machte es allerdings ohne Gummi und war den Ami-Konkurrenten erst einmal los, als die Frankfurter Wrigley-Filiale 1932 schloss, nachdem es zu Schwierigkeiten mit der Verzollung von Rohstoffen gekommen war.

Münster hatte im Jahr 1900 das „Düsseldorfer Lakritzenwerk" übernommen, eine Ansichtskarte aus den zwanziger Jahren zeigt eine stattliche Fabrik mit rauchenden Schornsteinen. Nach dem Zweiten Weltkrieg lief die Kaubonbon-Produktion in Düsseldorf wieder an, 1982 zog die Fabrik nach Neuss um und 1986 erwarb Haribo Unternehmen und Markenrechte.

Generationen von Schülern hatten Maoam im Ranzen, gleich neben Matheheft und dem Farbmalkasten. Die Dinger schmeckten gut, verliehen dem Kauenden eine gewisse Lässigkeit, waren aber auch zäh und neigten dazu, Gaumen und Zunge wie mit Sekundenkleber untrennbar zusammenzufügen. Einen festen Platz in der Geschichte der Werbung verschaffte dem Kaubonbon der immer lustige Fußball-Schiedsrichter Walter Eschweiler. In einem Fernsehspot fragt er ein volles Stadion: „Wollt ihr Verlängerung?" – „Nein!" – „Wollt ihr Elfmeterschießen?" – „Nein!" – „Was wollt ihr denn?" – „Ma-o-am, Ma-o-am...!"

Mett-Igel

In den fünfziger Jahren brach sich auf den kalten Platten dieses Landes eine ungeheure Naturtümelei Bahn. Da standen Mett- und Käse-Igel (siehe dort) neben Fliegenpilz-Eiern und -Tomaten, als ginge es darum, im Partykeller den Naturpark Kellerwald vorwegzunehmen. Man muss es leider sagen: Es hatte etwas leicht Kindisches, wie sich erwachsene Männer an einem Batzen Schweinemett ergötzen konnten, dem ihre Frauen – wer sonst? – Salzstangen oder Zwiebelstifte als „Stacheln" aufgesteckt und mit Oliven oder ähnlichem „Augen" eingesetzt hatten.

Das alles war aber noch erträglicher als die Zumutung, die die Zuschauer der Folge 1976 der „Lindenstraße" erdulden mussten – einer Fernsehserie, in der, wie ein kluger Beobachter schrieb, die Welt so dargestellt wird, wie die Leser der Frankfurter Rundschau sie sich vorstellen. In dieser Folge kam nämlich ein veganer Mett-Igel auf den Tisch des Hauses, aus Reiswaffeln und Tomatenmark. Das ist eine solche Verhöhnung der Kreatur, in diesem Falle des Igels, dass man den Tierschutz und am besten noch die Menschenrechte anrufen möchte. Dass es auch noch sogenannte Buletten aus Seitan und Sojagranulat gab, wäre ein Grund, die Fernsehgebühren zurückzufordern. Da loben wir uns dann doch die Seite www.lecker-frikadellen.de (nach eigener Darstellung „Since 1601"), die feststellt: „Viele würden sagen, dass ein Mettigel altbackend und spießig ist und auf den Tisch vom Dackelclub gehört. Völliger Quatsch nen leckerer Mettigel ist für Jedermann" (Rechtschreibung wie im Original).

Negerkuss

Die wichtigste Verkaufsstelle für diese zuckertriefende Schweinerei aus Waffel, Eiweißschaum und Schokolade war bereits in den Sechzigern vermutlich der Kiosk gegenüber dem Schuleingang. Dort gab es auch das Negerkuss-Brötchen, ein gern genommener vollgültiger Pausenbrotersatz. Wie jede wahre Feinschmeckerei war auch der Negerkuss eine Erfindung der Franzosen, gegen Ende des 19. Jahrhunderts als „Tête de nègre" auf die Welt gebracht. Etwas später gab's die Zuckerbombe auch in Deutschland, damals hieß sie noch Mohrenkopf; in Leipzig soll die neuartige Süßspeise 1892 erstmals unter dieser Bezeichnung feilgeboten worden sein. Auch anderswo dachte man sich nichts dabei, die süß dahinschmelzende Kalorienbombe „Negerbolle" (Dänemark), „testa di moro" (Italien) oder „Negerzoen" (Niederlande) zu nennen. Die Schweden freilich waren schon in den dreißiger Jahren politisch korrekt, seitdem gibt es dort die fluffigen „Mums-Mums". Vielleicht nennen viele Österreicher ihre Schaumküsse deshalb „Schwedenbombe" (mindestens genauso viele bleiben aber auch heute, im Zeitalter der Sprachbereinigungen, unverdrossen beim Negerkuss). Wie man im Nordbayerischen auf „Bumskopf" verfiel, ist leider nirgends überliefert.

Nierenspieß

Ohne ihn ist Advent möglich, aber sinnlos. Ein Nierenspieß gehört nämlich zum Weihnachtsmarkt wie Lambrusco auf die helle Sommerhose. Schon hören wir Ihren lauernden Einwand: Schmeckt Nierenspieß denn nicht ganz leicht nach Urin? Sagen wir mal so: Brokkoli soll nach Brokkoli schmecken, Fisch nach Fisch – und Nierenspieß schmeckt eben nach Nierenspieß, darin liegt seine Natur. Jawohl, Natur, denn in einem gesunden Nierchen steckt tausendmal mehr Natur als in einem veganen sogenannten Würstchen, denn das ist nur eine Fettsäureester-Kette von Erdnussflips entfernt. Natürlich wäre es unvernünftig, jeden Tag Innereien zu essen, deswegen macht es ja auch niemand. Aber man muss sich auch nicht gleich in Koliken winden wie der Herr Prof. Dr. med. Serban-Dan Costa, der in einem Internet-Ratgeber einer Schwangeren mit dem Satz Angst macht, er sehe „keinen Grund, überhaupt Nieren zu essen". Klar, es gibt auch überhaupt keinen Grund, Blumen zu pflücken, Klavierkonzerte zu hören oder dieses Buch zu lesen. Aber es macht das Leben schöner. Beim Nierenspieß gibt es nur einen einzigen Grund nicht: ihn selber zu machen, denn wie viele Geselligkeitsgerichte schmeckt er am besten in größeren Mengen hergestellt. Wahre Kenner riechen ihn übrigens auf dem Weihnachtsmarkt schon von weitem.

Nikolaschka

Die Herkunft dieses Getränks liegt dort, wo sie hingehört: im Dunkeln. Manche sagen, der ursprüngliche Name „Pillkaller" und die Rezeptur stammten aus Ostpreußen, was Zweifel in uns aufsteigen lässt, denn man braucht dafür Weinbrand und Zitrone, und zwischen Rominter Heide und Frischem Haff waren eher Korn und Kartoffel zu Hause. Sicher ist hingegen, dass Nikolaschka in den sechziger und siebziger Jahren Deutsche hüben und drüben im Trinken vereinte, denn auf den Datschen der DDR wurde dem Getränk durchaus zugesprochen – wenn es denn im HO mal Zitronen gab. Das Rezept ist schlicht: In ein Schnapsglas kommt Weinbrand, auf das Glas wird eine Scheibe Zitrone gelegt und auf die wiederum werden je eine Prise Zucker und Kaffeepulver gehäufelt.

Und jetzt wird es diffizil, denn je später der Abend, desto höher die Ansprüche an die Feinmotorik. Der Clou ist nämlich: Die Zitronenscheibe wird mit Kaffee und Zucker nach unten auf die Zunge gelegt und etwa 30 Sekunden mit dem Weinbrand umspült. Nach dem Abgang des Getränks nehmen zartere Gemüter die Zitronenscheibe wieder aus dem Mund. Weil dabei nach fünf Runden mancher fummelt wie ein Boxer, der versucht, den Mundschutz zu entfernen, ohne die Handschuhe auszuziehen, entwickelten Mainzer Publizistikstudenten in der zweiten Hälfte der siebziger Jahre im „Weinhaus Weinel" eine rheinhessische Variante: Statt des Weinbrands ein Klarer und statt der Zitrone und dem ganzen klebrigen Gedöns eine fingerdicke Scheibe Leberwurst mit einem Klacks Senf. Auf die Getränkekarte hat es das Getränk nie geschafft, aber Manu, die freundliche Bedienung aus Ober-Olm, wusste schon, was zu tun war, wenn der Publizisten-Stammtisch eine Runde „Leberwerschtjer" bestellte.

Persiko

In den siebziger Jahren kam nicht nur Günter Netzer aus der Tiefe des Raumes, sondern auch ein Getränk mit dem grammatikalisch bemerkenswerten Namen „Sauern mit Persiko", unter Freunden einfach nur Persiko oder Persico. Genau genommen handelt es sich um Sauerkirschsaft mit 16 bis 25 Prozent Alkohol, ist also einigermaßen anspruchslos. Das waren wir damals auch, außerdem waren wir jung und brauchten den Kick. Ja, Ihr jungen Leute von heute, Alcopops gab es auch früher schon, die hießen eben Persiko oder Apfelkorn (siehe dort). Nur das Vorglühen war uns fremd, wir gaben gleich Vollgas.

Aus der ganz dunklen Tiefe des Raumes kommt neuerdings eine Spezialität, die die Rezeptur des ursprünglichen, des wahren Persikos aufnimmt, der 1915 verboten wurde, weil er Blausäure enthielt. (Den Bannstrahl traf seinerzeit auch Absinth, mit dem sich Vincent van Gogh ein Ohr absoff.) Blausäure, diese schwersttoxische Substanz, war wohl Agatha Christies Lieblingsgift, denn in ihren Krimis sterben 13 bedauernswerte Opfer an dem leicht nach Bittermandel riechenden Teufelszeug.

Verglichen mit dem Sauerkirschlikör unserer Jugend war der Original-Persiko ein Nektar aus Tausendundeiner Nacht, enthielt er doch Pfirsichkern- und Pfirsichblütendestillat, Auszüge aus Sandelholz sowie Rosen- und Nelkenöl – und eben Bittermandelöl, was Meyers Enzyklopädie in der Ausgabe von 1888 zur Warnung veranlasste: „Selbstverständlich muß blausäurefreies Bittermandelöl verwandt werden!"

PEZ

Mit abgelagerten alten Süßigkeiten kann man durchaus noch Geschäfte machen, zum Beispiel auf Ebay. Da wird etwa eine „PEZ-Box transparent, mit Gebrauchsspuren" für 689,89 Euro feilgeboten. Das blassblaue unscheinbare Gerät, das aussieht wie ein billiges Plastikfeuerzeug, war mal eine Spender-Box für die PEZ-Bonbons. Ein giftgrüner Bruder ist schon für 399 Euro zu haben, den wertvollen Inhalt darf man allerdings nicht erwarten, der ist sicher lange schon mausetot. Eduard Haas III., ein Anti-Raucher aus dem oberösterreichischen Traun, hatte anno 1927 die Idee, ausstiegswilligen Nikotin-Abhängigen seine eckigen Pfefferminz-Bonbons als Alternative anzubieten – damit sie sich nicht so übermäßig umgewöhnen mussten, ab 1949 in feuerzeug-ähnlichen Bonbon-Spendern. „Rauchen verboten, PEZen erlaubt" – das war die Werbebotschaft. Ein paar Jahre später kam Herrn Haas der Gedanke, dass auch Kinder eine phantastische Zielgruppe für PEZis abgeben – die inzwischen schon berühmten Spenderboxen wurden mit den Köpfen von Disney- und anderen Comic-Figuren aufgetakelt. Die Boxen sind bis heute Kult, die Bonbons kommen auch noch an: Fünf Milliarden eckige PEZis werden pro Jahr produziert.

Ragout Fin

Nein, früher war nicht alles schlecht. Es gab eine Zeit, da gehörten in ein Ragout Fin, das seinen Namen verdiente, Kalbfleisch, Kalbsbries, Kalbshirn, Kalbszunge und Hühnerbrust. Heutige Dosenware enthält Putenfleisch (30 %), Kalbfleisch (12 %) und die üblichen Mono- und Diglyceride von Speisefettsäuren. Davon wird niemand krank, aber es illustriert den Unterschied zwischen Kochen und Aufwärmen. Da loben wir uns ein Rezept aus der DDR von 1984, das immerhin „gekochte Zunge, Kalb- oder Geflügelfleischstücke" vorsah, wiewohl in der real existierenden HO-Gaststätte das auch „Würzfleisch" genannte Gericht meistens nur Schwein enthielt. Bei uns im Westen wurde es in so gut wie jeder Bahnhofsgaststätte serviert, aber das war halt die Zeit, in der noch der Rat galt: Bist du fremd in einer Stadt, geh ins Bahnhofsrestaurant, da gibt es ein anständiges Essen.

Die Journalistin und Rezeptforscherin (auch ein schöner Beruf) Petra Foede weist darauf hin, dass mit „Dö ragu feng, siwupleh" kein französischer Kellner etwas anfangen kann – so wenig wie ein Ire mit „Irish Coffee" (siehe dort) oder ein Bologneser mit „Spaghetti bolognese". Ragout Fin als Gericht gibt es in Frankreich nämlich nicht – wenn überhaupt, entspricht unser Ragout Fin einem Salpicon.

Zurück zum hiesigen: Es wird geadelt mit einer mit Eigelb legierten weißen Soße, die gerne Weißwein, Sardellen, Zitronen und Champignons enthalten darf. Das Ganze wird in Portionsförmchen mit Paniermehl, Käse und Butter überbacken oder in Blätterteigpastetchen gefüllt. Als zusätzliche Würze hat sich Worcestersauce bewährt. Der Gipfel der Eleganz: Das Ragout Fin in Schalen von Jakobsmuscheln zu reichen. Aber wer macht das heute noch?

Rama

Weil uns, verehrte Leserin, lieber Leser, Ihre ausbaufähige Bildung am Herzen liegt, wollen wir Ihnen jetzt eine Messerspitze Kulturgeschichte servieren. Bei Rama sollten Sie künftig nicht nur an Margarine denken, sondern auch an den Königssohn Ramachandra, den gute Freunde Rama oder einfach Ram nennen durften. Gläubige Hindus verehren ihn als die siebte Inkarnation der Gottheit Vishnu, das ist viel, viel mehr als Toni Turek Fußballgott. Woher wir das wissen? Nun, das haben wir in Hari Prasad Shastris internationalem Standardwerk „Ramayana. Die Geschichte vom Prinzen Rama, der schönen Sita und dem Großen Affen Hanuman" für Sie recherchiert. Kulturgeschichtlich so eingestimmt, wollen wir jetzt nicht den kleinlichen Streit aufwärmen, ob Pflanzenmargarine gesünder sei als Butter. Das sehen die einen so und die anderen so, die Stiftung Warentest sah 2017 die Margarine knapp vorn, weil sie gesunde Pflanzenöle enthält. Doch sei's drum, Sie hören von nun an umfassend gebildet den Werbespruch „Rama macht das Frühstück gut" mit ganz anderen Ohren.

Russische Eier

Präsident Putin sähe es sicher gern, wenn dieser Begriff zum Symbol seiner Tat- und Manneskraft würde. Wie wir aus dem Kreml hören, arbeitet Wladimir Wladimirowitsch beharrlich daran, und niemand unterschätze seine Entschlossenheit, er hat es ja auch geschafft, die Melodie der alten Sowjet-Hymne mit neuem Text wieder zur Nationalhymne der Russischen Föderation zu tunen. An die erinnern wir uns lebhaft, weil sie in den sechziger und siebziger Jahren bei Olympischen Spielen immerzu abgenudelt wurde. Eines muss man ihr ja lassen, sie ist zum Mitsingen schön: Dääää-dä-dä-dää-dä, dä-dää-dä-dä-dääää...

Heute wissen wir, dass die Anabolika-Athleten und die Schwimmerinnen mit den tiefen Stimmen ihre Goldmedaillen, ihre

Muckis und ihre Schnellkraft nicht den russischen Eiern verdanken, die sie im Trainingslager von früh bis spät essen mussten, sondern ganz anderen Substanzen. Was der langjährige Russisch-Ei-Abusus mit menschlichen Körpern anrichtet, lässt sich ohnehin nicht an georgischen Gewichthebern ablesen, sondern an D und G, denn halbierte gekochte Eier, garniert mit Remoulade und je nach Vorliebe auch mit Sardellen, Kapern oder Kaviar, lagern sich langfristig nun einmal als Bauchfett an. Erst recht, wenn sie auf Kartoffelsalat thronen und zusammen mit Fleischsalat, Lachsersatz und rotem Heringssalat zu einem kleinen Vorspeichsenteller angerichtet werden. Dagegen ist Russisch Ei in Aspik eine wahre Fastenspeise.

Schaschlik

Die Hand in die Grillkohle legen würden wir für diese These nicht, aber es kommt uns vor, als sei der Ruhrpott der deutsche Schaschlik-Hotspot. Im Süden und im Norden kennt man den Fleischspieß zwar auch, hier blieb er aber eine Begleiterscheinung der Kirmes. Vermutlich hatten ihn polnische Zuwanderer ins Bergarbeitermilieu an Rhein und Ruhr mitgebracht, denn Schaschlik ist eindeutig osteuropäischer Herkunft. In Russland (шашлык) bekommt man ihn an jeder Ecke, aber erfunden wurde er im Kaukasus. Dort „wird überall Brot gebacken, überall riecht es nach Schaschlik", schreibt Wladimir Kaminer in seinem Buch über seine kaukasische Schwiegermutter. Die Georgier lassen für Schaschlik nur Lammfleisch gelten, aber es gibt tausende Varianten, solche mit Rind- und welche mit Schweinefleisch, auch gemischt und mit Leber, es gibt Schaschlik mit und ohne Gemüsestücke.

In jedem Fall wird das Fleisch zunächst in kleinere Würfel geschnitten und meistens stunden- oder gar tagelang mariniert, was es zarter macht, ehe es auf die „Mangal" genannte Feuerstelle kommt. Der Mangal unterscheidet sich vom Germanengrill dadurch, dass er keinen durchgehenden Gitterrost hat, vielmehr sind im Gehäuse mehrere herausnehmbare Spieße verankert. In Südrussland begegnet einem auch die Souterrain-Variante: Eine grillgroße Erdgrube wird ausgemauert, dorthinein kommt die Holzkohle, und die Spieße werden quasi parterre darübergelegt. „Lecker Schaschliksauce", wie der Ruhrpottler sagt, ist übrigens eine Degenerationsform. Auf www.kochwiki.würg – pardon: ... org – wird sie mit dem Satz angepriesen: „Diese würzig-pikante Schaschliksauce ist ideal für Schaschlikspieße, die darin lange geschmurgelt werden können und dabei immer besser werden. Die Sauce ist eine Weiterentwicklung der Currywurstsauce; sie schmeckt auch ausgezeichnet zu Currywürsten sowie zu Schweine-, Hähnchen- und Putenschnitzeln." Mit Verlaub: Eine Sauce, die angeblich zu allem und möglicherweise auch noch zu Ananas passt, ist wie weiße Salbe. Da halten wir es lieber mit dem Russen: Die einzige Soße, die der zum Schaschlik gelten lässt, ist Wodka.

Schildkrötensuppe
Lady Curzon war die Meghan Markle des 19. Jahrhunderts – na ja, fast. Als Mary Victoria Leiter 1870 in Chicago geboren, heiratete sie über ihrem Niveau nach England und wurde Baroness Curzon of Kedleston und später sogar Vizekönigin von Indien. Unsterblich wurde sie, weil eine bestimmte Variante der Schildkrötensuppe ihren Namen trägt, nämlich die mit einem Sahnehäubchen garnierte. Der Legende nach war die Sahne eine Tarnkappe, die bei einem Galadiner zu Ehren eines hochrangigen Abstinenzlers den Sherry in der Suppe kaschieren sollte. Lästermäuler sagen freilich, die Lady habe in Wahrheit nur ihre eigene Alkoholsucht verbergen wollen. Wir wissen es nicht, wollen der Baroness aber zugutehalten, dass auf ihr Betreiben der Kaziranga-Nationalpark für bedrohte Tiere eingerichtet wurde. Wie eine Ironie der Geschichte mutet es deshalb an, dass die Schildkrötensuppe mit und ohne Sahnehäubchen hundert Jahre später ins Visier von Tierschützern geriet. 1988 stellte das Washingtoner Artenschutzabkommen die Suppenschildkröte unter strengen Schutz, damit war die letzte Terrine gelöffelt, jedenfalls legal.

Als leicht degoutant galt die Turtle Soup ohnehin immer, allerdings symbolisierte sie während der Wirtschaftswunderzeit für viele Deutschen das wohlige Gefühl: „Wir können es wieder krachen lassen". So stieg die Frankfurter Firma Eugen Lacroix zum Weltmarktführer in Sachen Schildkrötensuppe auf, 1959 kamen im Stadtteil Niederrad 250 Tonnen Schildkröten in den Topf. Nach dem Verbot hätte man denken können, dass sich das Nachahmerprodukt „Mockturtle Soup" durchsetzt, bei dem Schildkröte durch Kalb- oder Rindfleisch ersetzt wird, aber anders als beim „Falschen Hasen" (siehe dort) wollten die Leckermäulchen das Original oder gar nichts. Und was ist mit den Chinesen, die bekanntlich alles essen, was Beine hat, außer Tischen, und alles, was fliegt, außer Langstreckenraketen? Selbst diesem großen Volk, dem es vor nichts ekelt, riet das konfuzianische „Buch der Riten" (ĐĐ) von einigen Speisen ab: von Wolfsinnereien, Hundenieren, Waschbärrücken, Fuchskopf, Spanferkelhirn – und von trächtigen Schildkröten.

Schmalzbrot

„Hallo", meldet sich eine besorgte Mutter auf einer Ratgeber-Webseite, „mein Freund hat vorhin ein Schmalzbrot gegessen und unsere Tochter (16 Monate) wollte mal probieren. Wir haben sie mal beißen lassen, aber ich war nicht sicher, ob sie auch mehr davon essen dar-..." Die Expertin war verständnisvoll: Doch, doch, ein Bissen Schmalz haue das Kleinkind nicht um, aber: „Ich gehe davor aus, dass es nicht jeden Tag Brot mit Schmalz gibt!" Mancher gestandene Kerl aus dem vergangenen Jahrtausend könnte da energisch protestieren; das fettbeschmierte Schmalzbrot ist vor allem ein Männertraum aus dem vor-vegetarischen Zeitalter. Ein Schmalzbrot ist laut Wortwurzel. de eine „mit Schmalz bestrichene Brotscheibe" (wären wir echt nicht draufgekommen), aber was ist Schmalz? „Tierisches Fett" allemal, vom Schwein, von der Gans, bei Jägern kommt auch Fett vom Dachs oder Murmeltier in Betracht. Das Schlachtfett wird zerkleinert und bei niedriger Temperatur zum Schmelzen gebracht.

Das Schmalzbrot wurde einst, als Erdnüsse und Chips noch nicht in Mode waren, von pfiffigen Gastwirten begabten Zechern gratis neben das Bierglas geschoben. Ordentlich gesalzen und gepfeffert machte die Stulle den Durstigen noch durstiger – meistens wurde das gern schon etwas angetrocknete Brot mit Grieben, den knusprigen Resten der ausgebratenen Speckteile im Schmalz, noch gehaltvoller. Im deutschen Osten wurde die rustikale Köstlichkeit passenderweise „Fettbemme" genannt. Auf der Nostalgie-Seite „Unsre DDR" wird dem Schmalzbrot eine Gedenkecke gestaltet. Wir sehen Erich Honecker – blauer Anzug, Hose ohne Gürtel, rostroter Schlips, trotzige Augen hinter riesengroßer Brille. Der DDR-Fürst reckt den rechten Arm himmelwärts, das Bürokraten-Händchen zur Arbeiter-Faust geballt. Daneben steht der Slogan, der die Vision der DDR-Republik wie nichts anderes in Worte fasst: „Schmalzbrot für alle!"

Smarties

Erinnern Sie noch an das Russische Roulette der siebziger Jahre? Sechs Anti-Baby-Pillen und ein Smartie. Ja, solchen Schabernack trieben wir damals, aber in den meisten Fällen war es nur Maulheldentum. A propos: „Schmilzt im Mund und nicht in der Hand" war nicht der Werbeslogan von Smarties, sondern der des Nachahmerproduktes Treets. Smarties verdanken wir dem Vereinigten Königreich, dort brachte die Company Rowntree im Jahr 1937 die Schokolinsen auf den Markt. 1965 lief die Produktion in Hamburg-Wandsbek an, 1988 übernahm Nestlé den Konkurrenten Rowntree Mackintosh. „Viele, viele bunte Smarties", von Kindern zu Werbezwecken besungen, kullern in Hamburg tagtäglich vom Band, 16 Milliarden Schokolinsen im Jahr. Und wenn alles sich ändert – die Smarties-Farbpalette nicht, in die Tüte kommen seit jeher rote, grüne, gelbe, blaue, violette, pinke, braune und orangefarbene Linsen. Und nun die gute Nachricht für unsere gesundheitsbewussten Freunde: Seit 2007 enthalten Smarties nach Auskunft von Nestlé keine künstlichen Farb- und Aromastoffe mehr, coloriert werden sie mit Frucht- und Pflanzenkonzentraten wie Hibiskus, Zitrone und schwarzer Karotte

GRESER & Lenz

sowie mit Spirulina-Konzentrat, das aus einer Alge gewonnen wird. Will heißen: Smarties sind gesünder als Buttercremetorte (siehe dort).

Solei
Zugegeben, eine optische Zierde waren sie nicht unbedingt, die Solei-Gläser auf den Theken solcher Wirtshäuser, in denen Gäste eher mit einem wortlosen Kopfnicken als mit der schleimerischen Frage „Die Herrschaften hatten reserviert?" begrüßt werden. Ahnungslose mochten beim Anblick eines Solei-Glases denken, der Laborchef des örtlichen Krankenhauses habe nach sechs großen Pils eine Versuchsanordnung in der Kneipe stehenlassen. Heute sind die einstmals oft in trübe Gewürzlake eingelegten und in Deckel-Gläsern zur Schau gestellten hartgekochten Eier aus den Gaststätten dieses Landes ebenso ver-

schwunden wie die Münzfernsprecher auf dem Flur zur Toilette. Die Internet-Suche nach „Solei Frankfurt" offenbart das ganze Elend, zeigt der Algorithmus, dieser Blödmann, als Erstes doch das Tourneeprogramm des Cirque du Soleil.

An dieser Stelle gebührt der Hauptstadt ein Lob, denn wenn überhaupt, bekommt man Soleier noch in einer Berliner Eckkneipe, Budicke oder Destille. Sie selba zu machen is keene jroße Sache, wa? Jeht so: Die Schale hartgekochter Eier mit einem Messer so anschlagen, dass sie Risse bekommt, dann zieht der Würzsud gut ein. Der besteht aus aufgekochtem Salzwasser mit allerlei Gewürzen wie Pfefferkörnern, Lorbeerblatt, Zwiebel und Zwiebelschalen, Wachholderbeeren. Da hinein kommen die Eier, nach zwei Tagen sind sie schon ganz gut, aber zur Delikatesse werden Soleier nach einem Monat. Dann changiert die Farbe des Dotters ins Grünliche und dem Glas entweicht leichter Schwefelgeruch. Gegessen werden Soleier, indem man sie längs oder quer halbiert, das Gelbe herausnimmt und in die Mulde etwas Essig und Öl, Salz und Pfeffer sowie einen Klecks Senf gibt. Den Dotter wieder aufsetzen und mit einem Bissen verzehren. Besteck ist jetzt nicht mehr nötig, Bier schon.

Spargel-Röllchen

Den Buffet-Klassiker der sechziger Jahre gibt es heute wieder fast überall, als „Retro-Food", bei nostalgischen Parties, Oldie-Abenden, kulinarischen „Zeitreisen" und Erinnerungsfeiern in Seniorenheimen. Man nehme: Eine Scheibe gekochten Schinken, zwei Stangen Spargel aus der Dose, reichlich Mayonnaise. Zusammengerollt galt dieses matschige Gericht als Luxus der Nachkriegs-Generationen. Wer keine Spargel-Röllchen aufs Buffet brachte, war irgendwie out. Die „Königin des Gemüses" durfte halt auf keiner kalten Platte fehlen. Bei Spargelröllchen versagte auch die Weisheit der fränkischen Bauern: „Kirschen rot, Spargel tot" gilt bei Dosengemüse nicht.

Strammer Max

Etlichen Speisen wird aphrodisierende Wirkung nachgesagt, Austern zum Beispiel oder Granatapfel. Der Sachse, der eher ein schlichtes Gemüt hat und weit entfernt vom Meer lebt, nimmt, was er zwischen Dresden und „Schwarzer Bumbe" halt so findet: Er röstet eine Scheibe Mischbrot, legt Schinken darauf und deckt ihn mit einem Spiegelei ab. Um 1920 kam in Sachsen dafür der Name „Strammer Max" auf, weil das kräftigende Gericht beim Manne angeblich dem „Bimmel" aufhelfe. Nu? Drollig: In Holland gibt es ein ähnliches Gericht mit zerpflücktem Bückling statt Schinken. Dort heißt es „Uitsmijter", also Rausschmeißer, was der Intention eines Aphrodisiakums je eher zuwiderläuft. Aber wir wollen nicht zotig werden, sondern Sie auf eine Deluxe-Version von Max – pardon: T m – Mälzer aufmerksam machen. Er gibt etwas Salsa Verde aus Pfefferschote, Cornichons, Knoblauch, Kapern und Olivenöl (im Blitzhacker zerkleinert) sowie Petersilie, Basilikum, Essig, Senf, Salz, Zucker und Pfeffer auf das Brot und krönt das Spiegelei mit kross gebratenem Bacon.

Sunkist

„Damals", schreibt eine gewisse Krawallmaus in ihrem Online-Tagebuch und meint die sechziger Jahre, „war die Markenwelt noch in Ordnung. Da waren die Regalflächen noch nicht optimiert, so dass sogar dreieckige Trinktüten wie orange-sunkist Platz fanden. Die konnte man kaufen, austrinken, aufpusten und mit einem Knall zertreten. Vorzugsweise im Freibad". Gesegnet sei die Firma Tetra-Pak, die durch ihr pyramidenartiges Trinkgefäß aus kunststoff-beschichtetem Karton die richtige Verpackung schuf. Draußen klemmte noch ein angespitzter Strohhalm, drinnen warteten 0,19 Liter eines aus einem Konzentrat der California Fruit Growers zurechtgemixten Orangensaft-artigen Getränks. Die Zeit meldete im Sommer 1964, Sunkist sei der Getränke-Erfolg des Jahres, ein Sprecher des deutschen Herstellers Rickertsen wunderte sich: „Es kommt nur alle zehn Jahre einmal vor, dass ein Artikel ohne besonders starke Werbung so einschlägt wie unser Fruchtsaftgetränk."

Toast Hawaii

„Ihr lieben, goldigen Menschen" – so begrüßte der Ur-Vater aller Fernsehköche, Clemens Wilmenrod, seine Zuschauer. Zu Beginn einer seiner Sendungen, wir schreiben das Jahr 1955, präsentierte Meister Wilmenrod eine kulinarische Welt-Uraufführung. Beteiligt: eine Scheibe Toastbrot, gebuttert. Eine Scheibe gekochter Schinken. Eine Scheibe Ananas. Eine Scheibe Käse. Fertig. Übereinandergestapelt und überbacken ergab das Gebilde den Fernweh-Imbiss „Toast Hawaii". 60 Jahre später konnte sich die Süddeutsche Zeitung vor Begeisterung kaum einkriegen: Toast Hawaii, das sei „nicht bloß ein Gericht, sondern Ausdruck eines Lebensgefühls ganzer Generationen, ein Stück Kulturgeschichte, ein Symbol deutscher Weltgewandtheit und – ja, auch das – deutschen Erfindergeistes und Mutes. Schinken mit Käse und Ananas auf Toastbrot, das muss man erst mal bringen." Die seltsame Mahlzeit, die lange Jahre fester Bestandteil des deutschen Speiseplans war, wuchs für den Publizisten Josef Joffe „zu einem Meilenstein auf dem Weg in die Moderne und aus der Provinz". Noch tiefer griff der Medienwissenschaftler Gerd Hallenberger zu – mit dem Toast Hawaii habe das deutsche Eintopf-Volk den Anschluss „an die Weltkultur" geschafft, „durch Inkorporierung qua Verspeisen". Nach soviel intellektueller Überhöhung einer einfachen Mahlzeit wollen wir doch noch ein wenig Salz drüberstreuen. Möglicherweise hat Meister Wilmenrod, der übrigens noch nicht mal kochen konnte, seine Zuschauer auch angeschwindelt, als er ihnen, mit dem Messer in der Hand und in drohendem Ton, verkündete, er habe den Toast Hawaii erfunden; wenn jemand etwas anderes verkünde, komme er persönlich vorbei. Damit konnte er nur einen meinen, seinen Ex-Kumpel Hans Karl Adam, einen echten Koch und Wilmenrods Lehrmeister. Von ihm soll er das Rezept stibitzt haben, klagte Herr Adam. Aber das dürfte dem Toast Käse wie Ananas sein.

Tote Oma

Wieso, fragt ein einfühlsamer Internet-Nutzer, kann man ein Gericht „Tote Oma" nennen? Die Antwort wird ihm auf der fachkundigen Seite erichserben.de zuteil: „Der makabre Begriff bezieht sich auf das Aussehen des Gerichts." Die braunrote unansehnliche Masse entsteht, indem man kleingeschnittene Zwiebeln mit ebenfalls zerstückelter Grützwurst anbrät und zu einem Brei verrührt. Salzen, pfeffern, majoranisieren – fertig. „Kann man Tote Oma auch einfrieren?" fragt eine Frau. Die lakonische Antwort: Einfrieren kann man ja alles. Das in der DDR zu einem ostdeutschen Klassiker hochgejazzte Mahl kommt in manchen Gegenden übrigens auch unter der Bezeichnung „Verkehrsunfall" auf den Tisch.

Wackelpeter
(siehe Götterspeise)

Wienerwald
Das McDonald's der früher Jahre. Irgendwie kein Zufall, dass diese 1955 gegründete Systemgastronomie-Kette, die bald Europas größte sein sollte, in München-Schwabing entstand, denn so sind sie dort: denken und reden gern groß von sich, bleiben aber letztlich doch Provinz. Bieder die Einrichtung der Gaststätten („rustikales Interieur"), seitenbachermüslihaft dröge der Werbeslogan „Heute bleibt die Küche kalt, wir gehen in den Wienerwald". Aber eines muss man dem 1923 in Linz geborenen Wienerwald-Gründer Friedrich Jahn lassen, der immer wirkte wie ein auf Weltmann getrimmter Tiroler: Erfolg hatte er, der Herr Gastronom. „Hendl-Zar" nannte ihn das Handelsblatt, für Newsweek war er der „Chicken King". 1978, im Jahr der „Schmach von Córdoba", ging die Sonne in Jahns Reich nicht unter: 700 sogenannte Restaurants allein in Deutschland und Österreich und von Japan bis Südafrika 1.600 Lokale mit fast 30.000 Beschäftigten – und überall brutzelten sie Gockel. Der Spiegel schrieb 1982, Jahn eröffnete „eine Hendl-Braterei nach der anderen, inspizierte abends die Lokale seiner Pächter und wünschte, immer ein wenig fettglänzend wie seine Hendl, den Gästen guten Appetit".

Im Expansionsrausch hatte sich Bratvater Jahn allerdings zu viel zugemutet, 1982 kam es zur ersten Insolvenz. Was folgte, war die sogenannte „Wienerwald-Affäre", bei der es zuging wie bei „Dallas". Die Münchner Geschäftsfrau Renate Thyssen erwarb den Wienerwald-Konzern von der Bayerischen Landesbank und anderen Finanzinstituten für 12 Millionen Franken – ein Sonderangebot, denn der Laden war gut das Dreifache wert. Das ging nur, weil Freunderlwirtschaft im Spiel war: Thyssens Finanzberater vertrat auch die Interessen der Bayerischen Landesbank, war also ein Doppelagent. Außerdem hatte der Landesbankpräsident Ludwig Huber ein Verhältnis mit Thyssen, die wiederum als Strohfrau für Jahn fungierte, der ihr seine Anteile überließ und dafür bei Wienerwald angestellt wurde.

Schon bald kaufte Jahn für 2,5 Millionen D-Mark die herabgewirtschafteten deutschen Grillstuben wieder zurück, während sich Thyssen auf das Kerngeschäft in Österreich konzentrierte. Als Jahn 1987 die Option ziehen wollte, auch die rentablen Ösi-Wienerwald-Lokale zu erwerben, kam es zu einem öffentlich ausgetragenen Streit, der Züge einer Wirtshausrauferei annahm. Letztlich brachte Jahn das Geld nicht auf, und 1988 musste er die 230 Wienerwald-Gaststätten an den britischen Spirituosenhersteller Grand Metropolitan verkaufen. Die Engländer wurden freilich mit der Akquisition nicht froh – weil sie, na klar, aus Jahns Sicht Anfängerfehler machten, wie er dem Spiegel sagte: „Ich kann doch in einen Wienerwald keinen Parkettfußboden reinlegen. Wer soll den denn pflegen?" Jahn starb 1998, sein Lebenswerk übernahmen im Jahr 2007 – nach Hühnerpest und zwei weiteren Insolvenzen – seine beiden Töchter. Im Februar 2021 firmierten in Deutschland laut Unternehmens-Webseite noch 17 Wienerwald-Gaststätten, davon sieben in München.

Zigeunerschnitzel
Zählte lange zum Kanon der sogenannten gutbürgerlichen Küche, gleichauf mit Jäger- und Rahmschnitzel sowie regionalen Varianten wie dem Frankfurter oder dem Holsteiner Schnitzel. Der Aufstieg in die Champions League gelang nur dem Wiener, außer Konkurrenz läuft das Berliner Schnitzel, das gar keines ist, sondern panierter Kuheuter.

An dieser Stelle ein sprachkritischer Exkurs: Fällt Ihnen das Durcheinander in der Küchensprache auch auf? Mal geht es um den tierischen Ursprung eines Gerichts (Schweinenackensteak, Hähnchenbrust, Kalbsbratwurst), mal wird auf die regionale Herkunft abgehoben (Florentiner, Quiche Lorraine, Russische Eier); mal handelt es sich um eine Hommage (Boeuf Stroganoff, Bismarckhering, Filet Wellington), dann wieder wird ein Gericht einer Gruppe zugeschrieben, von der angenommen wird, sie esse es gern oder häufig oder beides (Ratsherrentopf, Holzfällersteak, Kochschinken).

Gegenstand der Ideologiekritik wurde aber, ähnlich wie der Negerkuss (siehe dort), nur das Zigeunerschnitzel, weswegen der Name nach und nach vor unseren Speisekarten verschwindet. In Hannover fing es an. Die niedersächsische Landeshauptstadt etikettierte 2013 das „Zigeunerschnitzel" in allen kommunalen Kantinen in „Balkanschnitzel" um, nachdem das örtliche Forum der Sinti und Roma die Hersteller von „Zigeunersoßen" aufgefordert hatte, den Namen zu ändern, weil der Begriff diskriminierend sei. (Die „Zigeunersauce" ist übrigens 1903 in Auguste Escoffiers „Guide culinaire" erstmals nachgewiesen.) Dagegen setzte der ehemalige ZDF-Moderator Peter Hahne den kantigen Aufruf „Rettet das Zigeunerschnitzel! Empörung gegen den täglichen Schwachsinn", in dem er fragt: „Müssen wir uns diesen täglichen Schwachsinn wirklich bieten lassen? Haben wir keine größeren Probleme als uns tagelang über die politisch korrekte Bezeichnung von Schnitzeln zu ereifern?" Auch wir geben hiermit unseren Protest gegen diesen semantischen Exorzismus zu Protokoll. Ein rassistischer Vollpfosten wird nicht zu einem wertschätzenden Weltbürger, nur weil ihm in der Kantine neuerdings ein „Schnitzel Budapester Art" vorgesetzt wird.

Und wir ahnen schon, was als Nächstes kommt: War Wellington nicht ein militaristischer Blutsäufer? Bestimmt haben die Stroganoffs im Zarenreich eigenhändig Leibeigene ausgepeitscht! Und Bismarck, hat der nicht Sozis in Ketten legen lassen? Außerdem alles Kerle, weg mit ihnen! Her mit dem Filet Florence Nightingale, dem Boeuf Mutter Teresa, dem Astrid-

Lindgren-Hering! Wie bitte, die lässt in „Pippi Langstrumpf" einen „Negerkönig" auftreten? Geht gar nicht, also Rosa-Luxemburg-Hering!

Und wie sagt man? Danke!

Klaus Morgenstern vom „Deutschen Institut für Altersvorsorge" (DIA) in Berlin führte uns den Reichtum des Seniorenlebens vor Augen, und das diesseits von Einzelfällen. („Jenseits" wäre grammatikalisch zutreffender, aber das Wort hätte in diesem Buch einen unguten Beiklang). Dieter Weirich begleitete das Gespräch mit einer Bissigkeit, die kein Haftpulver braucht. Nicht zuletzt machte uns der DIA-Lebenserwartungsrechner Mut, Pläne für ein weiteres Buch zu schmieden.

Peter Splettstößer, Lebensmittelhändler aus Leidenschaft, gewährte uns Einblick in sein Schlaraffenland im Frankfurter Ostend, einen Garten Eden mit Tiefgarage, der ihn selber jeden Tag staunen lässt: „Schauen Sie mal hier, diese Flugmango, herrlich!" Einen kongenialen Gesprächspartner fanden er und wir in Harry H. Hochheimer, den alte Bordeaux forever young halten.

Prinz Asfa-Wossen Asserate nahm uns mit in ein untergegangenes, gleichwohl faszinierendes Reich. Wir trafen ihn in einem Café am Rande des Frankfurter Palmengartens, aber uns war, als wandelten wir an der Seite Seiner Kaiserlichen Hoheit durch den Palast Haile Selassies I., des Kaisers von Abessinien, des 225. Nachfolgers von König Salomo. Hans-Dieter Hillmoth ist niemandes Nachfolger, er hat sein eigenes Reich Hitradio FFH gegründet und zum erfolgreichsten Sender Hessens gemacht. Ihm verdanken wir selige Erinnerungen an die Schlager unserer Jugend.

Mit Inge Schreck segelten wir über gleißende Ozeane und durchquerten wir unheimliche Dschungel, sie machte uns vertraut mit einer Welt des Reisens, die von Vollpension-Urlaub so weit entfernt ist wie Offenbach vom Orinoco. Dass man daheimbleiben und trotzdem unbändige Lebensfreude ausstrahlen kann, das lernten wir beim Damenkränzchen Hergershausen. Die lustigen Witwen vom Lande sind so ansteckend gut drauf, dass es sogar gegen Corona hilft.

Achim Greser und Heribert Lenz sind, halten zu Gnaden, inzwischen auch nicht mehr die Allerjüngsten, aber ihr Humor versiegt nie. Sie machten uns die Freude eines gemeinsamen Abends in Aschaffenburg, der in ihrem Stammlokal „Schlappeseppel" ausklang, und sie haben auch dieses Buch wieder mit ihren großartigen Zeichnungen illustriert. Ihnen und allen, die zu diesem Gesamtwerk beigetragen haben, danken wir herzlich. Allfällige Fehler gehen natürlich auf unseren Deckel.